Der Band

Mit dem Programm StarOffice 7 erhalten die Anwender eine interessante Alternative für alle Arbeiten im Office-Bereich. In diesem Buch werden alle Module des Programms praxisnah und einprägsam vorgestellt. Anhand zahlreicher Einzelbeispiele wird der Leser in nachvollziehbaren Schritten in die verschiedenen Anwendungsbereiche eingeführt – von der Erstellung einer Briefvorlage mit StarWriter, Berechnungstabellen mit StarCalc und Zeichenfunktionen in StarDraw bis hin zum Aufbau einer eigenen Homepage.

Die Reihe

Die Beck EDV-Berater bieten kompakt und handlich im Taschenbuch das für den täglichen Umgang mit dem Computer notwendige Wissen. Je nach Thema wenden sich die Bände an noch unerfahrene Anwender für den schrittweisen Einstieg oder an Fortgeschrittene, die ihren PC bis in die Details beherrschen möchten. Lexikalische Bände erlauben den besonders schnellen Zugriff von A bis Z.
Ein didaktisch geschickter Aufbau, leicht verständliche Erklärungen und anschauliche Abbildungen lösen Probleme in kürzester Zeit.

Der Autor

Uwe Kraus ist EDV-Sachbearbeiter und Anwendungsprogrammierer. Er hat Fachbücher über Delphi, FrontPage, Outlook und StarOffice veröffentlicht und etliche Artikel für bekannte Computerzeitschriften verfasst.

Beck EDV-Berater

StarOffice 7

Die Lösung für alle Office-Aufgaben

von Uwe Kraus

Deutscher Taschenbuch Verlag

Herausgegeben von Christian Spitzner

Im Internet:

www.dtv.de
www.beck.de

Redaktionsschluss: November 2003

Originalausgabe
Deutscher Taschenbuch Verlag GmbH & Co. KG,
Friedrichstr. 1a, 80801 München

Druck und Bindung: Druckerei C. H. Beck, Nördlingen
(Adresse der Druckerei: Wilhelmstr. 9, 80801 München)

Satz: OPS Verlagsgesellschaft mbH, München
Umschlaggestaltung: Agentur 42 (Fuhr & Partner), Mainz
ISBN 3 423 50252 5 (dtv)
ISBN 3 406 51672 6 (C. H. Beck)

Inhaltsverzeichnis

Vorwort

Wieder steht eine brandneue Version von StarOffice für den Anwender bereit: StarOffice 7.0.
StarOffice hat sich seit der Veröffentlichung seiner ersten Version zu einem Renner entwickelt und ist nach Microsoft Office das am meisten genutzte Office-Paket. Das Programm hat auch bereits die Märkte in Amerika und Asien erobert - und ein Ende der Erfolgsserie ist nicht abzusehen.
Mit der neuen Version 7.0 haben die Programmierer wieder eine Meisterleistung gebracht. Gab es schon bei der Version 6 viele Neuerungen und Verbesserungen, so kamen mit der Version 7.0 nochmals viele neue, interessante Features hinzu, von denen etliche in diesem Buch beschrieben sind. Die Version 7.0 enthält neue Dateiformate und neue Schrifteffekte. Der Datenimport aus den Microsoft-Office-Dokumenten wurde verbessert. Die neue Version ist kompatibel zur Vorversion. Ein weiteres Highlight ist der Dokumenten-Konverter. Er konvertiert alle Dateien eines Verzeichnisses auf einmal in die neuen StarOffice-Formate. Dies ist möglich bei StarWriter, StarCalc und StarImpress und auch bei den MS-Office-Programmen Word, Excel und PowerPoint 2002.
Der StarOffice-Desktop ist nicht mehr enthalten. Die einzelnen Module können direkt vom Windows-Arbeitsbildschirm aus oder mit einem so genannten „Schnellstarter“, der sich nach der Installation in der Task-Leiste integriert, gestartet werden. In StarWriter lassen sich Texte jetzt um 90 und 270 Grad drehen, StarCalc bietet neue Rechenfunktionen und bei der Datenbank lassen sich auch Tabellenkalkulationen einblenden. Die Module StarImpress und StarDraw arbeiten jetzt schneller und der Import von Powerpoint-Dateien funktioniert noch besser. Sie können mit StarOffice 7.0 eigene HTML-Seiten erstellen oder diese aus dem Internet herunterladen und in StarOffice bearbeiten.

Das gesamte Paket läuft unter Windows, Linux und Solaris und ist außerordentlich stabil. StarOffice 7.0 ist schnell und leicht zu bedienen. Überflüssiges wurde weggelassen.
Aber es gibt nicht nur Positives zu vermelden. Das Mail-Programm, der Newsreader und der Terminplaner sind weggefallen. Hier muss der Anwender auf andere Programme zurückgreifen.
Es würde den Rahmen der Einleitung sprengen, alle Neuheiten und Verbesserungen aufzuzählen. Sie werden viele davon bei der Lektüre des Buches erfahren. Ich wünsche Ihnen beim Lesen und der praktischen Arbeit mit diesem Werk viel Freude und Erfolg und bedanke mich gleichzeitig bei der Firma Sun für die Entwicklung dieses hervorragenden Produkts.

Uwe Kraus, Oktober 2003

1. Die Installation

Falls StarOffice 7.0 nicht auf Ihrem Computer installiert ist oder Sie mit den Grundlagen dieses Programms noch nicht vertraut sind, sollten Sie sich unbedingt die ersten beiden Kapitel durchlesen. Ist das Programm bereits installiert und haben Sie bereits Erfahrung damit, dann können Sie gleich bei Kapitel 3 einsteigen.

1.1 Hardware-Voraussetzungen

1.1.1 Der Computer

Um in den Genuss zu kommen, mit StarOffice zu arbeiten, benötigen Sie einen PC mit mindestens 486er Prozessor und 16 MByte Arbeitsspeicher. Dies sind allerdings nur die Minimalanforderungen, die StarOffice von Ihrem System fordert. Ein schnellerer Prozessor und mehr Arbeitsspeicher erhöhen die Arbeitsgeschwindigkeit mit dieser Software beachtlich.
Falls Sie das Programm gekauft haben, benötigen Sie ein CD-ROM-Laufwerk, und wenn Sie das Programm über das Internet downloaden, dann brauchen Sie natürlich einen Internet-Anschluss.

1.1.2 Der Monitor

StarOffice stellt hohe Anforderungen an die Größe des Monitors. Die besten Ergebnisse sind mit einem 19-Zoll-Monitor zu erzielen, da Sie hier die gesamte Arbeitsfläche übersichtlich angezeigt bekommen. Grundsätzlich genügt aber auch ein 17-Zoll-Monitor. Mit einem „15-Zöller“ ist die Arbeit mit diesem Programm allerdings kein besonderes Vergnügen.

1.1.3 Die Grafikkarte

Die Grafikkarte des PCs sollte als Minimum VGA-Standard und mindestens 1 MByte Arbeitsspeicher haben.

1.1.4 Die Festplattenkapazität

Für die Installation von StarOffice sollten Sie ca. 200 MByte freie Festplattenkapazität zur Verfügung haben. Außerdem ist es empfehlenswert, für die Dateien, die Sie in StarOffice anlegen, und für Druckreserven ca. 50 MByte Reserve auf der Festplatte zu belassen.

1.2 Der Installationsprozess

1.2.1 Voraussetzungen

StarOffice läuft auf einer Windows 95- und 98-, ME-, 2000-, XP- und NT4-Plattform. In diesem Buch beschränken wir uns auf die Beschreibung der Windows-XP-Installation.
Während der Installation können Sie festlegen, ob Sie alle eventuell vorhandenen älteren Daten aus StarOffice 5.2 und 6.0/6.1 behalten wollen oder ob alle Dateien restlos gelöscht werden sollen. Dadurch gehen Ihnen bestehende Daten nicht verloren und Sie können diese später in der Version 7.0 weiterbearbeiten.

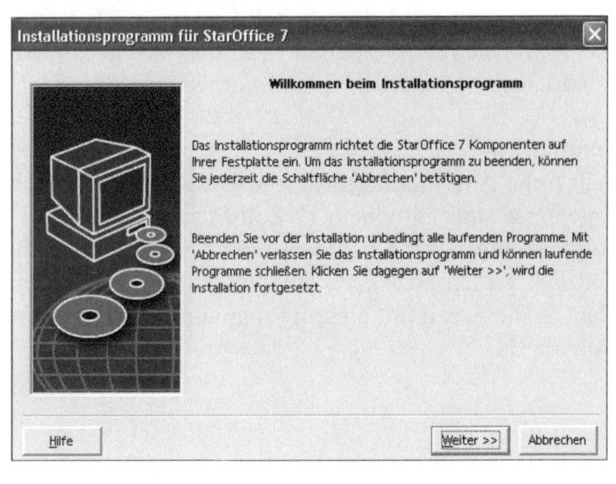

Abb. 1.1: Die Installationsroutine heißt Sie willkommen.

1.2.2 Das Setup von StarOffice 7.0

1. Schalten Sie Ihren PC ein und legen Sie die CD, auf der sich StarOffice 7.0 befindet, in Ihr CD-ROM-Laufwerk ein. Die CD startet automatisch und zeigt das erste Installationsfenster an.
2. Klicken Sie in diesem und in den nächsten Fenstern auf *Weiter* bzw. *OK*, bis Sie zum Fenster für die Dateneingabe gelangen.

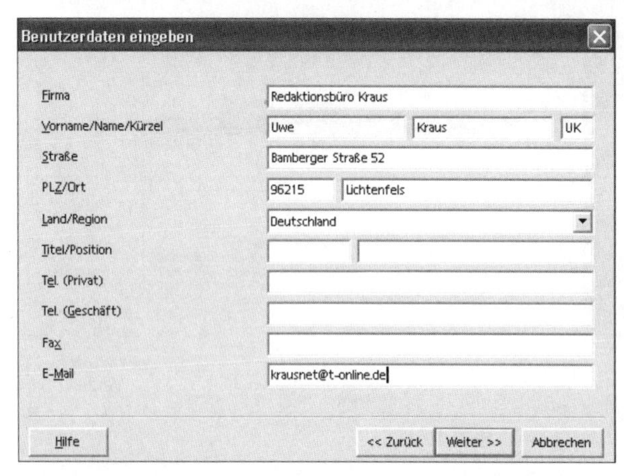

Abb. 1.2: Die Daten, die Sie hier eingeben, werden später wieder benötigt.

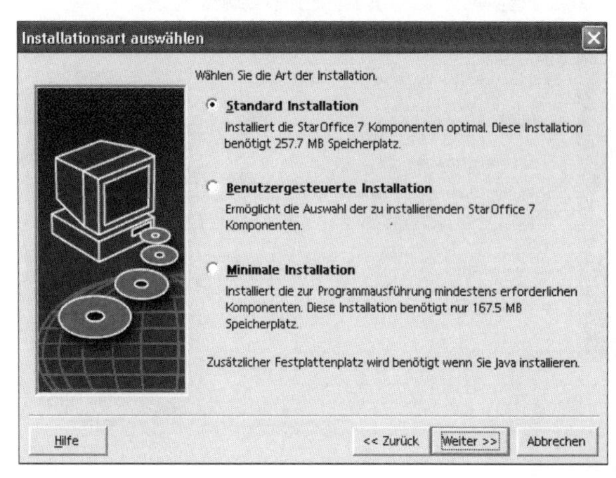

Abb. 1.3: Wählen Sie hier den Installationstyp aus.

3. Eine Dialogbox bietet Ihnen drei verschiedene Arten der Installation an. Wählen Sie *Standard*, denn mit dieser Installationsart werden Ihnen alle Programme und Hilfedateien auf die Festplatte kopiert. Nachdem Sie die Auswahl *Standard* markiert haben, bestätigen Sie mit *Weiter*.

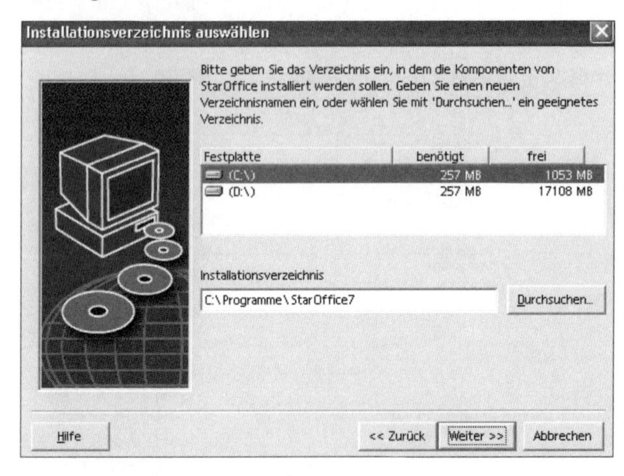

Abb. 1.4: Wählen Sie hier das Verzeichnis aus.

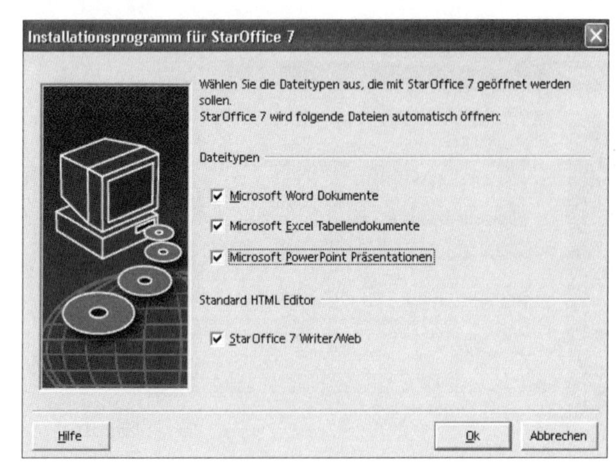

Abb. 1.5: Diese Dateitypen kann StarOffice öffnen.

4. In der nun folgenden Dialogbox können Sie ein Installationsverzeichnis auswählen. Belassen Sie es bei dem vorgeschlagenen Verzeichnis. Bevor Sie nun die Installation starten, können Sie mit Hilfe der Schaltfläche *Zurück* noch einmal zu den vorhergehenden Dialogfenstern zurückkehren, um eventuelle Änderungen vorzunehmen. Klicken Sie auf die Schaltfläche *Weiter*.
5. Mit dem neuen StarOffice können Sie verschiedene Dateitypen öffnen. Belassen Sie die markierten Optionen, und bestätigen Sie mit *OK*.

1.3 Die Installation der Java-Laufzeitumgebung

Nun kommt die Frage, ob Sie eine Java-Laufzeitumgebung einrichten wollen. Bei Java handelt es sich um eine Programmiersprache, die zum Erstellen von Web-Seiten verwendet wird. Falls Sie viel im Internet arbeiten, sollten Sie dieses Modul installieren, denn viele Anbieter im Netz nutzen inzwischen diese Sprache. Falls Sie sich für die Installation dieses Tools entscheiden, klicken Sie auf die Schaltfläche *Installieren*.

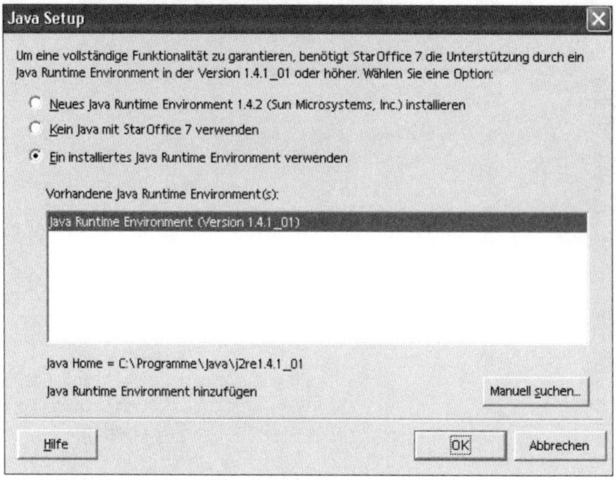

Abb. 1.6: Das Java-Modul ist für die Ausführung von Java-Dokumenten notwendig.

Bestätigen Sie alle weiteren Fenster, um das Java-Modul komplett zu installieren. Nachdem das Java-Modul installiert ist, geht es weiter. StarOffice wird auf Ihren PC übertragen. Dabei wird Ihnen jeweils der Stand der Installation in Prozentwerten am linken Bildschirmrand angezeigt.

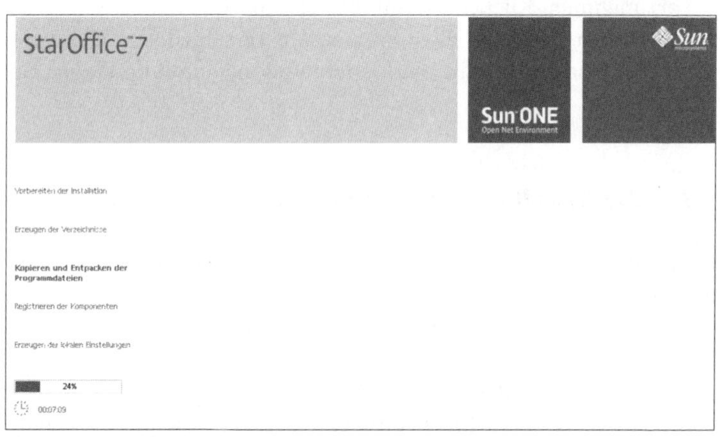

Abb. 1.7: StarOffice wird übertragen.

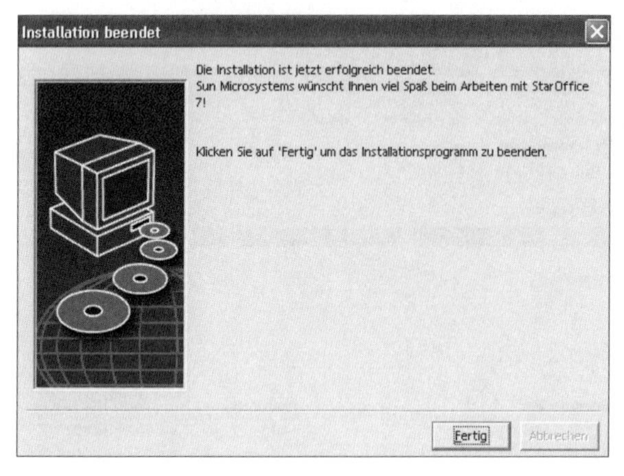

Abb. 1.8: Die Installation von StarOffice ist erledigt.

Nachdem alles komplett installiert ist, wird Ihnen dies in einem weiteren Fenster angezeigt.

1.4 Die Installation der Adabas-Datenbank

1. Nachdem die Java-Installation abgeschlossen ist, erfolgt die Abfrage nach der Adabas-Datenbank. Zu einem professionellen Office-Paket gehört eine Datenbank; daher sollten Sie diese auch noch installieren. Bestätigen Sie mit *OK*. Das Adabas-Installationsprogramm heißt Sie willkommen.
2. Klicken Sie in diesem Fenster und auch in den nächsten beiden Fenstern auf *Weiter*. Sie gelangen in die Auswahl des Speicherortes. Legen Sie fest, wo die Datenbank Adabas abgespeichert werden soll, und klicken Sie auf *Weiter*.
3. Bestätigen Sie in einem weiteren Fenster die Frage nach dem Anlegen eines Verzeichnisses mit *Ja*.

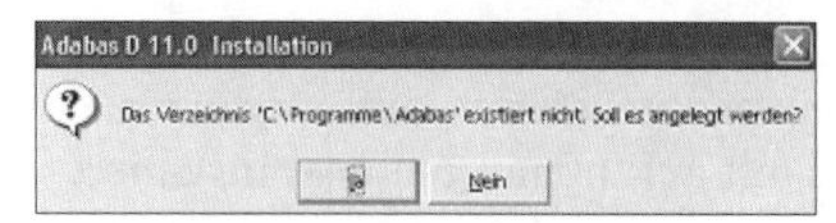

Abb. 1.9:
Soll ein Verzeichnis angelegt werden?

4. Starten Sie im nächsten Fenster den Kopiervorgang durch Klick auf die Schaltfläche *Installieren*.

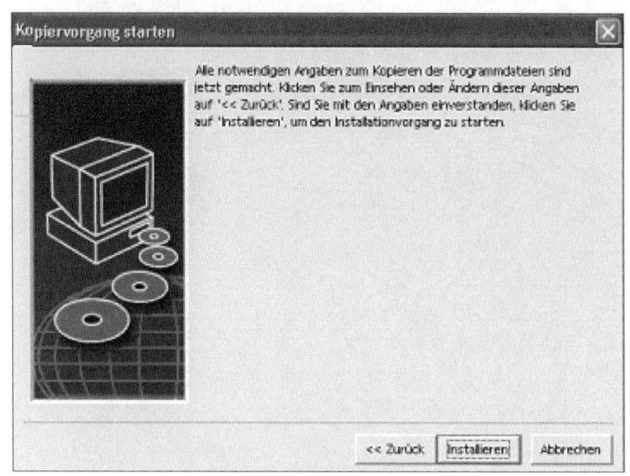

Abb. 1.10:
Die Adabas-Installation kann beginnen.

Die Installation beginnt. Das Fortschreiten der Installation wird Ihnen in Prozentwerten am unteren linken Bildschirmrand angezeigt.

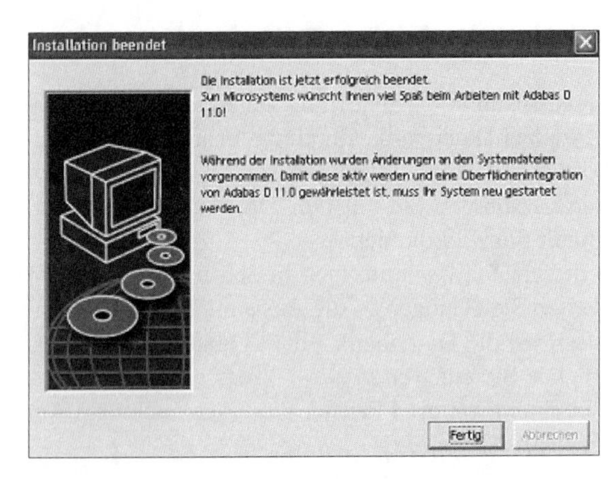

Abb. 1.11:
Die Installation ist beendet.

Nach Ablauf der Installation werden Sie zu einem Neustart Ihres Computers aufgefordert. Kommen Sie dieser Aufforderung nach. Nach dem Neustart ist Adabas fest auf Ihrem Computer installiert.

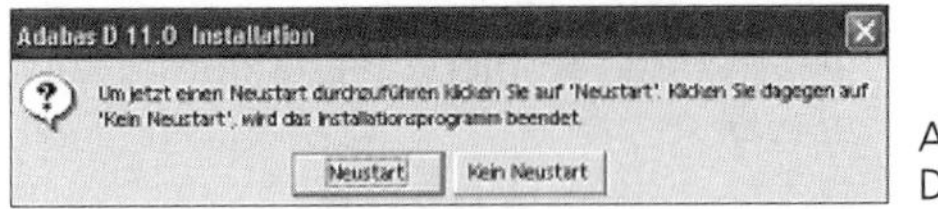

Abb. 1.12:
Der Neustart ist wichtig.

2. Erste Schritte mit StarOffice

Nachdem Sie StarOffice auf Ihrem System installiert haben, sollten Sie sich zunächst mit den Funktionen vertraut machen, ehe Sie sich an die erste Aufgabe wagen.

2.1 Erster Start und Grundlagen

Die einzelnen Module von StarOffice starten Sie direkt von Ihrem Arbeitsbildschirm aus. Anhand des Moduls StarWriter soll Ihnen der Aufbau der einzelnen StarOffice-Module erklärt werden.

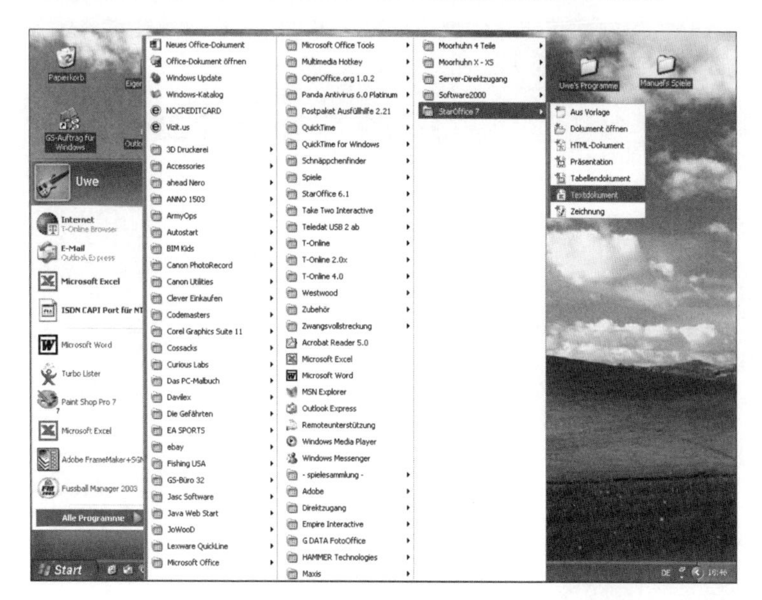

Abb. 2.1: Rufen Sie StarWriter über das Startmenü auf.

Starten Sie *StarWriter*, indem Sie mit der Maus auf die Windows-Startfläche klicken. Bewegen Sie den Mauszeiger auf *Programme*, und wählen Sie in der nun erscheinenden Liste den Eintrag aus: *StarOffice/Textdokument*.

2.2 Der Aufbau von StarWriter

In diesem Abschnitt erhalten Sie eine Übersicht über den Aufbau von StarWriter.

2.2.1 Der Arbeitsbildschirm

Alle Aktionen im Modul *Textverarbeitung* laufen über diesen Bildschirmbereich. Sie finden hier alle Ordner vor, die Sie vom Windows-Startbildschirm kennen, und können diese auch von hier aus starten.

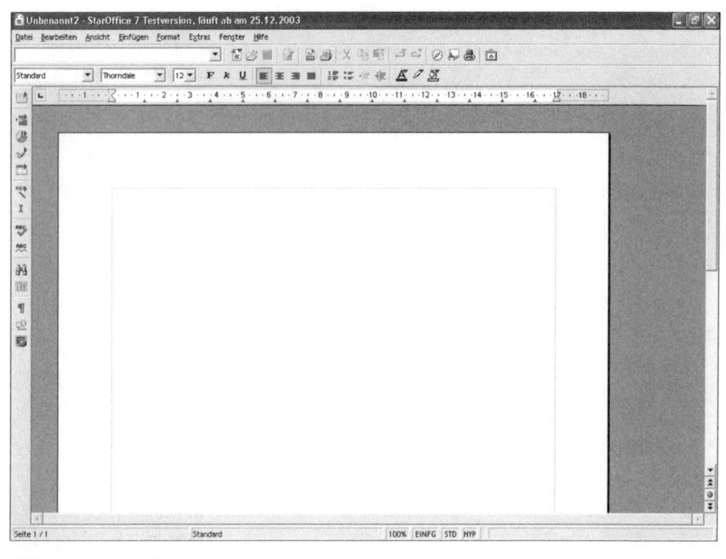

Abb. 2.2: Die Arbeitsfläche von StarWriter

Das Fenster mit den Absatzformaten benötigen Sie im Moment nicht. Entfernen Sie es durch Klick auf das kleine Kreuz in der rechten, oberen Ecke.

2.2.2 Die Menüleiste

Am oberen Rand des Bildschirms finden Sie die Menüleiste. Diese enthält alle wichtigen Befehle für die Bearbeitung von Dateien.

Abb. 2.3: Die verschiedenen Auswahlmöglichkeiten der Menüleiste

Klicken Sie einmal auf das Menü *Datei*. Ein Untermenü klappt auf. Hier finden Sie alle Befehle vor, die Sie in diesem Arbeitsbereich nutzen können. Diese sind stark hervorgehoben.
Mit der Maus oder der ↓-Taste bewegen Sie sich in diesem Untermenü zu dem gewünschten Befehl. Zwischen den einzelnen Menüs bewegen Sie sich ebenfalls mit der Maus oder mit der →-Taste. Testen Sie diese Funktionen mehrmals.

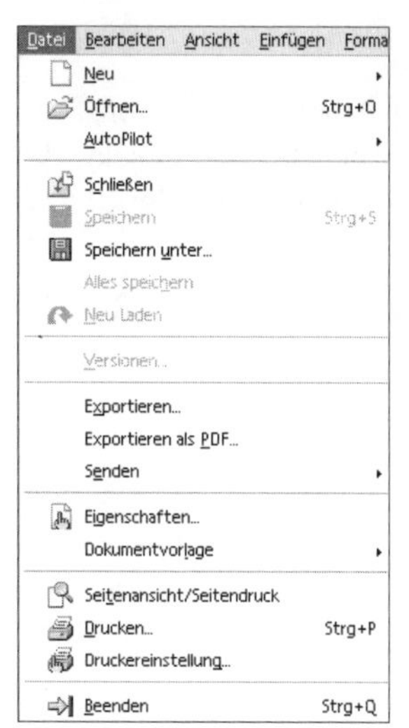

Abb. 2.4:
Ein Untermenü mit seinen aktiven Funktionen

2.2.3 Die Symbolleisten

StarOffice bietet unter dem Sammelbegriff *Symbolleisten* drei verschiedene Leisten an: die Funktions-, die Objekt- und die Werkzeugleiste.

Die Funktionsleiste (Symbolleiste)

In dieser Leiste finden Sie die Symbole wichtiger Befehle und Funktionen, die Sie immer nutzen können. Dabei sind wieder die im angezeigten Bildschirmbereich nutzbaren Symbole kräftig angezeigt und diejenigen, die Sie aktuell nicht verwenden können, nur angedeutet. Hier finden Sie die Funktionen, die Sie besonders oft nutzen, wie Drucken oder Speichern. Wenn Sie den Mauszeiger auf eines der Symbole setzen, wird Ihnen daneben in einem Fenster dessen Bedeutung angezeigt.

Abb. 2.5: Die Symbolleiste mit ihren unterschiedlichen Zeichen

Die Objektleiste

Die Objektleiste verändert sich in jedem Arbeitsbereich von StarOffice. Sie enthält die wichtigsten Funktionen für das Objekt, das Sie gerade bearbeiten. In StarWriter heißt diese Leiste *Textobjektleiste*.

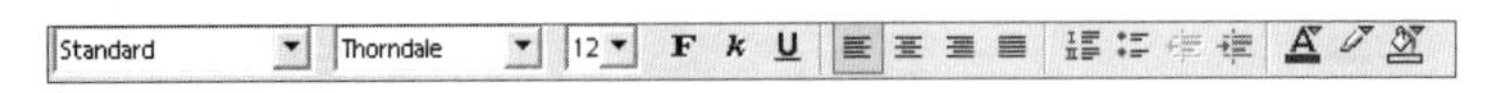

Abb. 2.6: Die unterschiedlichen Funktionen der Objektleiste

Die Werkzeugleiste

Diese Leiste finden Sie normalerweise am linken Rand des Bildschirms. Sie verändert ebenfalls in jedem Arbeitsbereich ihr Aussehen, je nachdem, welche Funktionen gerade in diesem Bereich nötig sind. Die Werkzeugleiste steht Ihnen im StarOffice-Startbildschirm nicht zur Verfügung.

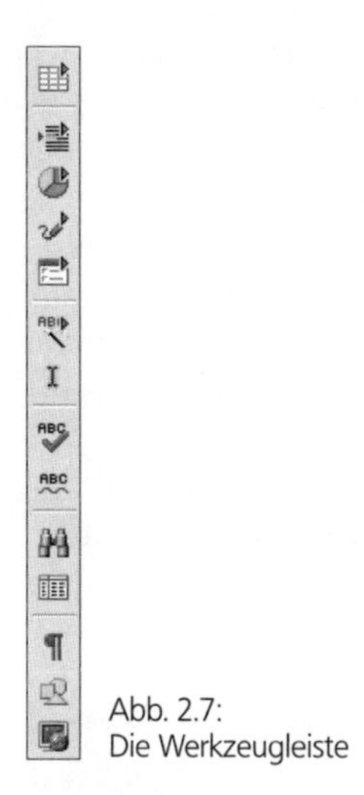

Abb. 2.7:
Die Werkzeugleiste

2.2.4 Die Taskleiste

Am unteren linken Bildschirmrand finden Sie die Taskleiste von StarWriter. In anderen Programmteilen von StarOffice wie StarCalc oder StarDraw finden Sie in der Statusleiste zusätzliche Informationen. In den einzelnen Kapiteln wird genauer darauf eingegangen. Probieren Sie die verschiedenen Funktionen des StarWriter-Bildschirms öfter durch. Sie benötigen diese in den weiteren Lektionen regelmäßig.

Abb. 2.8: Die Taskleiste befindet sich am unteren Bildschirmrand.

2.3 StarWriter-Bildschirm anpassen

Verschieben der Symbolleiste

Falls Ihnen der Aufbau dieses Arbeitsbereichs nicht gefällt, können Sie die Symbolleiste beliebig am Bildschirm verschieben und an anderer Stelle positionieren.

Klicken Sie dazu mit gedrückter [Strg]-Taste in einen freien Bereich der Symbolleiste und ziehen Sie diese mit gedrückter Maustaste an die von Ihnen gewünschte Stelle. Sobald Sie die Maustaste wieder loslassen, befindet sich die Symbolleiste an dem gewünschten Platz. Probieren Sie die verschiedenen Varianten aus. Um die Symbolleiste wieder an ihren alten Platz zurückzuführen, klicken Sie wieder in eine freie Stelle und schieben das Ganze mit gedrückter linker Maustaste bei gleichzeitig gedrückter [Strg]-Taste nach oben, bis die gewünschte Position erreicht ist.
Falls es nicht auf Anhieb klappt, probieren Sie es ein zweites Mal. Sie müssen sich genau zwischen der Menüleiste und der Objektleiste befinden, damit sich die Symbolleiste wieder in ihren alten Platz einfügt.

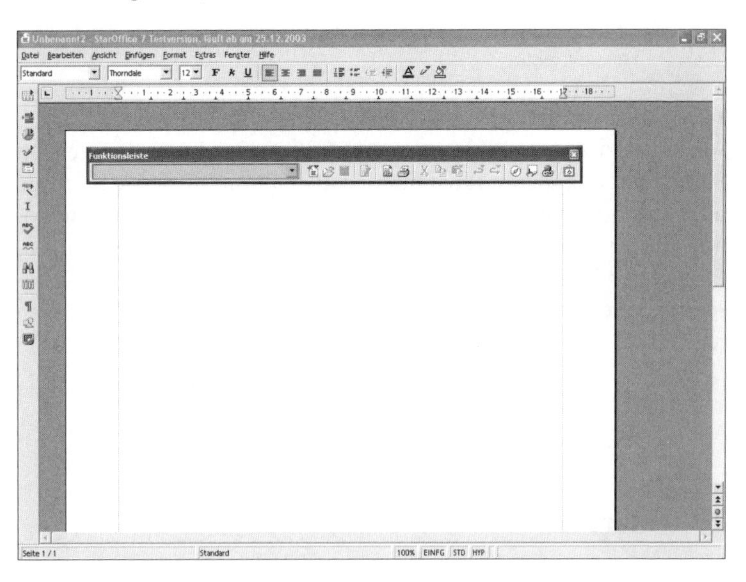

Abb. 2.9: Die Symbolleiste hat einen neuen Platz erhalten.

2.4 Ein Rundgang durch StarOffice

StarOffice bietet eine Fülle von verschiedenen Programmteilen. Von der Textverarbeitung bis zur Datenbank ist alles Wichtige enthalten.

2.4.1 Die Textverarbeitung StarOfficeWriter

Mit *StarWriter* können Sie vom einfachen Brief bis zum umfangreichen Buch alle Schriftstücke anfertigen. Dabei werden Sie durch zahlreiche Extras wie die Rechtschreibprüfung oder die Silbentrennung unterstützt. Auch Texte in mehreren Spalten und in unterschiedlicher Breite stellen für dieses Modul kein Problem dar. Tabellen und Grafiken lassen sich leicht erzeugen.

Das Schriftenmodul FontWork

Dieser Teil von StarOffice hilft Ihnen dabei, Schriftstücke aus beliebigen Texten zu erzeugen. Dabei lässt sich der Text schattieren, kippen, kreisförmig anordnen und vieles mehr. Auch Drehungen von Texten um 90 oder 270 Grad sind jetzt möglich.

2.4.2 Die Tabellenkalkulation StarOfficeCalc

Bei der kaufmännischen Anwendung *StarCalc* geht es um das Erfassen, Berechnen und Auswerten von Zahlenmaterial. Diese Kalkulationen lassen sich in 3D-Tabellen grafisch als Diagramm darstellen. StarCalc erspart dem Anwender wiederholte Formeleingaben, indem es einmal eingegebene Formeln bei Bedarf wieder erkennt und automatisch die richtige Berechnung durchführt.

Das Diagramm-Modul StarOfficeChart

StarChart unterstützt den Anwender bei der Präsentation von umfangreichem Zahlenmaterial. Unzählige Diagrammtypen für 2D- oder 3D-Diagramme sind bereits vorgegeben.

Der Formeleditor StarOfficeMath

Mit dem Editor *StarMath* fügen Sie umfangreiche Formeln in Ihre Dokumente ein. Mit einigen Mausklicks erzeugen Sie diese Formeln, um Sie bei Bedarf zu übernehmen.

2.4.3 Die Datenbank Adabas

Das Modul *Adabas* hilft Ihnen bei der Verwaltung großer Datenmengen. Hier suchen Sie mühelos aus einer komplexen Tabelle eine bestimmte Adresse aus.
Mehrere Datentabellen lassen sich problemlos verknüpfen. Bei der Erzeugung von Serienbriefen unter StarWriter ist der Einsatz von Adabas sehr praktisch und hilfreich.

2.4.4 Das Präsentationsprogramm StarOfficeImpress

StarImpress hilft bei der Aufbereitung von Informationen. Diese Informationen werden anhand von Bildern und Texten präsentiert. Sie können z.B. eine Dia-Show mit Produkten Ihrer Firma entwerfen und diese den zukünftigen Kunden präsentieren.

2.4.5 Das Zeichenprogramm StarOfficeDraw

StarDraw erledigt alle zeichnerischen Aufgaben von der einfachen Geburtstagskarte bis zur aufwendigen Grafik. Mit diesem Modul erzeugen Sie anspruchsvolle 3D-Grafiken mit Spezialeffekten wie Lichteinfall. Dieses Programm ist fast identisch mit StarImpress. Mit StarDraw sind aber keine Präsentationen möglich.

2.5 StarOffice und das Internet

In Sachen Internet-Unterstützung hat StarOffice leider nicht mehr viel zu bieten. Für E-Mail-Verkehr müssen Sie auf Programme wie Outlook Express zurückgreifen.
StarOffice bietet Ihnen für die Erstellung Ihrer eigenen Homepage verschiedene Seitenvorlagen. Die fertigen Seiten lassen sich beliebig exportieren. Um diese Seiten anzusehen, muss der Empfänger nicht über StarOffice verfügen, da StarOffice die Dokumente beim Exportieren in verschiedene HTML-Dateien konvertiert.
Mittlerweile gibt es aber einfachere (FrontPage) und modernere (Flash oder Dreamweaver) Programme für die komfortable Erstellung von Web-Seiten.

3. Texte mit StarOfficeWriter

Seit der Personalcomputer Einzug in die Büros und Privathaushalte gehalten hat, gehört die Schreibmaschine der Vergangenheit an. Musste man früher Fehler in einem Brief mühsam mit Tipp-Ex ausbessern, so geschieht dies heutzutage mit einem einzigen Mausklick. Das Eintippen von Hunderten von Adressen bei jedem Rundschreiben gehört der Vergangenheit an. Diese Aufgabe erledigt heutzutage eine moderne Serienbrieffunktion. Immer wiederkehrende Textblöcke müssen nicht jedes Mal neu geschrieben werden. Der Anwender holt sich diese aus dem Speicher der Festplatte in das Dokument. Sogar Buchmanuskripte mit Seitennummerierung und Inhaltsverzeichnis oder eine Diplomarbeit stellen für eine moderne Textverarbeitung kein Problem dar. In diesem Kapitel werden wichtige Funktionen wie Brief, Handzettel, Fax oder Serienbrief vorgestellt, da diese bei der täglichen Arbeit am PC immer wieder gebraucht werden.

Am Ende dieses Kapitels werden Sie in der Lage sein, einen Briefkopf mit Logo, Kopf- und Fußzeilen usw. zu entwerfen. Wenn Sie dieses und die nächsten Kapitel durchgearbeitet haben, werden Sie die Textverarbeitung nicht mehr missen wollen – die Nutzungsvielfalt dieses Moduls ist enorm.
Steigen Sie einfach in die Arbeit mit StarOfficeWriter ein, und üben Sie das Gelernte regelmäßig an praktischen Beispielen.

Hinweis:
Die Bezeichnung für diese Textverarbeitung ist zwar *StarOfficeWriter*, der Einfachheit halber wird hier jedoch der ebenfalls gängige Name *StarWriter* verwendet.

3.1 Der AutoPilot

Für Ihr erstes Dokument unter StarWriter wird ein praktischer Helfer verwendet – der *AutoPilot*. Er unterstützt Sie bei der Erstellung von Dokumenten in den einzelnen Programmteilen. In den nächsten Kapiteln begegnet er Ihnen immer wieder.
Im Bereich Textdokumente bietet der AutoPilot Vorlagen für Faxe, Briefe, Memos und Agenda (Planung von Besprechungen). Sie starten den AutoPiloten über die Menüoption *Datei/AutoPilot/Brief*.

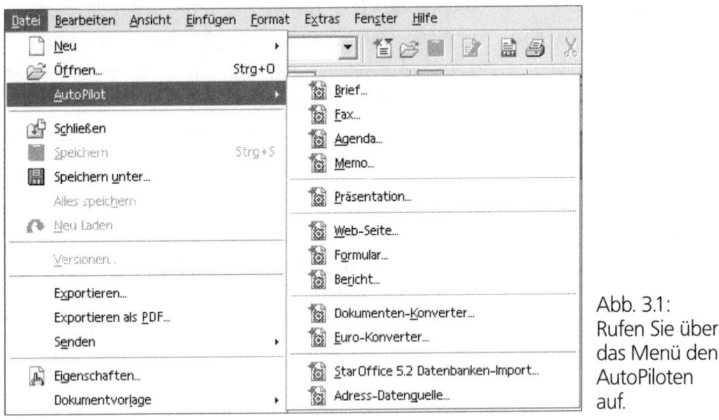

Abb. 3.1: Rufen Sie über das Menü den AutoPiloten auf.

1. Nach dem Start will der AutoPilot wissen, welche Art von Brief Sie schreiben möchten. Belassen Sie die Einstellung auf *Geschäftsbrief* und wählen Sie *Stilart Klassisch*. Klicken Sie auf die Schaltfläche *Weiter*.
2. Im nächsten Fenster suchen Sie ein Logo für Ihren Brief aus. Als Logo können Sie nur einen Text oder eine Grafik verwenden. Falls Sie kein Logo möchten, klicken Sie auf die Option *Kein Logo*.
3. Im Dialogfeld *Logografik auswählen* können Sie Ihr Logo aussuchen. Klicken Sie doppelt auf eines der angezeigten Verzeichnisse, um deren Inhalt angezeigt zu bekommen. Probieren Sie in Ruhe die verschiedenen Vorlagen durch, bis Sie die passende gefunden haben.

Für dieses Beispiel wurde ein Logo aus dem Verzeichnis *computer* verwendet, und zwar *around-the-world*.

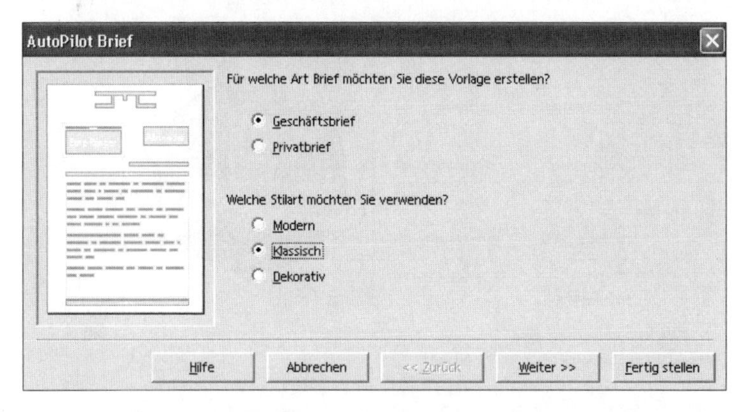

Abb. 3.2: Stellen Sie die Form Ihres Briefs zusammen.

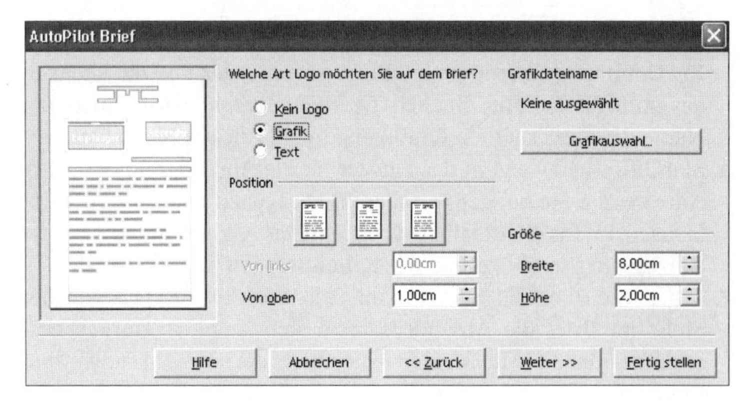

Abb. 3.3: Suchen Sie den richtigen Platz für Ihr Logo aus.

Hinweis:
Wenn Sie am unteren Rand des Fensters (Abb. 3.4) das Feld *Vorschau* durch Mausklick aktivieren, bekommen Sie die jeweils ausgesuchte Grafik als Vorschau in dem großen Fenster rechts angezeigt.

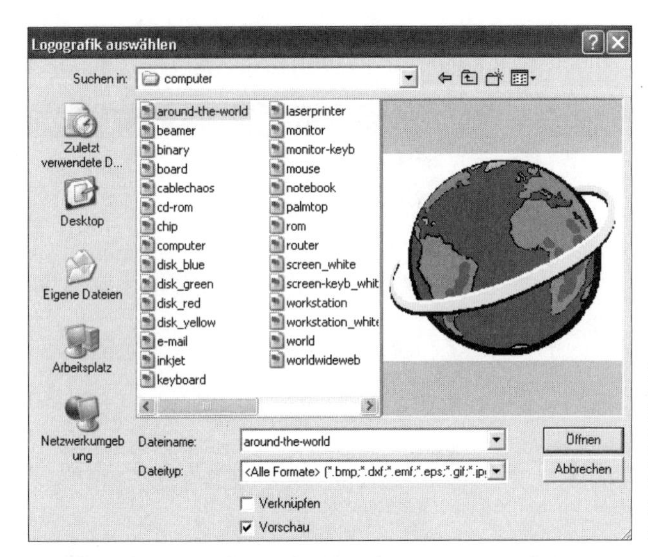

Abb. 3.4: Suchen Sie das passende Logo für Ihr Schreiben aus.

4. Klicken Sie auf den Schalter *Öffnen*. Die Grafik wird als Logo in Ihr Dokument übernommen. Sie landen wieder im Dialogfenster des AutoPiloten. Im Bereich *Grafikdateiname* wird Ihnen der Name der ausgesuchten Grafik angezeigt. Klicken Sie auf *Weiter*.
5. StarOffice verzweigt in das Fenster für die Absendereingabe. Ihre Adresse, die Sie bei der Installation angegeben haben, wird automatisch in das Schriftstück übernommen. Geben Sie an, ob die Adresse im Empfängerfeld wiederholt werden soll.
6. Legen Sie über die Symbole im Feld *Position* fest, an welcher Stelle im Brief die Absenderadresse stehen soll. Natürlich entscheiden Sie sich für das erste Symbol, da hier Absender- und Empfängeradresse an der richtigen Stelle stehen. Verändern Sie an den Einstellungen für die Größe nichts, und klicken Sie auf den Schalter *Weiter*.
7. Im nächsten Fenster ist die Empfängeradresse einzugeben. Tippen Sie diese in das leere Feld *Adresse* ein. Lassen Sie das Feld *Briefanrede* unberücksichtigt. Mit diesem Feld beschäftigen wir uns zu einem späteren Zeitpunkt. Die übrigen Einstellungen lassen Sie ebenfalls unverändert. Betätigen Sie die Schaltfläche *Weiter*.

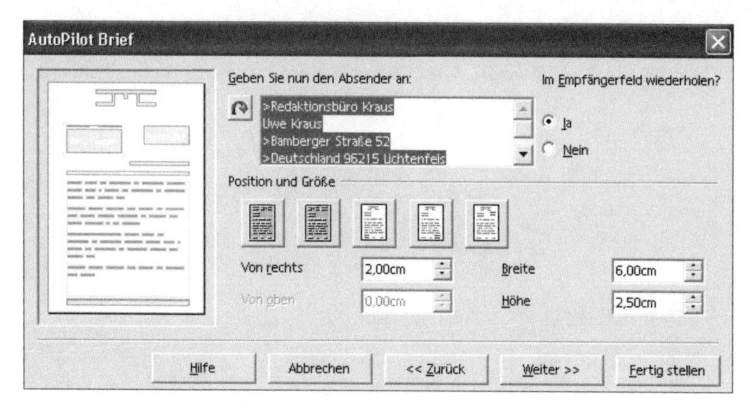

Abb. 3.5: Platzieren Sie Ihre Anschrift im Dokument.

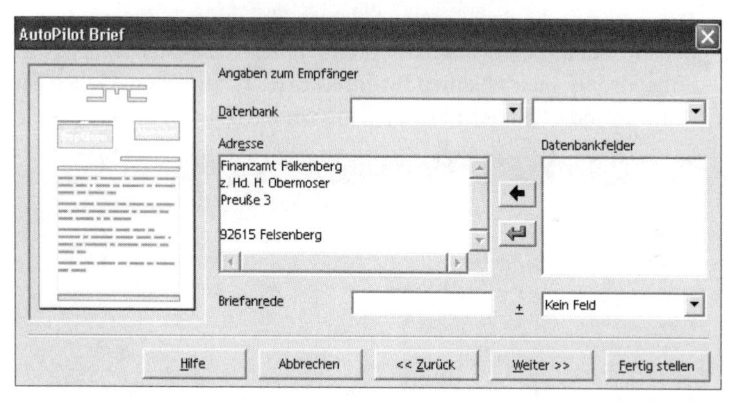

Abb. 3.6: Geben Sie die Adresse des Empfängers ein.

8. Das nächste Fenster fragt Sie nach den Elementen, die Ihr Brief enthalten soll. Die Optionen *Datum* und *Betreff* sind bereits standardmäßig markiert. Neben der Option *Datum* finden Sie das Datum *31.Dez. 1999*. Dies wirkt etwas irritierend, doch dieses Datum wird natürlich nicht in Ihren Brief übertragen. Es gehört lediglich zu einer Liste, die Sie durch Klick auf den kleinen schwarzen Pfeil öffnen. Hier finden Sie eine Auswahl der verschiedenen Darstellungsformen für das Datum. Geben Sie den Betreff Ihres Schreibens in das Feld *Betreff* ein, und klicken Sie auf *Weiter*.

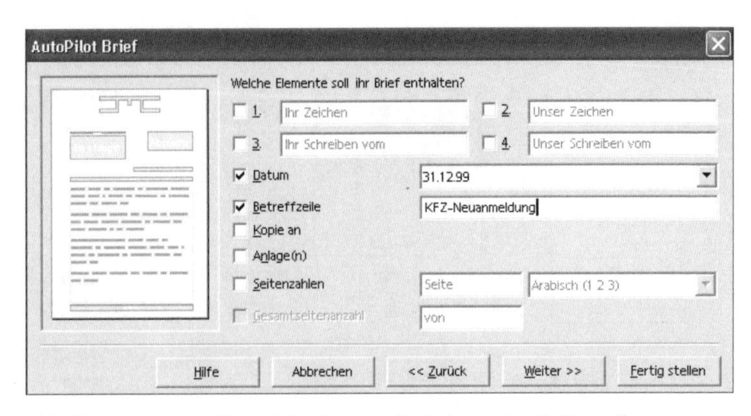

Abb. 3.7: Bestimmen Sie, welche Elemente Ihr Dokument enthalten soll.

9. Die nächsten beiden Fenster belassen Sie unverändert und klikken in jedem auf *Weiter*. In einem weiteren Fenster werden Sie aufgefordert, einen Namen für Ihren Brief zu vergeben. Geben Sie ihn ein, und verändern Sie die Einstellungen nicht.

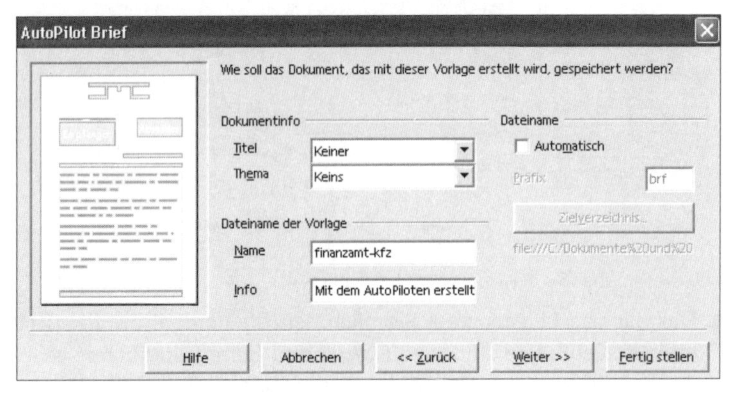

Abb. 3.8: Weisen Sie Ihrem Brief einen Namen zu.

10. Hier haben Sie noch die Möglichkeit, im Auswahlfeld *Logo* oder *Absender* anzugeben, ob diese beiden Bestandteile des Briefes nur auf dessen erster Seite oder, falls der Brief mehrere Seiten hat, auch auf den Folgeseiten erscheinen sollen.

11. Klicken Sie auf *Weiter* und im letzten Fenster auf *Fertigstellen*. Der AutoPilot fertigt den Brief in dem von Ihnen gewählten Layout an. Nach einigen Sekunden startet das Programm StarWriter und zeigt das Gerüst des Briefes an.

Die Anredefloskel *Sehr geehrte Damen und Herren!* und die Abschlussfloskel *Mit freundlichen Grüßen* sind bereits automatisch eingefügt.
Da Ihr Brief eine bestimmte Person anspricht, müssen Sie die Anrede verändern. Jetzt fehlt nur noch der Text. Schauen Sie sich über das Menü *Ansicht/Ganzer Bildschirm* Ihr Briefgerüst an.

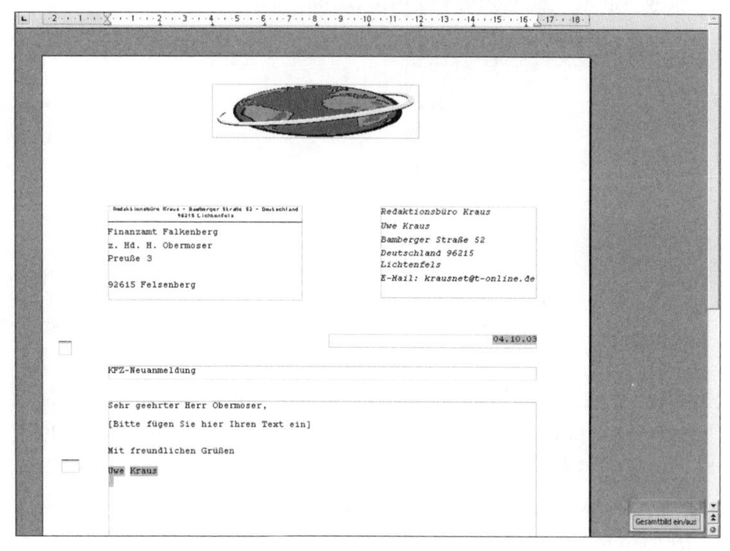

Abb. 3.9: Das Gerüst des Briefes

Kehren Sie durch Klick auf den kleinen Monitor am oberen, rechten Bildschirmrand zu Ihrem Arbeitsbereich zurück.

Abb. 3.10:
Dieses Symbol bringt Sie zurück.

Nun können Sie Ihren gewünschten Text eingeben. Schauen Sie sich danach das Gesamtbild Ihres Briefes an. Starten Sie in der Menüleiste den Befehl *Ansicht/Maßstab*.

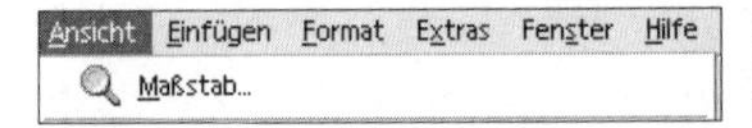

Abb. 3.11:
Über dieses Menü rufen Sie das Maßstabfenster auf.

Sie gelangen in das Fenster *Maßstab*. Hier sehen Sie verschiedene Prozent- und andere Größenangaben. Mit diesen Werten können Sie Ihr Dokument vergrößern oder verkleinern. Um den Brief komplett zu sehen, muss er natürlich verkleinert dargestellt werden. Klicken Sie auf die Option *Ganze Seite*.

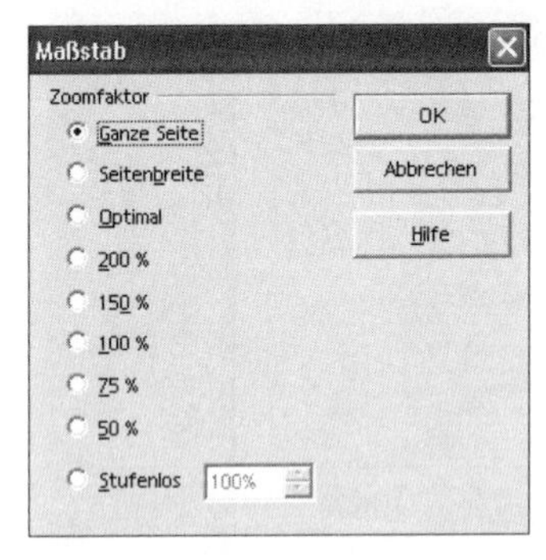

Abb. 3.12:
Bestimmen Sie den Maßstab für die Anzeige Ihres Dokuments

StarWriter zeigt Ihr komplettes Dokument nun verkleinert an. Jetzt fällt Ihnen vielleicht auf, dass Ihr Adressfeld zu schmal und zu hoch ist. Auch dem Logo könnte eine andere Form besser stehen.

1. Kehren Sie über *Ansicht/Maßstab* und das Aktivieren der Option *100%* wieder zu Ihrer ursprünglichen Ansicht zurück.
2. Bewegen Sie sich mit Hilfe der Pfeiltaste am rechten Rand des Adressfelds. Sie verwandelt sich in einen vierfachen Pfeil (Fadenkreuz). Betätigen Sie die linke Maustaste. Um das Adressfeld erscheinen einige kleine grüne Quadrate. Wenn Sie nun auf das grüne Quadrat rechts in der Mitte klicken und mit gedrückt gehaltener Maustaste nach links ziehen, vergrößert sich dieses Feld so lange, bis Sie den Mauszeiger wieder loslassen. Ziehen Sie bis knapp vor das Logo und lassen Sie dann den Mauszeiger los.

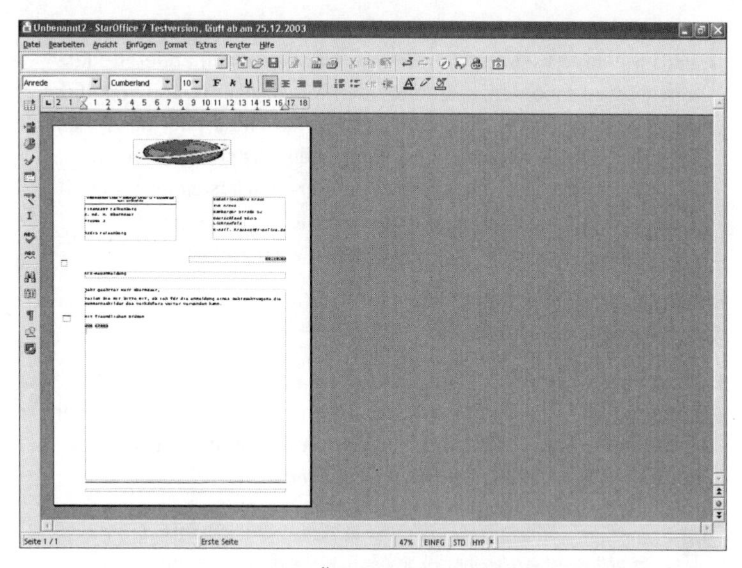

Abb. 3.13: Verschaffen Sie sich eine Übersicht über Ihren kompletten Brief.

3. Klicken Sie in das Logo, setzen Sie den Mauszeiger auf das Quadrat unten in der Mitte und ziehen Sie mit gedrückter Maustaste nach unten, bis das Bild eine ansprechende Form erhält.

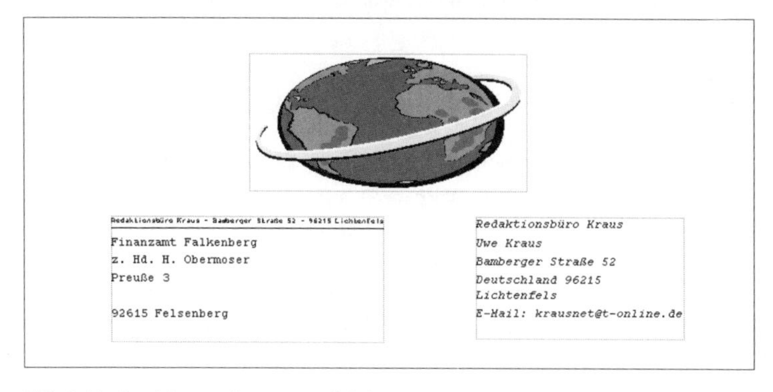
Redaktionsbüro Kraus - Bamberger Straße 52 - 96215 Lichtenfels

Finanzamt Falkenberg
z. Hd. H. Obermoser
Preuße 3

92615 Felsenberg

Redaktionsbüro Kraus
Uwe Kraus
Bamberger Straße 52
Deutschland 96215
Lichtenfels
E-Mail: krausnet@t-online.de

Abb. 3.14: So sieht es schon wesentlich besser aus.

Hinweis:
Falls Sie das Absenderfeld oder das Logo an einen anderen Platz verschieben möchten, setzen Sie den Mauszeiger irgendwo auf die Randlinie des Fensters, in dem sich der Absender oder das Bild befindet. Das Fadenkreuz und die grünen Kästchen zeigen sich wieder. Ziehen Sie mit gedrückter linker Maustaste das komplette Fenster an die von Ihnen gewünschte Stelle und lassen Sie, am Zielpunkt angekommen, die Maustaste wieder los.

Speichern Sie Ihr erstes Dokument in StarWriter ab, sonst ist es unwiederbringlich verloren.

1. Aktivieren Sie im Menü *Datei* das Feld *Speichern unter* oder verwenden Sie die Tastenkombination [Strg]+[S]. Eine weitere Alternative bietet sich über die Symbolleiste an: Klicken Sie hier auf das Symbol für *Dokument/Speichern*.

Abb. 3.15:
Schnell speichern Sie Ihr Dokument mit Hilfe dieses Symbols.

2. Das Dialogfenster *Speichern unter* erscheint am Bildschirm. Die bereits vorhandenen Verzeichnisse werden angezeigt. Um Ihren Brief jederzeit schnell wieder zu finden, sollten Sie ein neues Verzeichnis anlegen. Klicken Sie auf das Symbol *Neuen Ordner erstellen*.

Abb. 3.16:
Mit Hilfe dieses Symbols legen Sie ein neues Verzeichnis an.

3. Geben Sie im Eingabefeld *Neuen Ordner anlegen* den Namen des neuen Ordners an, und bestätigen Sie mit *OK*.
4. Klicken Sie jetzt doppelt auf das neu erscheinende Ordnersymbol *privat* und geben Sie den Namen ein, unter dem Sie Ihr Dokument speichern wollen. Klicken Sie auf die Schaltfläche *Speichern*. Wählen Sie dabei einen Namen, der zu Ihrem Dokument passt, damit Sie es später leicht wiederfinden.

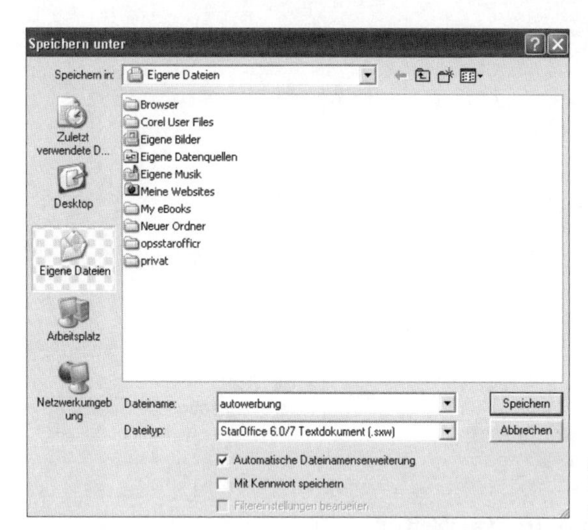

Abb. 3.17:
Legen Sie einen neuen Ordner an...

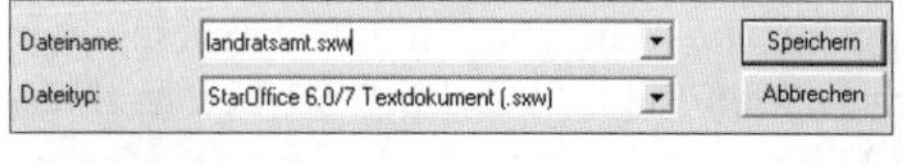

Abb. 3.18:
... und speichern Sie Ihr Dokument unter einem prägnanten Namen.

StarOfficeWriter springt wieder in Ihr Dokument zurück und zeigt am oberen, linken Rand des Bildschirms den Namen für dieses Dokument an.

Abb. 3.19:
Anzeige des Dokumentennamens

Schließen Sie das Dokument über *Datei/Schließen*. Vielleicht fragen Sie sich jetzt, ob Ihr Text auch wirklich abgespeichert wurde. Dies können Sie leicht nachprüfen, indem Sie auf das Menü *Datei* klicken. Ein Untermenü klappt auf, in dem Sie ganz unten den Eintrag zu Ihrem Brief finden. Durch Klick auf diesen Eintrag können Sie Ihren Brief auch wieder aufrufen.

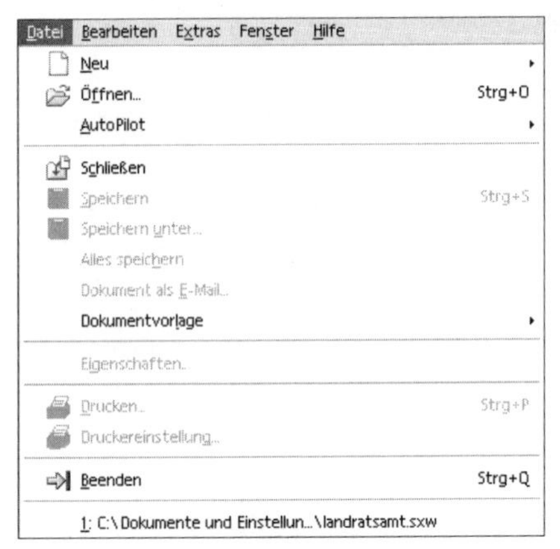

Abb. 3.20:
Die zuletzt abgespeicherten Dokumente werden hier angezeigt.

3.2 Vorlagen in StarWriter

StarWriter bietet Ihnen praktische Vorlagen für die verschiedenen Dokumente an. Einen Brief haben Sie in Abschnitt 3.1 bereits angelegt. Nun bereiten Sie mit Hilfe einer Vorlage ein Fax für die Versendung vor.

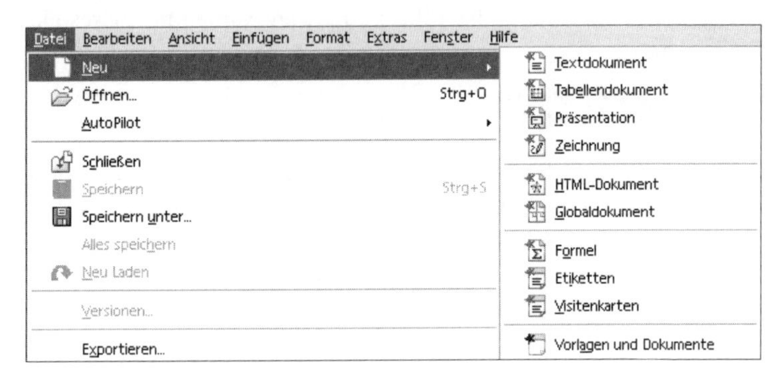

Abb. 3.21: Die Vorlagen des Moduls StarWriter werden gestartet.

3.2.1 Fax als Vorlage

1. Starten Sie die Vorlagenauswahl über das Menü *Datei/Neu/Vorlagen und Dokumente*, oder verwenden Sie die Tastenkombination [Strg]+[N] (s. Abb. 3.21).
2. Sie sehen nun ein Dialogfeld mit dem Namen *Vorlagen und Dokumente* vor sich. Auf der linken Seite finden Sie die Auswahlliste mit den Bereichen und in der Mitte die Ordner, die jeweils verschiedene Musterdokumente beinhalten.
   Klicken Sie die Auswahl *Vorlagen* an, und in der Mitte des Fensters werden Ihnen die verschiedenen Vorlagen angezeigt.

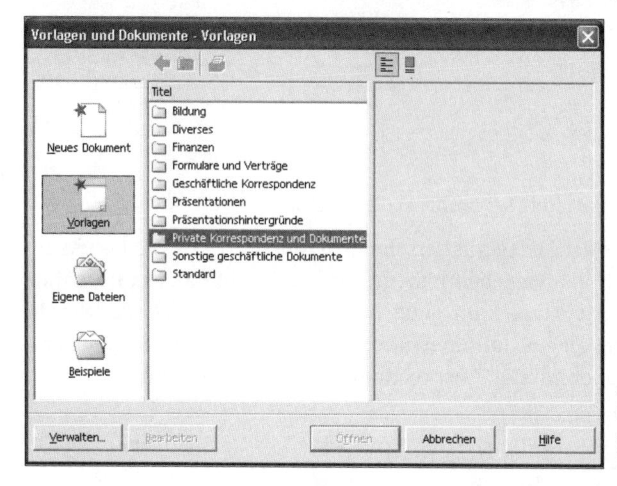

Abb. 3.22: Die Auswahl der hilfreichen Vorlagen

3. Klicken Sie doppelt auf den Eintrag *Private Korrespondenz und Dokumente*. Eine neue Liste erscheint, und die Anzeige im Feld *Vorlage* ändert sich. Klicken Sie auf den Eintrag *Formelles Privatfax*.
4. Im rechten Bereich wird Ihnen eine Vorschau Ihres Faxgerüstes angezeigt. Sollte dies nicht der Fall sein, so finden Sie über der Faxvorschau zwei Symbole. Das rechte Symbol aktiviert die Vorschau. Klicken Sie auf die Schaltfläche *Öffnen*.

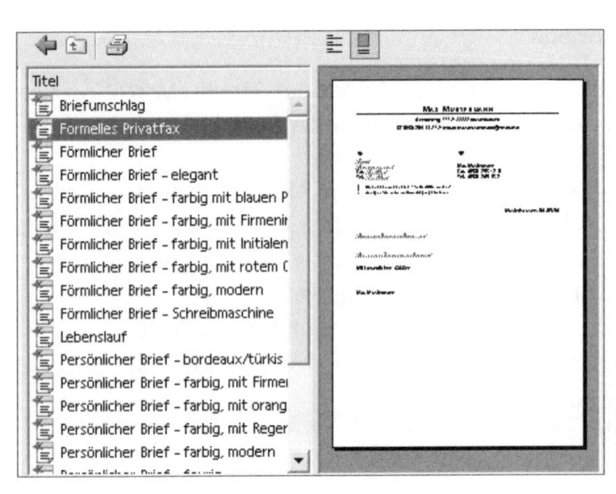

Abb. 3.23:
Wählen Sie ein Dokument aus.

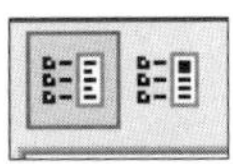

Abb. 3.24:
Das rechte Symbol öffnet die Vorschau.

Das vorgefertigte Faxgerüst erscheint. Die Daten, die Sie bereits bei der Installation angegeben haben, werden nun in das Fax übernommen. Die Faxvorlage kann jetzt bearbeitet werden. Tippen Sie die Adresse und die Faxnummer und natürlich auch Ihre eigene Faxnummer ein, damit der Ansprechpartner antworten kann.

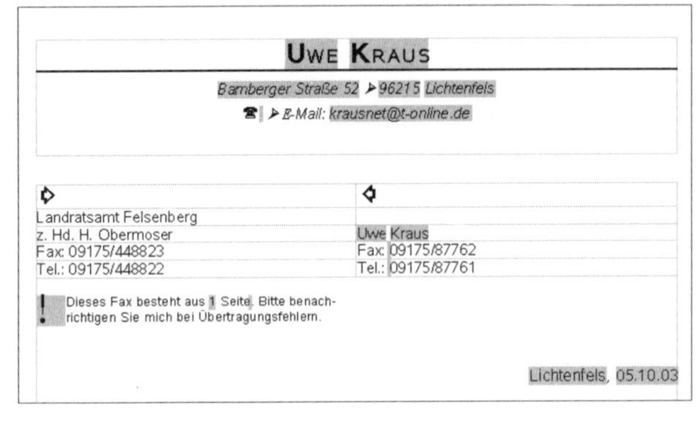

Abb. 3.25:
Die Daten wurden eingegeben.

Klicken Sie einmal mit der Maus auf das Feld *Firma*. Wie Sie sehen, ändert sich die Farbe des Textes auf Rot. Dies signalisiert Ihnen, dass es jetzt möglich ist, einen anderen Text einzugeben. Der vorhandene Text verschwindet dann automatisch.
Jetzt fehlt noch der Textinhalt des Faxes, den Sie nun eingeben können. Diesen können Sie mit einem kleine Trick aus Ihrer bereits erstellten Briefvorlage übernehmen. Rufen Sie dazu diesen Brief noch einmal auf und markieren Sie den Text mit gedrückt gehaltener linker Maustaste. Drücken Sie dann die Tastenkombination [Strg]+[C] (beide Tasten gleichzeitig). Schließen Sie die Datei wieder, und setzen Sie den Mauszeiger an die Stelle in Ihrem Fax, an der dieser Text eingefügt werden soll. Drücken Sie dann die Tastenkombination [Strg]+[V]. Der Text fügt sich in Ihr Fax ein.

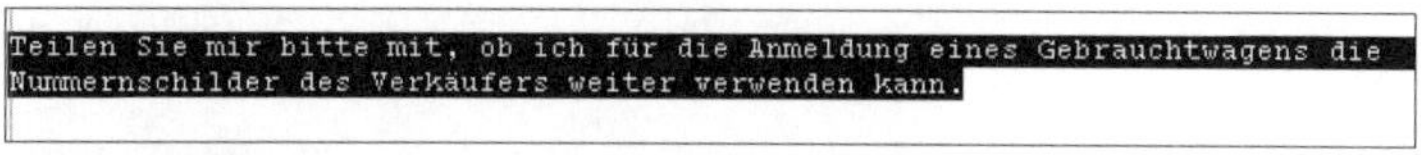

Teilen Sie mir bitte mit, ob ich für die Anmeldung eines Gebrauchtwagens die Nummernschilder des Verkäufers weiter verwenden kann.

Abb. 3.26: Setzen Sie den passenden Text ein.

Sie können nun z.B. noch Ihre E-Mail-Adresse hervorheben, indem Sie mit gedrückt gehaltener, linker Maustaste die Zahl markieren und anschließend in der Objektleiste auf die Funktion *F* (= fett) klicken.

F

Abb. 3.27:
Mit diesem Symbol weisen Sie einem Text Fettdruck zu.

Vielleicht gefällt Ihnen auch der Schriftzug Ihres Namens nicht. Um ihn z.B. in Schrägdruck zu formatieren, markieren Sie den gesamten Namen und klicken auf das Symbol *K* (= kursiv). Ihr Name erscheint jetzt in schräger Schrift.

K

Abb. 3.28:
Mit diesem Schalter weisen Sie einem Text eine Kursivschrift zu.

Falls Sie die Postleitzahl unterstreichen möchten, markieren Sie diese und klicken auf das Symbol *U* (= unterstreichen). StarWriter setzt nun einen Strich unter die Zahl.

Abb. 3.29:
Mit diesem Symbol unterstreichen Sie ein Wort oder einen Absatz.

Hinweis:
Sollte der Mauszeiger in dem Anschriftenfeld oder rechts daneben stehen, ist die Liste mit den genannten drei Symbolen nicht aktiv, denn da Sie sich nun in einer Tabelle befinden, wird automatisch die Symbolleiste der Tabellenkalkulation aktiv.

Das Adressfeld hat nun sein Aussehen leicht verändert, wie Sie in Abbildung 3.30 erkennen können.

Abb. 3.30:
Das Layout des Adressfeldes hat eine Veränderung erfahren.

Speichern Sie Ihr erstes in StarOffice erstelltes Fax über den Menübefehl *Datei/Speichern unter* ab. Sie gelangen zum Dialogfeld *Speichern unter*. Öffnen Sie durch Doppelklick auf das Symbol den Ordner *privat*. Geben Sie in das Feld *Dateiname* den Namen ein, unter dem Sie das Fax speichern wollen. Wählen Sie einen Namen, der Sie auf den Inhalt hinweist, z.B. *faxlandratsamt*. Klicken Sie anschließend auf die Schaltfläche *Speichern*. Schließen Sie Ihr Dokument über das Menü mit *Datei/Schließen*.

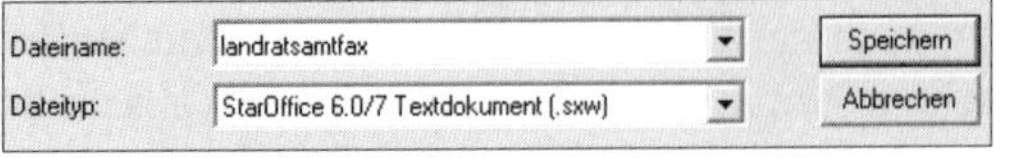

Abb. 3.31:
Hier werden die Dokumentnamen eingegeben.

3.2.2 Gutschein

StarWriter bietet Ihnen auch eine Vorlage für einen Gutschein an. Öffnen Sie das Dialogfenster *Dokumente und Vorlagen* über das Menü *Datei/Neu/Vorlagen und Dokumente*.

1. Wählen Sie den Ordner *Diverses* und in dieser Liste dann die Datei *Gutschein* aus.

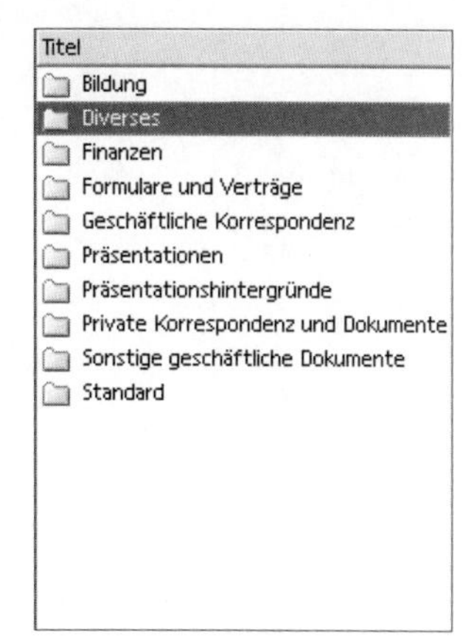

Abb. 3.32:
Der erste....

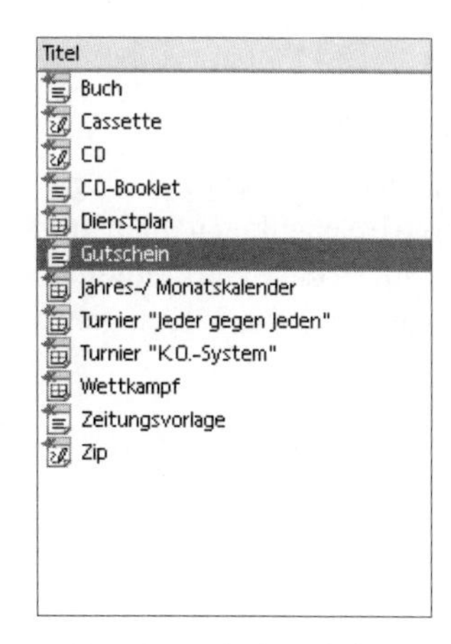

Abb. 3.33:
...und der zweite Schritt zur Vorlage „Gutschein"

2. Der Gutschein wird präsentiert. Die grau hervorgehobenen Bereiche müssen allerdings noch von Ihnen ausgefüllt werden. Verkleinern Sie zuerst den Gutschein über *Ansicht/Maßstab* auf *75%* der Normalgröße.

3. Setzen Sie den Mauszeiger auf den dunkelgrauen Bereich *Wert des Gutscheins*. In dem Moment, in dem Sie den ersten Buchstaben eintippen, verschwindet dieser Eintrag.

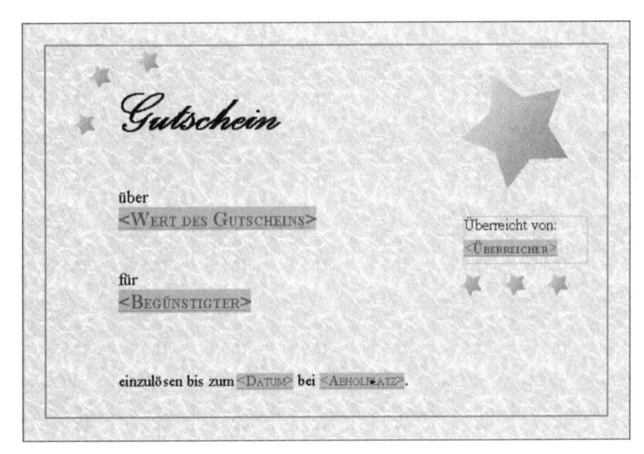

Abb. 3.34: Hier gibt es noch einiges auszufüllen.

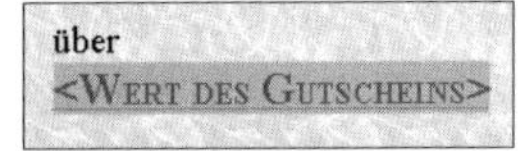

Abb. 3.35: Geben Sie hier Ihren Text ein.

4. Tippen Sie z.B. Folgendes ein: „einen Segelflug". Bei *Begünstigter* geben Sie den Namen desjenigen, den Sie beschenken wollen, und bei *Überreicher* Ihren eigenen Namen ein. Außerdem bestimmen Sie noch das Datum und den Ort, an dem der Gutschein eingelöst werden kann.

Abb. 3.36: So sieht der fertig ausgefüllte Gutschein aus.

Klicken Sie auf das Druckersymbol in der Symbolleiste, um den Gutschein auszudrucken.

Abb. 3.37:
Ein Mausklick genügt, um den Gutschein auszudrucken.

Speichern Sie den Gutschein noch wie gewohnt im Ordner *privat*.

3.2.3 Das Dokument Kaufvertrag

KFZ-KAUFVERTRAG

Verkäufer

Name, Vorname: ________
[illegible]: ________
PLZ, Ort: ________
[illegible]: ________
[illegible]: ________
[illegible]: ________
[illegible]: ________

Käufer

Name, Vorname: ________
[illegible]: ________
PLZ, Ort: ________
[illegible]: ________
[illegible]: ________
[illegible]: ________

Fahrzeug

[illegible]:	Typ:
[illegible]:	[illegible]:

[illegible]:	TÜV bis:	AU bis:	[illegible]:	[illegible]:

[illegible]	
[illegible]	

[illegible]:	[illegible]	[illegible]
[illegible]:	[illegible]	[illegible]
[illegible]:		
[illegible]:	[illegible]	[illegible]
[illegible]:	[illegible]	[illegible]

Kaufpreis

Preis:	[illegible]:

Betrag erhalten Anzahlung von ________ € erhalten ________
Unterschrift des Verkäufers

Bei der Übergabe des Fahrzeugs erhält der Käufer [illegible], nämlich ______ Kfz-Schlüssel, den Kraftfahrzeugschein, den Kraftfahrzeugbrief und die Bescheinigung über die letzte Abgasuntersuchung.

Das Fahrzeug wird unter Ausschluss jeglicher Gewährleistung verkauft. Ansprüche wegen eventueller Mängel können nach Vertragsabschluss nicht geltend gemacht werden, es sei denn, dass der Verkäufer sie arglistig verschwiegen hat. Der Verkäufer bestätigt, dass das Fahrzeug und die Zubehörteile sein frei verfügbares Eigentum sind. Der Käufer verpflichtet sich, das Fahrzeug unverzüglich, spätestens am dritten Werktag nach Übergabe, umzumelden. Wird der Schadenfreiheitsrabatt des Verkäufers dadurch gemindert, dass das Fahrzeug vor der Ummeldung in einen Unfall verwickelt wird, ersetzt der Käufer dem Verkäufer den entstehenden Schaden. Der Verkäufer versichert, dass alle Angaben zum Fahrzeug vollständig und richtig sind. Das Fahrzeug bleibt bis zur vollständigen Bezahlung Eigentum des Verkäufers.

Ort, Datum ________ Unterschrift des Käufers ________ Unterschrift des Verkäufers

Abb. 3.38:
Der Kaufvertrag in StarWriter

Falls Sie einmal Ihr Auto verkaufen wollen, bietet Ihnen StarWriter eine praktische Vorlage an – einen Kaufvertrag. Sie können ihn über *Datei/Neu/Vorlagen und Dokumente* öffnen. Klicken Sie dann aus der Auswahl *Formulare und Verträge* den Titel *Allgemeiner Kaufver-*

trag doppelt an. Der Kaufvertragsvordruck erscheint am Bildschirm. Geben Sie einfach die passenden Daten ein, und drucken Sie den Vertrag aus.

3.3 Dokumente ohne Vorlage

In diesem Abschnitt erfahren Sie, wie ein Wurfzettel erstellt wird, und lernen einige Besonderheiten kennen.

3.3.1 Der Wurfzettel

Wurfzettel sind eine bekannte Art der Werbung. Man findet sie z.B. in Zeitungen, Briefkästen oder hinter Autoscheibenwischern. Anhand der Erstellung eines Handzettels lernen Sie verschiedene Schriftarten, unterschiedliche Schriftgrößen, das Einfügen von Grafiken und einige weitere Besonderheiten kennen.
Um ein neues Dokument ohne die Hilfe von Vorlagen anzulegen, klicken Sie im Menü auf *Datei/Neu/Textdokument*.

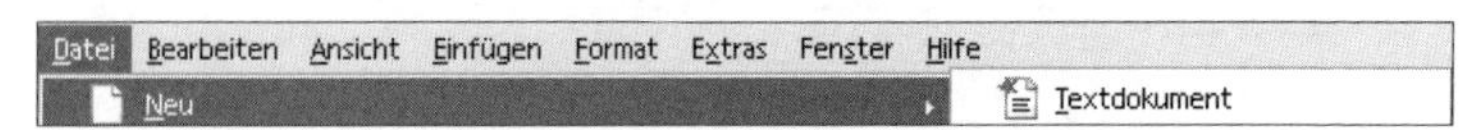

Abb. 3.39: Starten Sie über diesen Weg ein neues Textdokument.

Im StarOfficeWriter-Bildschirm erscheint ein leerer Rahmen für Ihre Texteingabe. Der Cursor steht am Anfang dieses noch leeren Dokuments. Geben Sie z.B. folgenden Text ein:

```
Wir verkaufen unsere Monitoren wegen Neuanschaffung.

20 Stück 19 Zoll

Preis: DM 200.- EURO pro Stück

Redaktionsbüro Kraus
```

Wenn Sie sich jetzt Ihren Handzettel über das Menü *Ansicht/Maßstab* in der Ansicht *Ganze Seite* anschauen, werden Sie feststellen. dass er nicht besonders anspruchsvoll aussieht.

Wir verkaufen unsere Monitore wegen Neuanschaffung
20 Stück 19 Zoll
Preis: DM200 ,- € pro Stück
Redaktionsbüro Kasus
Tel. 09175 / 87761

Abb. 3.40:
Ein vorläufiger Überblick über den Handzettel

Sorgen Sie nun für einigen Abstand zwischen den Zeilen, indem Sie den Zwischenraum von einer Zeile zur nächsten durch einige Leerzeilen vergrößern.

Bringen Sie den Inhalt Ihres Handzettels mit der Funktion *Zentrieren* in ein geordnetes Bild. Schalten Sie zuerst auf den Maßstab *100%* zurück.

1. Markieren Sie den gesamten Text, indem Sie den Cursor mit gedrückt gehaltener Maustaste darüberziehen.
2. Klicken Sie auf das Symbol für *Zentrieren* in der Objektleiste; es ist das zweite Symbol rechts vom U. Ihre Textzeilen werden jetzt genau in der Mitte des Handzettels platziert. Nun schaut das Ganze schon etwas besser aus.

Wir verkaufen unsere Monitore wegen Neuanschaffung

20 Stück 19 Zoll

Preis: DM 200 .- € pro Stück

Redaktionsbüro Kraus

Tel. 09175 / 87761

Abb. 3.41: Zentrierter Text im Handzettel

Wollen Sie nur einen einzelnen Absatz zentrieren, so genügt es, dass der Mauszeiger an einer beliebigen Stelle des Absatzes steht, wenn Sie das Symbol für Zentrieren anklicken.
Auf dem Handzettel ist noch zu viel leerer Raum. Um dies zu ändern, sollen als Erstes die Schriftgrößen der einzelnen Zeilen verändert werden.

1. Zunächst wird die Überschrift hervorgehoben. Markieren Sie sie, und klicken Sie den kleinen Pfeil neben dem Symbol für Fettdruck F an. Eine Liste mit den Schriftgrößen 8 bis 96 klappt auf. Wählen Sie z.B. die Größe 20 für Ihre Überschrift.

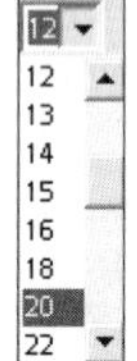

Abb. 3.42: Suchen Sie die passende Schriftgröße aus.

2. Fügen Sie auf die gleiche Weise der zweiten Zeile die Schriftgröße 14 zu. Der Preis soll etwas größer angezeigt werden. Nehmen Sie dafür die Schriftgröße 28. Für Namen und Telefonnummer verwenden Sie wieder die Größe 20.
3. Beispielsweise für Namen und Telefonnummer können Sie nun zusätzlich eine andere Schriftart wählen. Markieren Sie dazu die beiden letzten Zeilen und klicken Sie auf den kleinen Pfeil neben

dem Fenster, in dem die Schriftart angezeigt wird. Eine Liste mit unterschiedlichen Schriftarten klappt auf. Wählen Sie die Schriftart *Andale Sans* aus.

Hinweis:
Sie müssen nicht die ganze Liste mit den unterschiedlichen Schriftarten absuchen, bis Sie die gewünschte Schrift gefunden haben. Drücken Sie für *Andale Sans* einfach auf die Taste [A] und die erste Schrift, die mit A beginnt, wird Ihnen angezeigt.

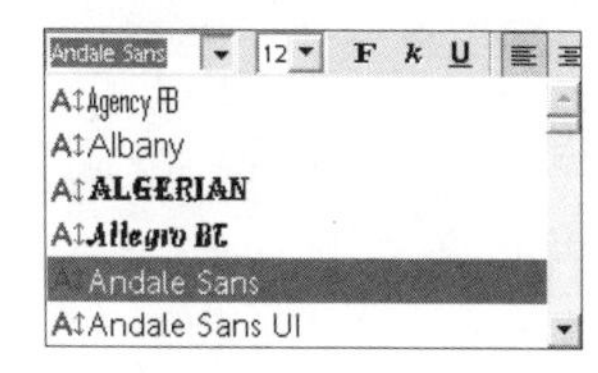

Abb. 3.43:
Suchen Sie sich eine anspruchsvolle Schrift aus.

Hinweis:
Verwenden Sie nicht mehr als drei verschiedene Schriftgrößen und nicht mehr als zwei verschiedene Schriftarten in einem Dokument, sonst wirkt es zu überladen. Dies gilt vor allem für Werbeprospekte, bei denen der Leser möglichst auf einen Blick den ganzen Inhalt erfassen soll.

3.3.2 Grafik einfügen

Da auf dem Zettel jede Menge Platz zur Verfügung steht, bietet es sich an, noch eine Grafik einzufügen.

1. Setzen Sie einige Leerzeilen unter die Telefonnummer, und klicken Sie im Menü auf *Einfügen/Grafik/Aus Datei*.
2. StarWriter zeigt das Fenster *Grafik einfügen* an. Aktivieren Sie das Kontrollkästchen *Vorschau* am unteren Rand dieses Fensters, und führen Sie anschließend einen Doppelklick auf den Ordner *clipart* aus. Der Inhalt dieses Ordners wird angezeigt.
3. Klicken Sie in diesem Fall auf den Ordner *computer*, und wählen Sie aus der Liste die Datei *monitor*. In dem großen freien Feld auf der rechten Seite des Fensters wird nun das ausgesuchte Clipart angezeigt.

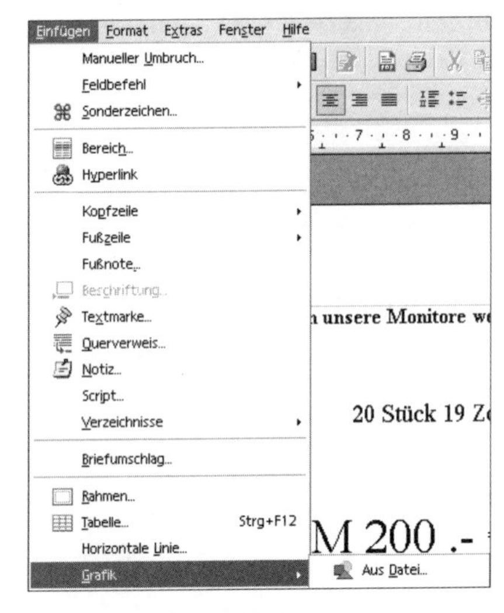

Abb. 3.44:
Starten Sie die Auswahl für eine Grafik.

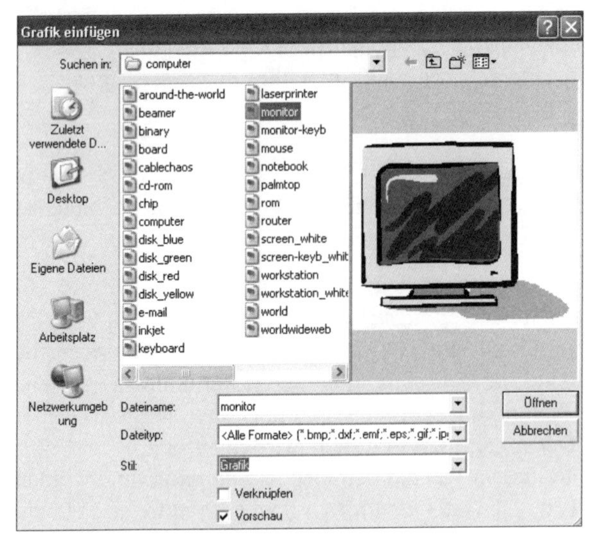

Abb. 3.45:
Lassen Sie sich das Clipart vor der Übernahme anzeigen.

4. Sollte Ihnen das Clipart zu groß oder zu klein sein, so verändern Sie es mit Hilfe der kleinen, grünen Quadrate an den Rändern.

Klicken Sie mit der Maus auf eines dieser Symbole, und ziehen Sie dann nach innen oder außen, je nachdem, ob Sie das Clipart verkleinern oder vergrößern wollen. Wenn Sie es an einen anderen Platz verschieben wollen, klicken Sie in eine beliebige Stelle des Cliparts und ziehen es mit gedrückt gehaltener Maustaste an den von Ihnen gewünschten Platz.

Abb. 3.46:
Die kleinen Quadrate dienen zum Vergrößern oder Verkleinern.

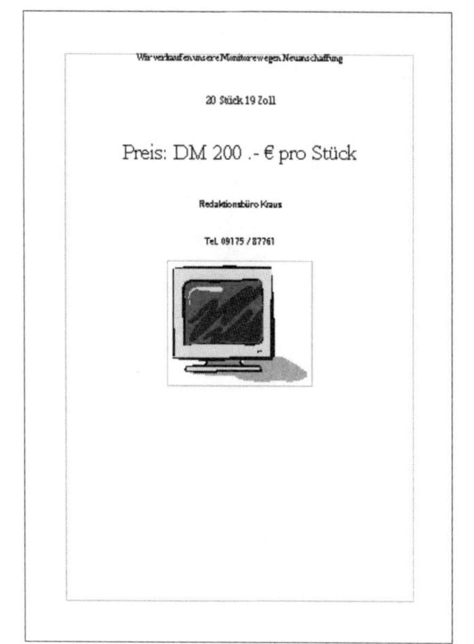
Wir verkaufen unsere Monitore wegen Neuanschaffung
20 Stück 19 Zoll
Preis: DM 200 .- € pro Stück
Redaktionsbüro Kraus
Tel. 09175 / 87761

Abb. 3.47:
Ein Blick auf das Gesamtwerk

Bevor Sie jetzt abspeichern, sollten Sie nochmals einen Blick auf Ihr Gesamtwerk werfen, um eventuell noch Schönheitskorrekturen vorzunehmen.
Speichern Sie den Wurfzettel z.B. unter dem Namen *monitorverkauf* im Ordner *privat* ab, und schließen Sie das Dokument über den Befehl *Datei/Schließen*.

4. StarOfficeWriter für Fortgeschrittene

In diesemKapitel werden der DIN-Brief und die Rechtschreibprüfung erläutert.

4.1 Der DIN-Brief

In diesem Abschnitt wird gezeigt, wie Sie einen Brief entwerfen können, der den DIN-Vorschriften entspricht. Dieses fertige Gerüst können Sie dann immer wieder für jeden neuen Brief verwenden. Für ein Beispiel wird angenommen, Sie besitzen einen KFZ-Handel und wollen ein Schreiben an einen Führerscheinneuling versenden, in dem Sie Fahrzeuge der unteren Klassen mit niedriger PS-Zahl anbieten. Die Adresse haben Sie von einer Fahrschule erhalten.

Abb. 4.1: Rufen Sie ein neues Textdokument auf.

4.1.1 Die Vorlage

Starten Sie den Vorlagenkatalog über den Befehl *Datei/Neu/Vorlagen und Dokumente*, wählen Sie aus dem Bereich *Geschäftliche Korrespondenz* die Vorlage *Moderner Brief* und bestätigen Sie mit *Öffnen* (siehe Abb. 4.1).

Bevor Sie in die Briefvorlage kommen, erfolgt noch die Abfrage, ob Sie die Vorlage für einen oder für mehrere Empfänger verwenden wollen. Aktivieren Sie den Eintrag *ein Empfänger*, und bestätigen Sie mit *OK*.

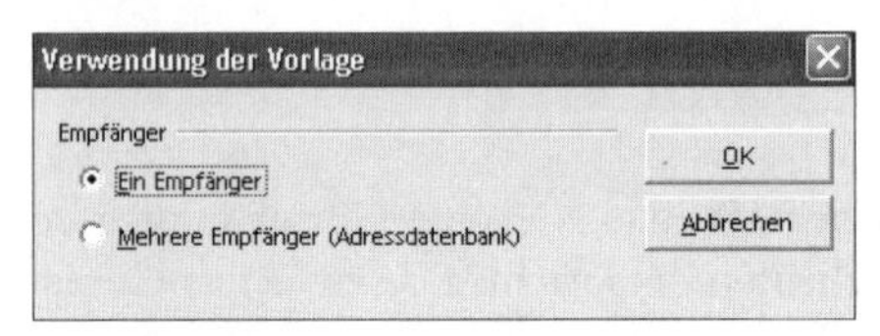

Abb. 4.2:
Ein oder mehrere Empfänger

Sie gelangen in Ihre Briefvorlage und können das Dokument jetzt mit Daten füllen.

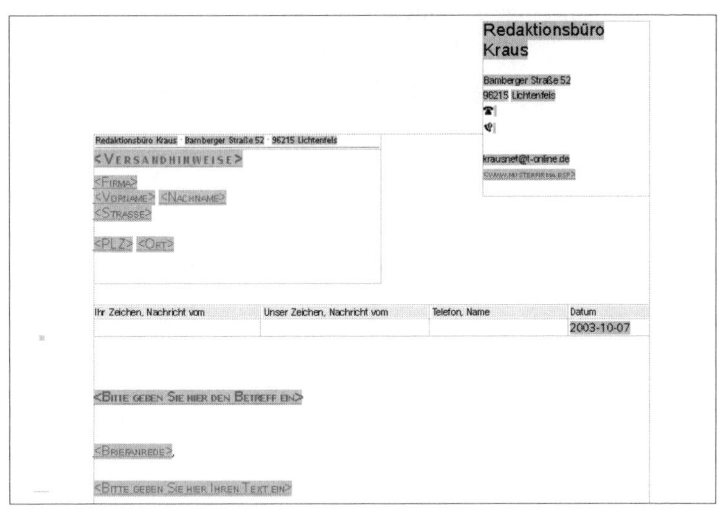

Abb. 4.3: Das (noch) leere Briefgerüst

Im oberen rechten Adressfeld erscheinen jetzt die Daten, die Sie bei der Installation angegeben haben. Da in diesem Beispiel aber eine neue Firmenanschrift erzeugt werden soll, müssen Sie jetzt diese Daten entsprechend ändern. Ersetzen Sie die vorhandenen Texte durch folgende Eingaben:

```
Carshop

Gebrauchtwagen

87654 Memmeln

Berbertstr. 71

09876 / 54321

09876 / 54322

www.carshop.de
```

Nach der Eingabe sollte Ihr Adressfeld wie in der Abbildung 4.4 aussehen.

Carshop
Gebrauchtwagen
Berberstr. 71
87654 Memmeln
09876 / 54321
09876 / 54322
carshop@t-online.de
www.carshop.de

Abb. 4.4:
Die neue Firmenanschrift

4.1.2 Die DIN-Norm

Für Briefe gibt es eine bestimmte Norm mit der Nummer 5008. Um zu sehen, was diese DIN-Vorschrift alles beinhaltet, schauen wir uns den Brief einmal näher an.

Der Briefkopf muss nach DIN-Norm eine Höhe von 45 mm haben. Für die Gestaltung des Inhalts gibt es keine Vorschriften. Die Absenderzeile sollte direkt über der Anschrift stehen. Sie ist nicht unbedingt notwendig, aber für ein Fensterkuvert durchaus empfehlenswert. Tippen Sie also in das schmale Feld über dem Adressfeld

nochmals den Firmennamen und darunter die Adresse, an die der Brief gehen soll, ein.
Das Adressfeld zeigt in der ersten Zeile den Versandhinweis wie z.B. *Einschreiben* und in der letzten Zeile die Angabe des Ortes. Zwischen Postleitzahl und Ortsnamen muss ein Leerzeichen stehen.

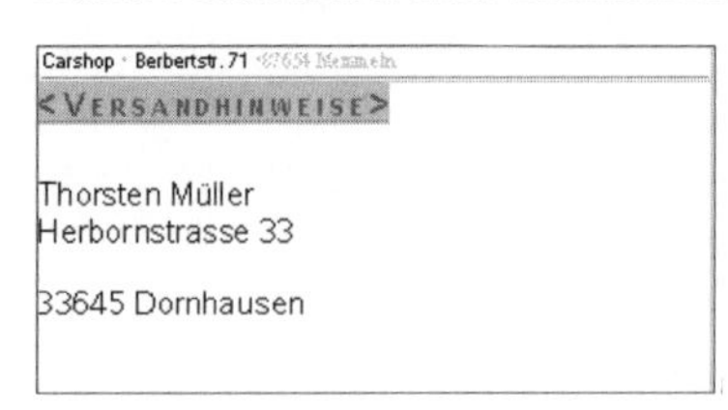
Carshop · Berbertstr. 71 · 87654 Memmeln
<VERSANDHINWEISE>

Thorsten Müller
Herbornstrasse 33

33645 Dornhausen

Abb. 4.5:
Das perfekte Anschriftenfeld

De Informationszeile enthält allgemeine Mitteilungen wie Zeichen, Telefonnummer und Datum. Geben Sie in der Infozeile unter *Unser Zeichen* ein Namenskürzel ein. Das Datum hat StarWriter beim Start dieser Vorlage bereits automatisch eingesetzt.

Ihr Zeichen, Nachricht vom	Unser Zeichen, Nachricht vom	Telefon, Name	Datum
	JP	09876/54321-1	2003-09-07

Abb. 4.6: In dieser Zeile finden Sie wichtige Infos.

Die Zeile für die Eingabe des Betreffs steht zwei Leerzeilen unterhalb der Informationszeile. Nach weiteren zwei Leerzeilen finden Sie die Anrede, und eine Leerzeile nach der Anrede beginnt der Brieftext.

KFZ-Angebote

Sehr geehrter Herr Müller,

In Kürze werden Sie Ihren Fürherschein in Händen halten. Falls Sie noch keinen fahrbaren Untersatz zur Verfügung haben, schauen Sie doch einmal bei uns vorbei.
Vereinbahren Sie bitte vorher mit unserem H. Jürgen Peters einen Termin für eine Probefahrt.
Eine Aufstellung über unsere günstigen Fahrzeuge mit einer niedrigen PS-Zahl finden Sie in der nachstehenden Tabelle.
Wir würden uns freuen, von Ihnen zu hören.

Mit freundlichen Grüßen

Peter Maier, Geschäftsführer

Abb. 4.7:
Der Textbereich des Briefs ist gefüllt.

Die Grußzeile am Ende des Briefs hat ebenfalls eine Zeile Abstand zum vorhergehenden Text. Nach weiteren drei Leerzeilen steht der Name der Person, die den Brief unterschreibt. Die Unterschrift kommt in den Bereich dieser drei Leerzeilen.
Für die Fußzeile gibt es keine DIN-Vorschriften. Sie ist u.a. für die Eingabe der Bankverbindung gedacht.
Am linken Rand des Briefs sehen Sie drei Markierungsstriche. Der erste und der letzte Strich stellen die Falzmarken dar, um das Dokument für ein Fensterkuvert zu falten. Der mittlere Strich bezeichnet die Lochmarke, um das Dokument an der richtigen Stelle zu lochen und dann abzuheften.

Abb. 4.8:
Die Markierungen für das Abheften und Falzen des Briefs

Nach diesem kleinen Exkurs in die DIN-Norm geht es zurück zu den Briefeinträgen: Klicken Sie auf den kleinen Monitor in der oberen linken Ecke der Gesamtansicht, stellen Sie im Fenster *Maßstab* wieder die Option *100%* ein und geben Sie in der Fußzeile die Bankverbindung ein.

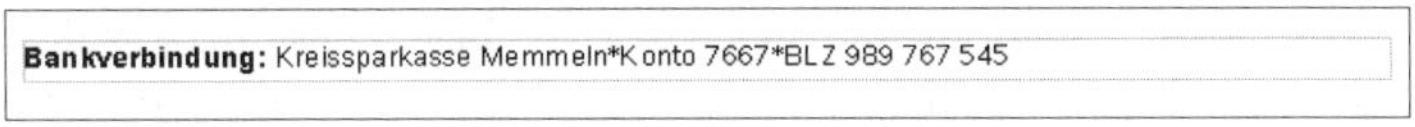

Bankverbindung: Kreissparkasse Memmeln*Konto 7667*BLZ 989 767 545

Abb. 4.9: Die Fußzeile mit der Bankverbindung

4.1.3 Grafik einfügen und verändern

1. Setzen Sie den Cursor neben das Wort *Carshop* im Absenderfeld, und starten Sie im Menü den Befehl *Einfügen/Grafik/Aus Datei*.

Abb. 4.10:
Gehen Sie zu den Cliparts.

2. Wählen Sie aus dem Ordner *share* den Ordner *gallery* und hier den Ordner *troubleshooting*. In diesem Ordner wählen Sie dann die Grafik *start* aus und übernehmen diese mit einem Doppelklick in Ihr Dokument.

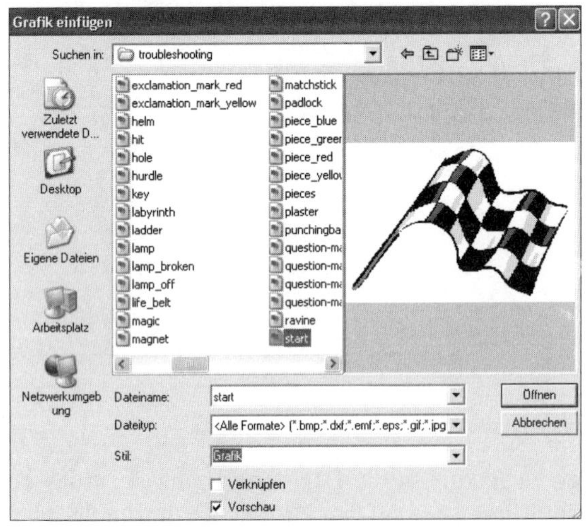

Abb. 4.11:
Wählen Sie das passende Bild aus.

3. Das Bild wird mit kleinen, grünen Symbolen an den Rändern angezeigt. Das Logo ist etwas zu groß für das Absenderfeld. Durch Ziehen mit gedrückt gehaltener linker Maustaste an einem der vier kleinen Quadrate, die Sie an den vier Ecken des Logos finden, können Sie die Größe verändern. Verkleinern Sie das Logo, indem Sie es nach innen ziehen.

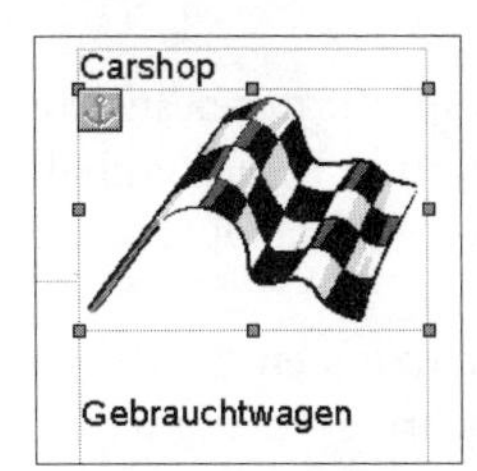

Abb. 4.12:
Die Markierungen an den Eckpunkten sind hilfreich.

4. Haben Sie das Bild auf die entsprechende Größe verkleinert, klicken Sie neben das Bild, um die Ränder und Markierungen zu entfernen.
5. Schauen Sie sich nun noch einmal den gesamten Brief in verkleinerter Form an. Wechseln Sie über den Befehl *Ansicht/Maßstab* in die Ansicht *50%*.

Carshop

Gebrauchtwagen

Thorsten Müller
Herbornstrasse 33

33645 Domhausen

2003-10-07

KFZ-Angebote

Sehr geehrter Herr Müller,

In Kürze werden Sie Ihren Fürherschein in Händen halten. Falls Sie noch keinen fahrbaren Untersatz zur Verfügung haben, schauen Sie doch einmal bei uns vorbei.
Vereinbahren Sie bitte vorher mit unserem H. Jürgen Peters einen Termin für eine Probefahrt.
Eine Aufstellung über unsere günstigen Fahrzeuge mit einer niedrigen PS-Zahl finden Sie in der nachstehenden Tabelle.
Wir würden uns freuen, von Ihnen zu hören.

Mit freundlichen Grüßen

Peter Maier, Geschäftsführer

Bankverbindung: Kreissparkasse Memmeln Konto 7667 BLZ 383 767 546

Abb. 4.13:
So sieht ein Standardbrief aus.

4.1.4 Die Rechtschreibprüfung

Aufmerksamen Lesern wird beim Lesen dieses Brieftextes bestimmt sofort aufgefallen sein, dass einige schwer wiegende Fehler enthalten sind. Um solche Fehler in einem Schreiben zu vermeiden, bietet StarWriter die Rechtschreibprüfung an.

Um den Text auf Fehler zu untersuchen, müssen Sie den Cursor an den Anfang des Textes setzen, denn die Rechtschreibprüfung untersucht nur den Text ab der Position des Cursors. Klicken Sie auf das Menü *Extras/Rechtschreibprüfung* oder verwenden Sie F7.

Abb. 4.14: Prüfen Sie den Text auf fehlerhafte Wörter.

Das Fenster *Rechtschreibprüfung* startet. Das erste fehlerhafte Wort aus dem Text wird angezeigt. Im Fenster darunter finden Sie einige Vorschläge, wie das Wort richtig geschrieben wird. Markieren Sie das Wort mit der richtigen Schreibweise, und klicken Sie auf die Schaltfläche *Ersetzen*.

Bessern Sie auch den zweiten Fehler noch aus. Es kann vorkommen, dass die Rechtschreibprüfung einmal ein ähnliches, aber nicht das richtige Wort zum Ersetzen vorschlägt. Dieses Wort ist also nicht im Wörterbuch der Rechtschreibprüfung enthalten. Bessern Sie in diesem Fall das Wort selbst aus und befördern Sie es über die Schaltfläche *Aufnehmen* ins Wörterbuch.

Abb. 4.15: Suchen Sie das korrekte Wort aus der Liste aus.

Nachdem alle Wörter überprüft und natürlich ausgebessert sind, meldet sich StarWriter mit einem neuen Fenster und stellt die Frage, ob die Rechtschreibprüfung am Anfang des Dokuments fortgesetzt werden soll, denn es wurde ja nur der Text des Schreibens, nicht aber der Briefkopf, die Absenderzeile, die Infozeile und der Betreff überprüft. Wollen Sie darauf verzichten, klicken Sie auf *Nein*.

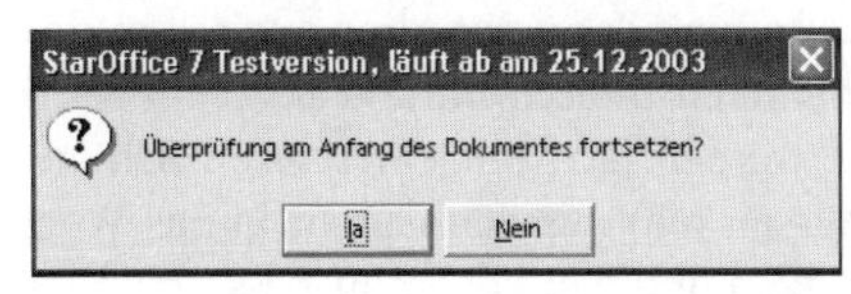

Abb. 4.16:
Soll noch mehr Text überprüft werden?

Sie können die Rechtschreibprüfung auch über die Objektleiste am linken Bildschirmrand starten. In der Objektleiste finden Sie Symbole für die professionelle Bearbeitung eines Schriftstücks.

Hinweis:
Beachten Sie, dass die Rechtschreibprüfung keine Garantie für einen fehlerfreien Brief darstellt. Sie prüft zwar die einzelnen Wörter, doch Grammatikfehler wie einen falsch aufgebauten Satz kann sie nicht erkennen. Deswegen sollten Sie jedes Dokument zusätzlich zur Rechtschreibprüfung nochmals selbst auf Fehler in der Satzstellung überprüfen.

Abb. 4.17:
Der Startbutton für die Rechtschreibprüfung

Starten Sie mit einem Klick auf das Symbol die Rechtschreibprüfung. Ist die Rechtschreibprüfung abgeschlossen, wird StarWriter dies durch ein weiteres Fenster bestätigen.

Abb. 4.18:
Starten Sie mit einem Mausklick die Prüfung.

4.1.5 Die automatische Rechtschreibprüfung

Wie der Name schon sagt, wird bei dieser Form der Rechtschreibprüfung der Text automatisch auf Fehler überprüft. Diese Art der Prüfung ist also immer aktiv. Die automatische Prüfung schalten Sie über das Menü *Extras/Rechtschreibung* ein. Wählen Sie in dem aufklappenden Menü den Eintrag *Automatisch* aus.

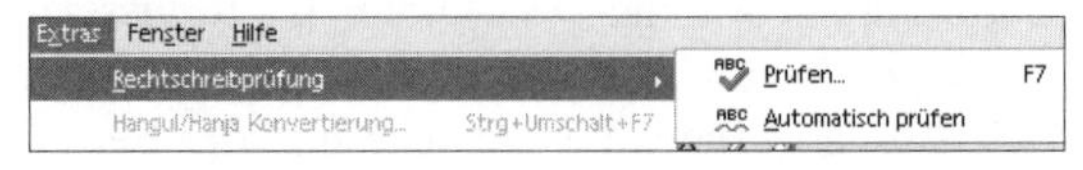

Abb. 4.19: Starten Sie die automatische Rechtschreibprüfung.

Sie können die automatische Prüfung dann natürlich auch über das Symbol in der Objektleiste am linken Bildschirmrand starten. Falsch geschriebene Wörter im Text werden jetzt mit einer roten Schlangenlinie unterstrichen. Sie müssen nun nur den Cursor in das Wort an die entsprechende Stelle setzen und den Fehler ausbessern.

In Kürze werden Sie Ihren Führeschein in Händen halten. Falls Sie noch keinen fahrbaren Untersatz zur Verfügung haben, schauen Sie doch einmal bei uns vorbei.

Abb. 4.20: Falsch geschriebene Wörter erhalten eine auffällige Markierung.

4.1.6 Texte hervorheben

Nachdem der Text korrigiert ist, sollen noch einige Einträge daraus besonders hervorgehoben werden.

1. Markieren Sie den Namen *Herr Jürgen Peters*, und klicken Sie auf das Symbol für Fettdruck in der Objektleiste.

Abb. 4.21: Mit Hilfe dieses Symbols heben Sie den Text fett gedruckt hervor.

2. Markieren Sie nun *günstige Fahrzeuge* und *niedrige PS-Zahl*, und klicken Sie auf das Symbol für Kursivschrift, das sich neben dem Fettdrucksymbol befindet.

Abb. 4.22: Über dieses Symbol weisen Sie einem Text eine kursive Schrift zu.

3. Markieren Sie jetzt noch die Einträge *Termin* und *Probefahrt*, und klicken Sie auf das Symbol für Unterstreichen. Sie finden es neben dem Symbol für Kursivdruck.

Abb. 4.23:
Mit Hilfe dieses Symbols unterstreichen Sie einen Text.

Schauen Sie sich nun Ihren veränderten Text an. Wichtige Punkte stechen jetzt besonders auffällig ins Auge.

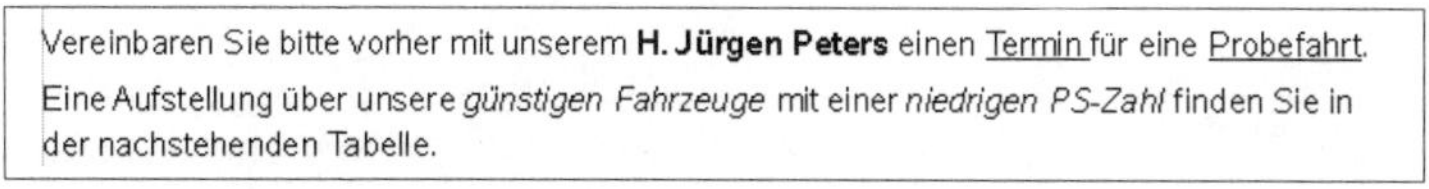

Vereinbaren Sie bitte vorher mit unserem **H. Jürgen Peters** einen Termin für eine Probefahrt.
Eine Aufstellung über unsere *günstigen Fahrzeuge* mit einer *niedrigen PS-Zahl* finden Sie in der nachstehenden Tabelle.

Abb. 4.24: Die wichtigsten Punkte des Textes haben eine besondere Formatierung erhalten.

4.1.7 Brief als Dokumentvorlage speichern

Speichern Sie das erstellte Briefgerüst ab, aber nicht wie gewöhnlich mit dem Befehl *Datei/Speichern unter*, sondern über den Menübefehl *Datei/Dokumentvorlage/Speichern*. Vergeben Sie einen aussagekräftigen Namen wie z.B. *Autowerbung*.
Ordnen Sie das Dokument dem Bereich *Geschäftliche Korrespondenz* zu. Das Briefgerüst wird als Vorlage gespeichert, und Sie können es für jeden neuen Brief wieder verwenden. Falls Sie einen neuen Text eingeben wollen, können Sie den vorhandenen löschen.

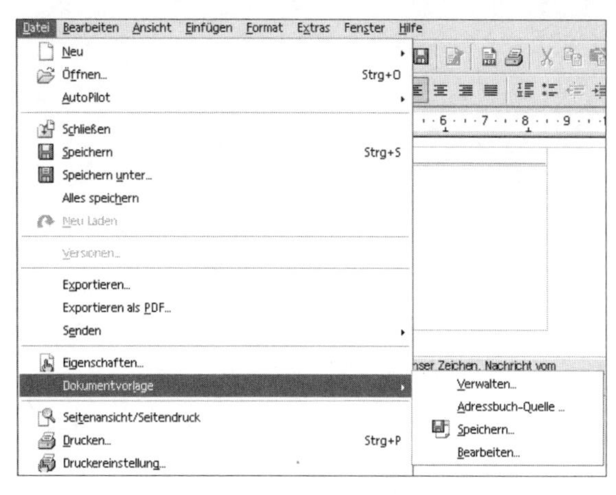

Abb. 4.25:
Bereiten Sie die Speicherung des Dokuments vor.

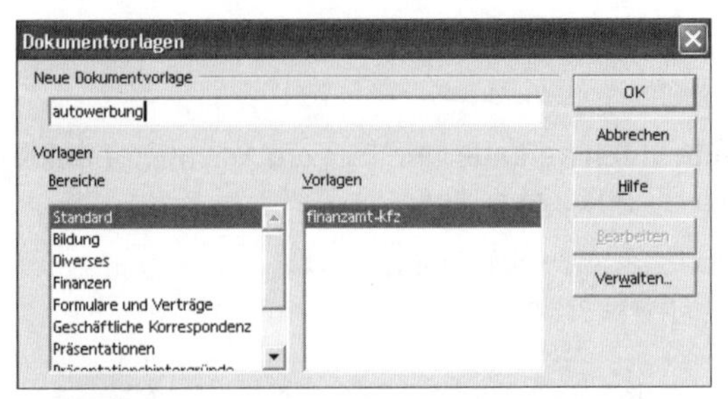

Abb. 4.26:
Speichern Sie Ihr Briefgerüst als Vorlage ab.

Bestätigen Sie mit *OK*. Nun finden Sie Ihren Brief jederzeit wieder über den Menübefehl *Neu/Dokumentvorlage*.

4.2 Tabellen in StarOfficeWriter

Als Nächstes lernen Sie den Umgang mit dem Dokument Tabelle kennen. In diesem Abschnitt wird gezeigt, wie Sie eine Tabelle erstellen können.

Abb. 4.27:
Rufen Sie eine neue Tabelle auf.

4.2.1 Die Erstellung einer Tabelle

Zunächst handelt es sich nur um eine Mini-Tabelle mit zwei Einträgen für den in Abschnitt 4.1 erstellten Brief, aber diese genügt, um die Arbeit mit der Tabelle kennen zu lernen. Rufen Sie zunächst eine Tabelle auf, um deren Aufbau zu sehen (s. Abb. 4.27).

1. Setzen Sie den Mauszeiger in Ihrem Briefdokument über die Zeile *Wir würden uns freuen...* und klicken Sie im Menü auf *Einfügen*. Wählen Sie aus der Liste, die aufklappt, den Punkt *Tabelle* oder verwenden Sie die Tastenkombination Strg+F12.
2. Das Fenster *Tabelle einfügen* erscheint am Bildschirm. Überlegen Sie im nächsten Schritt, wie viele Spalten und Zeilen Sie für Ihre Tabelle benötigen. In diesem Fall brauchen Sie je eine Spalte für den Typ, die Typenbezeichnung, die Farben, das Baujahr, den Kilometerstand, den TÜV-Termin und natürlich den Preis, also insgesamt sieben Spalten. Für die Eingabe der Fahrzeuge benötigen Sie zwei Zeilen, da Sie zwei verschiedene Fahrzeuge in die Tabelle aufnehmen wollen, und eine Zeile ist für die Überschriften notwendig, also insgesamt drei Zeilen.
   Geben Sie im Feld *Spalten* die Zahl 7 ein und im Feld *Zeilen* die Zahl 3. Klicken Sie auf *OK*.

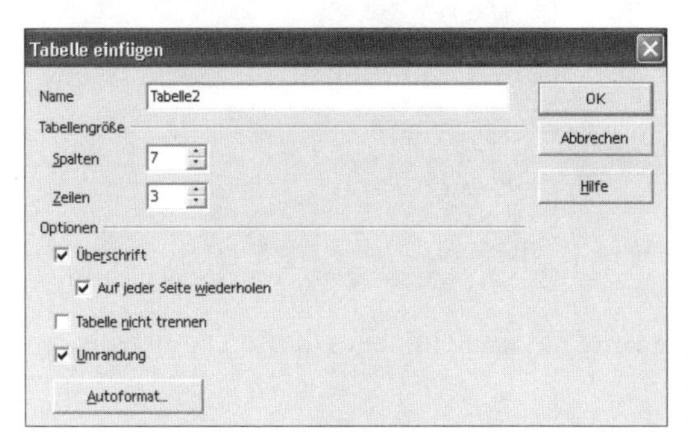

Abb. 4.28: Die Vorgaben für die Tabelle sind eingegeben.

4.2.2 Eine Tabelle bearbeiten

Die neue Tabelle wird in Ihr Schreiben übernommen. In die erste Zeile tippen Sie die Überschriften für die einzelnen Spalten. Diese Zeile nennt man auch „Tabellenkopf“. Im Tabellenkopf sind die

Spalten etwas niedriger als in den anderen Eingabfeldern, um sie hervorzuheben. Außerdem sind Sie noch grau hinterlegt.
Geben Sie die Angaben zu den Autos in die zweite und dritte Zeile ein. Von einem Feld zum nächsten bewegen Sie sich dabei mit der [Tab]-Taste.

Marke	Typ	Farbe	Baujahr	Km-Stand	TÜV	Preis
Ford	Escort	Blau	1992	212000	01.03.04	2.300,00 €
Opel	Kadett	Rot	1991	144000	01.01.04	1.700,00 €

Abb. 4.29: Alle Daten der Fahrzeuge sind in der Tabelle vermerkt.

Um der Tabelle ein noch schöneres Aussehen zu geben, sollten Sie diese zentrieren. Markieren Sie dazu die gesamte Tabelle. Setzen Sie den Mauszeiger in die linke obere Ecke, und ziehen Sie mit gedrückt gehaltener Maustaste in die untere rechte Ecke. Die Tabelle erhält einen schwarzen Hintergrund. Lassen Sie die Maustaste wieder los, und klicken Sie mit der rechten Maustaste in die Tabelle hinein. Ein Menü erscheint. Klicken Sie auf den Eintrag *Ausrichtung*. Ein weiteres Menü klappt auf, das Ihnen vier verschiedene Auswahlmöglichkeiten bietet. Wählen Sie *Zentriert* oder verwenden Sie die Tastenkombination [Strg]+[E].

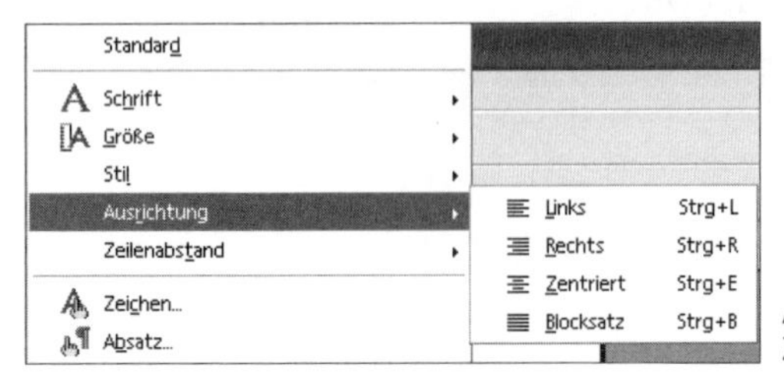

Abb. 4.30: Zentrieren der Tabelle

Die Tabelle in Ihrem Brief hat nun ein neues, besseres Aussehen erhalten.

Marke	Typ	Farbe	Baujahr	Km-Stand	TÜV	Preis
Ford	Escort	Blau	1992	212000	01.03.04	2.300,00 €
Opel	Kadett	Rot	1991	144000	01.01.04	1.700,00 €

Abb. 4.31: Die Tabelle in zentrierter Form

4.2.3 Löschen von Zeilen und Spalten

Sobald sich Ihr Cursor in der Tabelle befindet, wird die Objektleiste von StarWriter durch eine Leiste mit Symbolen ersetzt, die sich nur auf die Arbeit mit der Tabelle beziehen.

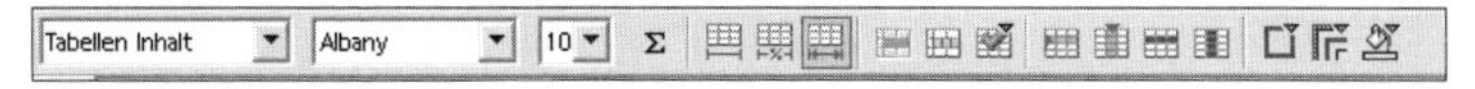

Abb. 4.32: Die Symbolleiste der Tabelle

In dieser Leiste finden Sie auch die Symbole für das Löschen einer Zeile oder einer Spalte. Für das Löschen einer Zeile setzen Sie den Mauszeiger an eine beliebige Stelle in der Zeile, die Sie löschen wollen, und klicken auf das Symbol für das Entfernen einer Zeile.
Probieren Sie es aus. Setzen Sie den Mauszeiger an eine beliebige Stelle in der letzten Zeile der Tabelle, und betätigen Sie das beschriebene Symbol. Die Zeile verschwindet vom Bildschirm.

Abb. 4.33:
Symbol zum Löschen einer Zeile in der Tabelle

Um beispielsweise die Spalte *Farbe* aus Ihrer Tabelle zu entfernen, klicken Sie in eine beliebige Stelle dieser Spalte und betätigen das Symbol für *Spalten entfernen*. Die Spalte *Farbe* wird aus Ihrer Tabelle entfernt.

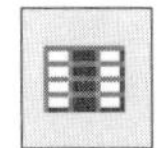

Abb. 4.34:
Symbol zum Entfernen einer Spalte aus der Tabelle

Das Aussehen Ihrer Tabelle hat sich nun leider wieder nachteilig verändert. Sie verschaffen Ihr wieder ein besseres Layout, indem Sie die komplette Tabelle markieren und auf das Symbol für *Optimieren* klicken. Ein Menü mit weiteren Symbolen erscheint. Klicken Sie auf das letzte Symbol mit dem Namen *Optimale Spaltenbreite*. Die Breite der einzelnen Spalten ist nun wieder gleichmäßig.
Ihnen liegt jetzt eine neue Tabelle mit nur einem Eintrag vor. Die Spalten haben sich auf sechs reduziert. In der Spalte *Baujahr* müssen Sie allerdings jetzt von Hand noch eine kleine Schönheitskorrektur vornehmen: Klicken Sie auf die Trennlinie zwischen den

Spalten *Baujahr* und *km-Stand*. Der Mauszeiger verwandelt sich in einen doppelseitigen Pfeil, der nach links und rechts zeigt. Ziehen Sie ihn ein kleines Stück nach rechts, so lange, bis die Zahl *1992* in einer Zeile steht.

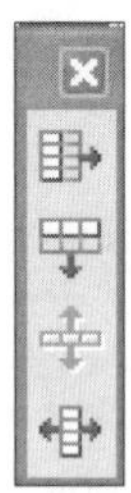

Abb. 4.35:
Gleichen Sie mit Hilfe dieser Symbole die Breite Ihrer Spalten aus.

Marke	Typ	Baujahr	Km-Stand	TÜV	Preis
Ford	Escort	1992	212000	01.03.04	2.300,00 €

Abb. 4.36:
So sieht die veränderte Tabelle aus.

4.2.4 Hinzufügen von Zeilen und Spalten

Um eine neue Zeile an eine Tabelle anzuhängen, klicken Sie in die Zeile, unter der eine neue Zeile eingefügt werden soll, und drücken im Menü auf das Symbol für *Zeile einfügen*. Eine neue Zeile wird an die Tabelle angehängt. Geben Sie die Daten (hier für ein Fahrzeug) ein.

Abb. 4.37:
Mit diesem Symbol fügen Sie einer Tabelle eine neue Zeile hinzu.

Um eine neue Spalte hinzuzufügen, klicken Sie in die Spalte, hinter der die neue Spalte stehen soll (in diesem Fall hinter *Baujahr*) und aktivieren den Symbolschalter für *Spalte einfügen*. Die neue Spalte wird in die Tabelle eingefügt.
Geben Sie in diese neue Spalte „PS“ ein. Markieren Sie danach die gesamte Tabelle, und optimieren Sie diese wieder.

Abb. 4.38:
Mit diesem Symbol fügen Sie einer Tabelle eine neue Spalte hinzu.

Die Tabelle hat wieder ihr Aussehen verändert. Weisen Sie den einzelnen Spalten über das Symbol *Optimieren* wieder die gleiche Breite zu. Geben Sie alle Zahlen in der Spalte *PS* ein.

Marke	Typ	Baujahr	PS	Km-Stand	TÜV	Preis
Ford	Escort	1992		212000	01.03.04	2.300,00 €
Opel	Kadett	1991		144000	01.01.04	1.700,00 €

Abb. 4.39:
Die Tabelle hat wieder ein neues Aussehen erhalten.

4.2.5 Löschen eines Zelleninhalts

Um den Inhalt einer Zelle zu entfernen, müssen Sie die betreffende Zelle markieren und anschließend die [Entf]-Taste drücken. Die Zelle ist nun leer, und Sie können einen Eintrag vornehmen. Falls Sie einmal versehentlich einen Eintrag gelöscht haben, ist dies nicht weiter tragisch, denn Sie können ihn über den Menübefehl *Bearbeiten/Rückgängig* oder über [Strg]+[Z] wieder in die Zelle zurückholen.

Bearbeiten Ansicht Einfügen Format Extras Fenster Hilfe
Rückgängig: Tabellenattribute anwenden Strg+Z

Abb. 4.40:
Holen Sie einen gelöschten Zelleneintrag wieder zurück.

Eine weitere Möglichkeit, einen versehentlich gelöschten Eintrag wieder zurückzuholen, bietet die Symbolleiste, die Sie direkt unter der Menüleiste finden. Am Ende dieser Leiste sehen Sie die beiden Symbole, die den Vorgang bewirken. Mit dem ersten Symbol machen Sie die letzte Aktion rückgängig, und mit dem zweiten Symbol widerrufen Sie die Aktionen, die Sie vorher rückgängig gemacht haben – etwas verwirrend, aber leicht zu erklären: Sie haben einen Text eingegeben, diesen versehentlich gelöscht und holen ihn jetzt mit Hilfe des ersten Symbols wieder zurück. Nun fällt Ihnen aber ein, dass Sie diesen Text doch lieber entfernen wollen. Dann drücken Sie einfach das zweite Symbol.

4.2.6 Die Umrandung der Tabelle

Um Ihre Tabelle zieht sich eine Umrandung. Diese lässt sich verändern. Markieren Sie dazu die Tabelle, und betätigen Sie die rechte Maustaste. Ein Menü öffnet sich, Klicken Sie auf den Eintrag *Tabelle*.

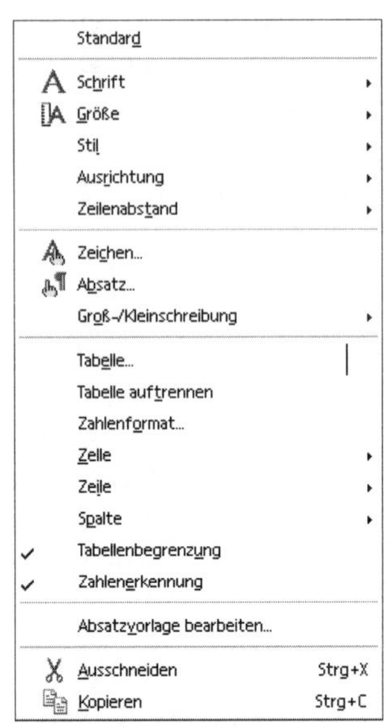

Abb. 4.41:
Rufen Sie den Menüpunkt „Tabelle“ auf.

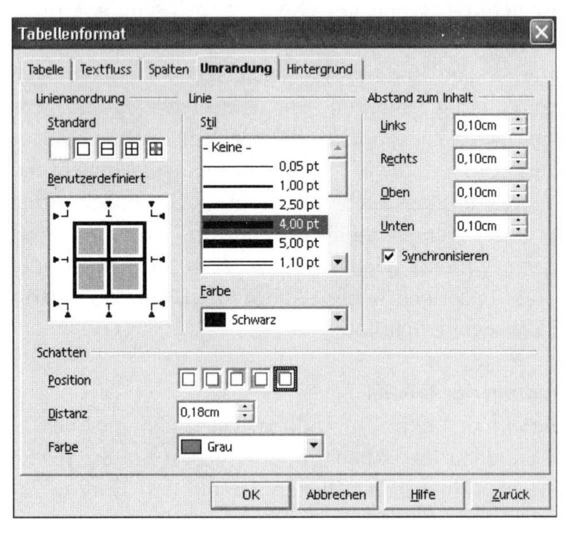

Abb. 4.42:
Die Stärke des Rahmens und der Schattentext werden ausgesucht.

StarWriter zeigt das Fenster *Tabellenformat* an. Klicken Sie auf das Register *Umrandung*, und legen Sie im gleichnamigen Fenster unter dem Bereich *Linie/Stil* die Stärke der Umrandung fest.
Im Bereich *Schatten* können Sie der Tabelle noch Schatten unterschiedlicher Art zuweisen. Suchen Sie durch Mausklick einen aus.
Drücken Sie auf *OK*, um die neuen Einstellungen in Ihre Tabelle zu übernehmen.

Marke	Typ	Baujahr	PS	Km-Stand	TÜV	Preis
Ford	Escort	1992		212000	01.03.04	2.300,00 €
Opel	Kadett	1991		144000	01.01.04	1.700,00 €

Abb. 4.43:
So sieht die neu gestaltete Tabelle aus.

Speichern Sie Ihre Arbeit wieder über *Dokumentvorlage/Speichern* ab. Die alte Datei wird dadurch ersetzt.

5. Umfangreiche Textdokumente

Für größere Textprojekte wie einen Artikel bietet StarWriter zahlreiche Hilfen zur Bearbeitung und Erstellung an.

5.1 Die Arbeit mit dem Text

Am Beispiel eines Textes über den Inhalt von StarOffice werden Ihnen die verschiedenen Optionen, die Sie bei der Texteingabe unterstützen, vorgestellt.

5.1.1 Der Direkt-Cursor

Wenn Sie über *Start/Textdokument* ein neues Dokument aufrufen, steht der Cursor standardmäßig am oberen, linken Rand des Eingabebereichs. Den Direkt-Cursor starten Sie über dessen Symbol in der Leiste am linken Bildschirmrand.

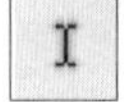

Abb. 5.1:
Mit diesem Symbol rufen Sie den Direkt-Cursor auf.

Sobald Sie sich mit der Maus wieder in Ihr Dokument bewegen, erscheint nun ein neuer Cursor mit einer Spitze. Bewegen Sie ihn an die Stelle, an der Sie mit Ihrem Texteintrag beginnen wollen, und klicken Sie mit der linken Maustaste.
Je nachdem, an welchem Platz er sich befindet, ändert der Direkt-Cursor sein Aussehen.

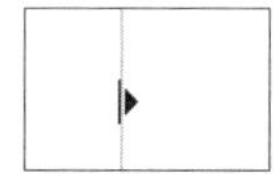

Abb. 5.2:
So sieht der Direkt-Cursor am linken Rand des Arbeitsbereichs aus.

Das Cursorzeichen, das zuvor in der oberen, linken Ecke stand, springt nun an die von Ihnen angeklickte Stelle, und Sie können mit Ihren Eingaben beginnen.
Der eingetippte Text hat noch keine besonders anspruchsvolle Form. Er sollte in jeder Zeile am gleichen Punkt enden. Dies ist zunächst nicht der Fall, da StarWriter keine Silbentrennung vornimmt, solange die entsprechende Funktion nicht aktiviert ist.

StarOffice 7.0 – Was ist neu ?

Die Version 7.0 enthält neue Dateiformate und neue Schrifteffekte. Der Datenimport aus den Microsoft-Office-Dokumenten wurde verbessert. Die neue Version ist außerdem kompatibel zu der vorhergehenden Version 6.0.
Ein weiteres Highlight ist der Dokumenten-Konverter. Er konvertiert alle Dateien eines Verzeichnisses auf einmal in die neuen StarOfficeFormate.
Dies ist möglich bei StarWriter, Star Calc und Star Impress und auch bei den MSOffice-Programmen Word, Excel und PowerPoint.

Abb. 5.3: Ein Text ohne Silbentrennung

5.1.2 Die manuelle Silbentrennung

Setzen Sie den Cursor an den Anfang Ihres Textes, da StarWriter eine Silbentrennung erst ab dem aktuellen Platz des Cursors vornimmt. Starten Sie jetzt die Silbentrennung über den Menübefehl *Extras/Silbentrennung*.

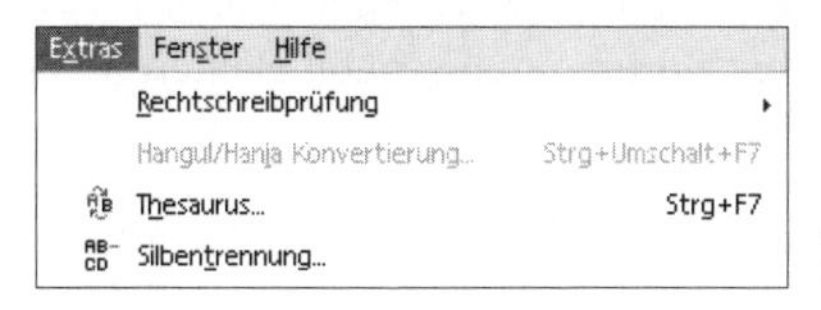

Abb. 5.4:
Rufen Sie die Silbentrennung auf.

Das Fenster *Silbentrennung* öffnet sich. StarWriter zeigt das erste Wort an, das getrennt werden soll. Wenn Sie mit dem Trennvorschlag einverstanden sind, drücken Sie auf den Schalter *Trennen*. Sollte Ihnen der Trennvorschlag nicht gefallen, betätigen Sie den Schalter *Weiter*. Das Wort wird dann nicht getrennt. StarWriter zeigt jetzt das nächste Wort an, das getrennt werden kann.

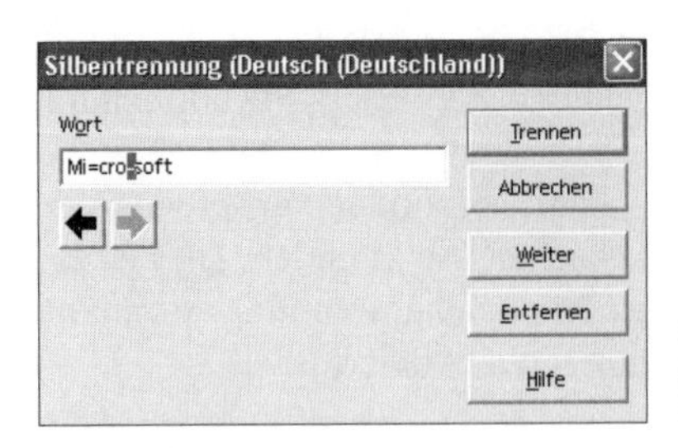

Abb. 5.5:
So sieht der Trennvorschlag von StarWriter aus.

Hinweis:
Die Silbentrennung zeigt nicht alle Wörter im Text an, bei denen eine Trennung möglich ist, sondern nur diejenigen, die am Ende oder am Anfang einer Zeile stehen und bei denen durch diese Trennung ein besseres Gesamtbild des Textes erreicht wird.

Sollten Sie eine andere Trennung als die angezeigte bevorzugen, so können Sie mit Hilfe des dicken Pfeiles, der nach links zeigt, die Trennstelle verändern. Wenn Sie den Pfeil anklicken, springt der Cursor automatisch in die nächstmögliche Trennstelle.
Der nach rechts zeigende Pfeil wird in der Regel also nicht aktiv sein, da StarWriter immer die am weitesten rechts stehende Trennstelle zur Trennung vorschlägt.
Sobald StarWriter das gesamte Dokument durchsucht hat, erfolgt eine Meldung, dass die Silbentrennung abgeschlossen ist. Klicken Sie auf *OK*. Der Aufbau des Textes sieht jetzt wesentlich besser aus. Die Trennungsstellen sind im Text durch einen grauen Balken markiert.

Dies ist möglich bei StarWriter, Star Calc und Star Impress und auch bei den MSOffice-Programmen Word, Excel und PowerPoint.

Abb. 5.6: Die Trennungspunkte haben eine Markierung erhalten.

5.1.3 Die automatische Silbentrennung

Ist es Ihnen zu aufwendig, die Silbentrennung von Hand vorzunehmen, dann müssen Sie die automatische Silbentrennung aktivieren, indem Sie mit der rechten Maustaste in einen freien Bereich Ihres Bildschirms klicken und im Menü, das sich nun aufbaut, auf *Absatzvorlage bearbeiten* klicken.

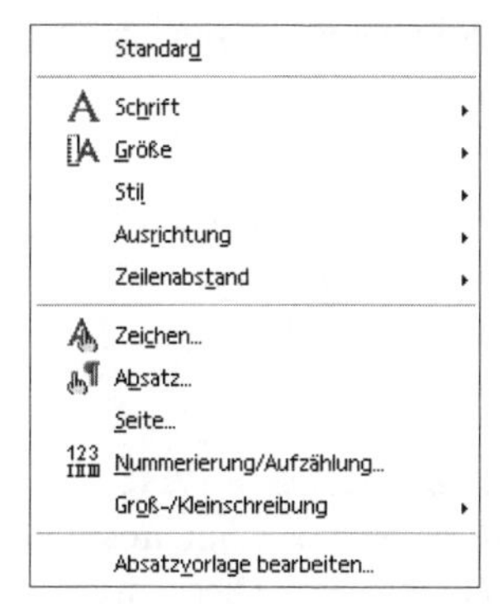

Abb. 5.7:
Rufen Sie die Absatzvorlage auf.

Im Dialogfenster *Absatzvorlage/Standard* aktivieren Sie dann das Register *Textfluss* und im Bereich Silbentrennung die Option *Automatisch*. Für alle Texte, die Sie ab jetzt eingeben, ist die Silbentrennung aktiv.

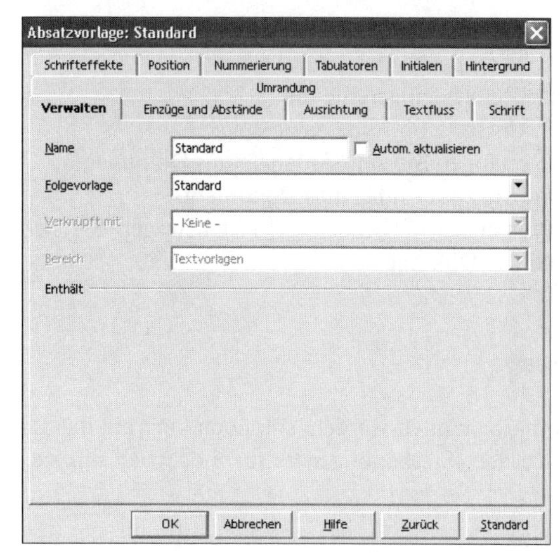

Abb. 5.8:
Aktivieren Sie die automatische Silbentrennung.

Sie haben dann aber keine Chance, von Hand eine Änderung vorzunehmen. Deshalb wird empfohlen, bei sehr umfangreichen Texten wie einem Buch mit mehreren hundert Seiten die automatische Silbentrennung zu verwenden, bei einem Dokument mit nur einigen Seiten die Silbentrennung von Hand zu wählen.

Hinweis:
Die automatische Silbentrennung is nur für die momentan gewählte Absatzvorlage aktiv. Falls Sie für ein neues Dokument eine andere Absatzvorlage wählen, müssen Sie auch die automatische Silbentrennung wieder neu aktivieren.

5.1.4 Tasten und Tastenkombinationen zum Bewegen im Text

Stellen Sie sich vor, Sie könnten sich in einem Text nur mit den Pfeiltasten von einer Position zur nächsten bewegen. Dies wäre äußerst mühsam und zeitraubend. Um Ihnen den Spaß an der Arbeit mit StarWriter nicht zu verderben, gibt es Tasten oder Tastenkombinationen, durch deren Verwendung Sie schnell an einen bestimmten Punkt Ihres Dokuments gelangen.

- Mit [Strg]+[→] gelangen Sie an das Ende eines Wortes.
- [Strg]+[←] führt Sie an den Anfang eines Wortes.
- Zum Anfang einer Zeile gelangen Sie mit [Pos1].
- [Ende] schickt den Cursor zum Ende einer Zeile.
- Mit [Strg]+[Pos1] gelangen Sie zum Anfang eines Dokuments.
- [Strg]+[Ende] führt Sie zum Ende eines Dokuments.
- Mit den beiden Tasten [Bild↑] oder [Bild↓] bewegen Sie sich schrittweise durch das Dokument.

5.2 Tabulatoren

Bevor die Tabulatoren behandelt werden, soll noch kurz auf das Lineal eingegangen werden. Sie benötigen es für die Arbeit mit den Tabulatoren.

5.2.1 Das Lineal

Das horizontale Lineal ist standardmäßig beim Öffnen eines neuen oder bestehenden Dokuments aktiviert. Das vertikale Lineal holen Sie sich über den Befehl *Extras/Optionen* auf den Bildschirm.

Abb. 5.9:
Wählen Sie die Optionen.

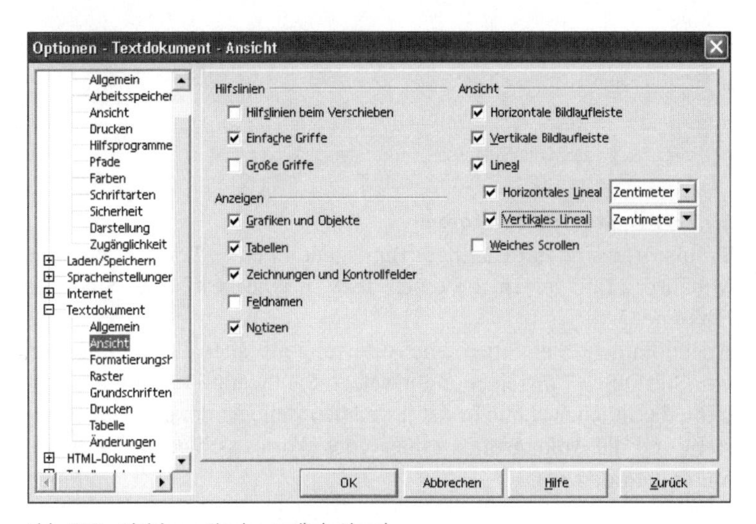

Abb. 5.10: Aktivieren Sie das vertikale Lineal.

Markieren Sie im Fenster *Optionen:Textdokument* den Eintrag *Ansicht*, und klicken Sie im rechten Bereich des Fensters die Option *Vertikales Lineal* an. Bestätigen Sie mit *OK* (s. Abb. 5.10).
Das Lineal wird am linken Rand Ihres Arbeitsbildschirms angezeigt. Über diesen Weg können Sie das Lineal auch wieder ausblenden, indem Sie die Option *Horizontales Lineal* oder *Vertikales Lineal* deaktivieren.

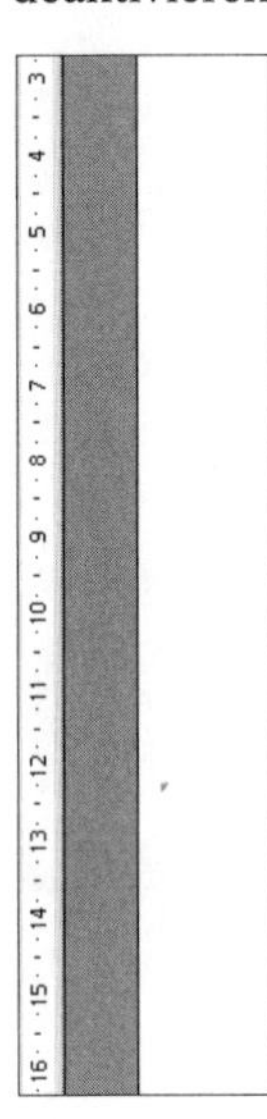

Abb. 5.11:
Das linke Lineal steht zur Unterstützung bereit.

5.2.2 Arbeit mit Tabulatoren

Tabulatoren sind ein wichtiges Bindeglied in einer Textverarbeitung. Mit ihrer Hilfe setzen Sie einen Text an eine bestimmte Stelle im Dokument.
Angenommen, Sie wollen eine Auflistung mit allen Programmteilen von StarOffice 7 anzeigen, dann setzen Sie in jede Zeile einen Tabulator, damit jeder Name in der jeweiligen Zeile an der gleichen Stelle steht und die Anfangsbuchstaben jedes Wortes sich genau untereinander befinden.

1. Setzen Sie den Cursor an der Stelle, an der Sie mit der Auflistung beginnen wollen, an den linken Bildschirmrand, und drücken Sie einmal die [⭾]-Taste.
2. Geben Sie den ersten Eintrag ein. Drücken Sie dann die Taste [↵] und wieder [⭾]. Tippen Sie den zweiten Text ein. Verfahren Sie weiter so, bis Sie alle Texte eingegeben haben. Ihre Liste sollte nun ähnlich wie in Abbildung 5.12 aussehen.

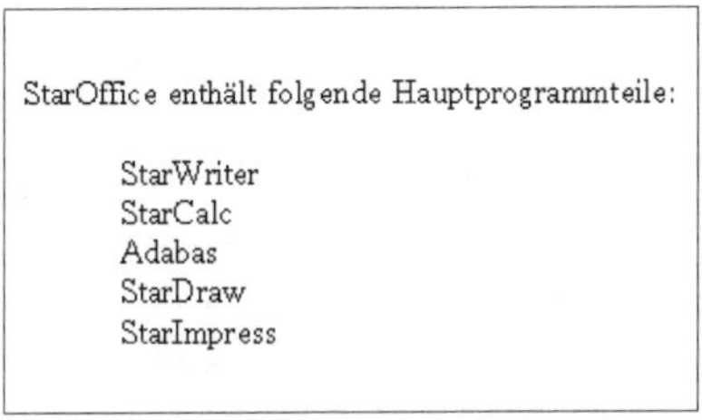

StarOffice enthält folgende Hauptprogrammteile:

    StarWriter
    StarCalc
    Adabas
    StarDraw
    StarImpress

Abb. 5.12:
Mit Hilfe der Tabulatoren steht alles fein säuberlich untereinander.

Sie können die einzelnen Module auch nebeneinander, statt untereinander eingeben.

1. Setzen Sie den Cursor wieder an den linken Bildschirmrand, und drücken Sie einmal die [⭾]-Taste.
2. Geben Sie den Namen des ersten Moduls ein, und klicken Sie auf [⭾]. Geben Sie die zweite Bezeichnung ein, und machen Sie so weiter, bis Sie alle Module aufgelistet haben. Ihre Auflistung sollte jetzt so aussehen wie in Abbildung 5.13.

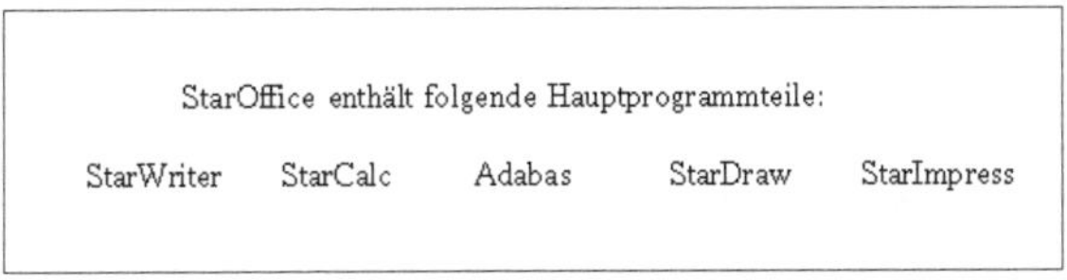

StarOffice enthält folgende Hauptprogrammteile:

StarWriter   StarCalc   Adabas   StarDraw   StarImpress

Abb. 5.13:
Gleichmäßiger Abstand nebeneinander mit Hilfe der Tabulatoren

Einsatz des Lineals

Wollen Sie einen bestimmten Absatz einrücken, müssen Sie nicht mühselig den Tabulator an jeden neuen Zeilenanfang setzen und den Text einrücken, sondern Sie nutzen die Hilfe des Lineals.

1. Geben Sie Ihren Text ein, und setzen Sie den Mauszeiger auf die erste Zeile des Textes, den Sie einrücken wollen.

Der Dokumenten-Konverter

Einfaches Konvertieren von Dateien

Ein weiteres Highlight ist der Dokumenten-Konverter. Er konvertiert alle Dateien eines Verzeichnisses auf einmal in die neuen StarOfficeFormate.
Dies ist möglich bei StarWriter, Star Calc und Star Impress und auch bei den MS-OfficeProgrammen Word, Excel und PowerPoint.

Abb. 5.14: Der erste Absatz soll eingerückt werden.

2. Drücken Sie die linke Maustaste, und ziehen Sie die Maus auf das horizontale Lineal. Am linken Rand des Lineals, wo normalerweise die Zahl 0 steht, finden Sie zwei Dreiecke, die aufeinander zeigen.

Abb. 5.15:
Mit diesem Symbol legen Sie den linken Einzug fest.

3. Klicken Sie auf das obere Dreieck, halten Sie die Maustaste gedrückt und ziehen Sie nach rechts bis zu der Zahl 1,5. Die erste Zeile Ihres Textes verschiebt sich automatisch an die von Ihnen gewählte Stelle.

Abb. 5.16:
Schieben Sie den Regler in die gewünschte Position.

Der Dokumenten-Konverter

Einfaches Konvertieren von Dateien

Ein weiteres Highlight ist der Dokumenten-Konverter. Er konvertiert alle Dateien eines Verzeichnisses auf einmal in die neuen StarOfficeFormate.
Dies ist möglich bei StarWriter, Star Calc und Star Impress und auch bei den MS-OfficeProgrammen Word, Excel und PowerPoint.

Abb. 5.17: Die erste Zeile des Textes wurde versetzt.

4. Am rechten Ende des Lineals sehen Sie ein weiteres Dreieck. Mit ihm legen Sie den rechten Seitenrand fest. Klicken Sie darauf, und ziehen Sie wieder mit gedrückter Maustaste, aber diesmal nach links bis zur Zahl 13. Ihr Textabsatz ist jetzt komplett an beiden Seiten eingerückt.

Abb. 5.18:
Mit diesem Symbol legen Sie den rechten Seitenrand fest.

Der Dokumenten-Konverter

Einfaches Konvertieren von Dateien

Ein weiteres Highlight ist der Dokumenten-Konverter. Er konvertiert alle Dateien eines Verzeichnisses auf einmal in die neuen StarOfficeFormate.
Dies ist möglich bei StarWriter, Star Calc und Star Impress und auch bei den MS-OfficeProgrammen Word, Excel und PowerPoint.

Abb. 5.19:
Durch das Einrücken auf beiden Seiten hebt sich der Text optisch hervor.

Drücken Sie am Ende des eingerückten Textes die [↵]-Taste, und schieben Sie die beiden Zeiger im Lineal auf Ihre alte Position zurück, den linken auf 0 und den rechten auf 17.

5.3 Die Steuerzeichen

Um Tabulatoren, Leerzeichen oder eine harte Zeilenschaltung (eine Schaltung mit der [↵]-Taste) anzuzeigen, besitzt StarOffice die so genannten „Steuerzeichen“. Diese sind in Ihrem Text nur dann sichtbar, wenn sie aktiviert sind. Auf einem Ausdruck erscheinen sie nicht. Die Steuerzeichen lassen sich über den Menübefehl *Ansicht/ Steuerzeichen* oder über das Symbol für Steuerzeichen, das Sie in der Leiste am linken Bildschirmrand finden, anzeigen.

Abb. 5.20:
Über dieses Symbol rufen Sie die Anzeige der Steuerzeichen auf.

An jeder Stelle, an der eine Tab-Schaltung, ein Leerzeichen oder eine harte Zeilenschaltung vorgenommen wurde, steht eines dieser Zeichen.

¶
→ → → StarOffice·enthält·folgende·Hauptprogrammteile:¶
¶
→ → StarWriter → StarCalc → Adabas → StarDraw → StarImpress¶
¶

Abb. 5.21: Die Anzeige der Drucksteuerzeichen im Dokument

Im Text wird nun jedes Leerzeichen durch einen Punkt markiert.

Ein·weiteres·Highlight·ist·der·Dokumenten-Konverter.·Er konvertiert·alle·Dateien·eines·Verzeichnisses·auf·einmal·in·die·neuen StarOfficeFormate.¶

Abb. 5.22: Die Leerzeichen im Text sind durch Punkte gekennzeichnet.

6. Texte bearbeiten

Manchmal passiert es, dass ein Text nicht an die Stelle passt, an der er steht. Sie müssen dann natürlich nicht den gesamten Text dieses Absatzes an einer anderen Stelle neu schreiben. Nutzen Sie für die Verschiebung die Hilfe, die Ihnen StarWriter bietet.

6.1 Texte verschieben und kopieren

6.1.1 Texte verschieben

Um einen Text verschieben zu können, müssen Sie ihn markieren. Nach der Markierung klicken Sie mit der linken Maustaste irgendwo in den Text, halten die Taste gedrückt und ziehen den Text an die Position, an der Sie ihn haben wollen. Dort lassen Sie die Maustaste wieder los. Der Text fügt sich an der neuen Position ein. Gleichzeitig wird er an der alten Stelle entfernt.

6.1.2 Texte kopieren

Markieren Sie den Textbereich, den Sie kopieren wollen, und setzen Sie dann den Mauszeiger an die Stelle, an der die Kopie eingefügt werden soll. Drücken Sie die Tastenkombination [Strg]+[V].
Der kopierte Text steht nun an der von Ihnen gewünschten Stelle. Da in dem schon genannten Beispielartikel zu Neuheiten über fünf Abschnitte von StarOffice berichtet werden soll, müssen Sie den Text noch viermal kopieren. Drücken Sie nach jeder neuen Kopie [↵] und dann wieder [Strg]+[V].
Ändern Sie jetzt die Texte entsprechend den einzelnen Überschriften um, bis Sie alle Module von StarOffice aufgeführt haben. Durch das Kopieren und Verändern der verschiedenen Überschriften sparen Sie sich viermal das Eintippen des Satzes *Was ist neu?*.

Bringen Sie den Text durch Verwendung der ⭾-Taste in eine ansprechende Form.

StarWriter	Was ist neu?
StarCalc	Was ist neu?
Adabas	Was ist neu?
StarDraw	Was ist neu?
StarImpress	Was ist neu?

Abb. 6.1:
Die Überschriften für die einzelnen Kapitel sind vorbereitet.

6.2 Texte suchen und ersetzen

6.2.1 Wörter suchen

Um in einem umfangreichen Text nach einem bestimmten Wort zu suchen und dieses durch ein anderes zu ersetzen, das möglicherweise sogar noch öfters vorkommt, müssen Sie nicht den gesamten Text durchlesen, bis Sie das Wort gefunden haben. Nutzen Sie dafür die Suchfunktion von StarWriter.

1. Rufen Sie im Menü den Befehl *Bearbeiten/Suchen & Ersetzen* auf.

Abb. 6.2:
Starten Sie das Dialogfenster „Suchen & Ersetzen".

2. Das Fenster *Suchen & Ersetzen* zeigt sich am Bildschirm. Geben Sie im Feld *Suchen nach* das gesuchte Wort ein, und betätigen Sie die Schaltfläche *Suchen*. Bei der Eingabe spielt die Groß- oder Kleinschreibung des Wortes keine Rolle.

3. Wenn StarWriter das Wort gefunden hat, wird es im Dokument mit schwarzem Hintergrund angezeigt. Wollen Sie die Suche fortsetzen, dann klicken Sie nochmals auf die Schaltfläche *Suchen* und geben den nächsten Suchbegriff ein. Soll das gesuchte Wort im gesamten Text angezeigt werden, klicken Sie auf den Schalter *Suche alle*. StarWriter markiert dann das Wort an jeder Stelle im Text, an der es vorkommt.

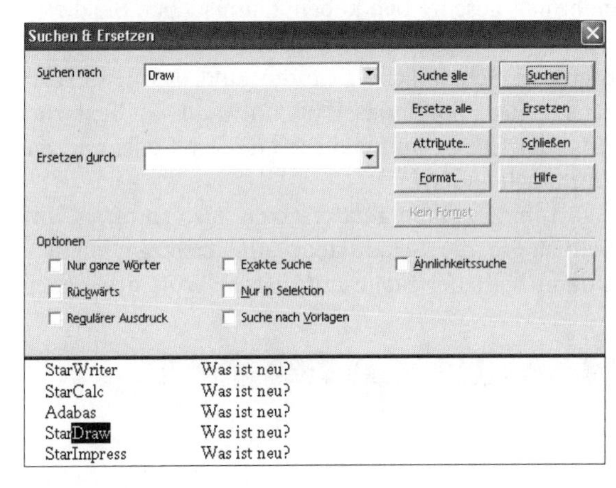

Abb. 6.3: Die Suche nach einem Wort war erfolgreich..

Hinweis:
StarWriter sucht immer ab der aktuellen Cursor-Position, d.h. der Cursor sollte sich immer am Anfang des Textes befinden, den Sie durchsuchen wollen, denn sonst wird nicht der ganze Text abgesucht.

Für die Suche nach Begriffen in einem Dokument bietet StarWriter im Fenster *Optionen* unter *Suchen & Ersetzen* verschiedene Suchformen an. Sie können nur nach ganzen oder ähnlichen Wörtern suchen lassen oder die Auswahl *Exakte Suche* verwenden. Bei dieser Auswahl müssen Sie aber auf die Klein-und Großschreibung achten. Wenn Sie das Wort *Programm* als „programm“ eingeben, so werden Sie nichts finden, denn es wird nur nach Wörtern gesucht, die mit dem großen P beginnen. Benutzen Sie die Option *Rückwärts*, dann durchsucht StarWriter den Text nicht von der ersten bis zur letzten Seite, sondern von der letzten bis zur ersten Seite.

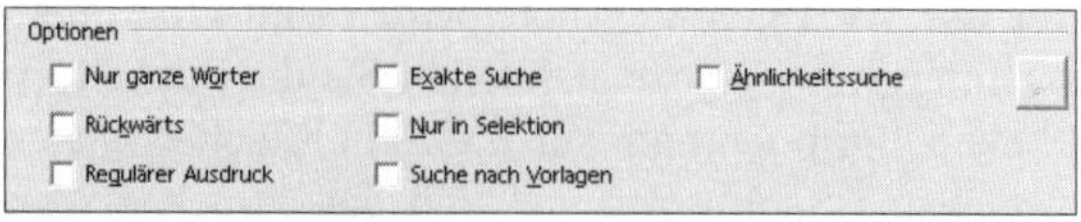

Optionen
Nur ganze Wörter | Exakte Suche | Ähnlichkeitssuche
Rückwärts | Nur in Selektion
Regulärer Ausdruck | Suche nach Vorlagen

Abb. 6.4: Hier wählen Sie eine Form des Suchens aus.

6.2.2 Wörter ersetzen

Falls Sie bei der Eingabe Ihres Textes ein Wort umändern möchten, das Sie bereits mehrmals geschrieben haben, dann suchen Sie dieses Wort und geben dann im Eingabefeld *Ersetzen durch* das neue Wort ein. Klicken Sie auf die Schaltfläche *Ersetzen*, und das neue Wort wird in den Text eingefügt. Sollte das Wort nochmals im Text vorkommen, so springt der Cursor automatisch an diese Stelle und Sie können dieses Wort auch ändern.

Wollen Sie das Wort im gesamten Text ersetzen, also so oft es vorkommt, dann sollten Sie die Schaltfläche *Alle ersetzen* wählen. StarWriter setzt dann bei jeder Stelle mit diesem Wort den neuen Begriff ein.

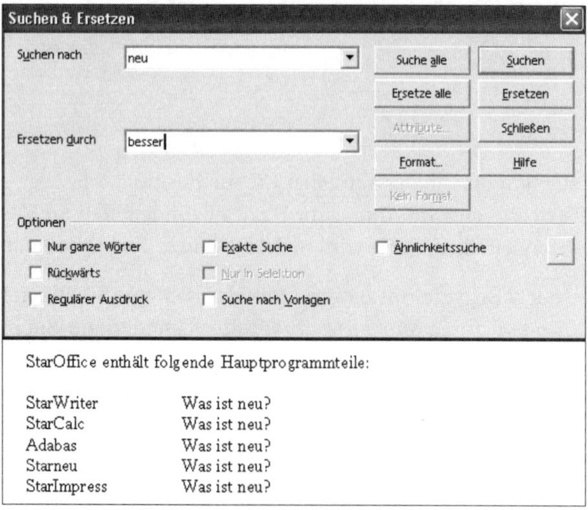

Suchen & Ersetzen
Suchen nach: neu
Ersetzen durch: besser
Suche alle | Suchen
Ersetze alle | Ersetzen
Attribute... | Schließen
Format... | Hilfe
Kein Format
Optionen
Nur ganze Wörter | Exakte Suche | Ähnlichkeitssuche
Rückwärts | Nur in Selektion
Regulärer Ausdruck | Suche nach Vorlagen

StarOffice enthält folgende Hauptprogrammteile:

StarWriter Was ist neu?
StarCalc Was ist neu?
Adabas Was ist neu?
Starneu Was ist neu?
StarImpress Was ist neu?

Abb. 6.5: Ein Text wird ersetzt.

Nach diesem Vorgang zeigt StarWriter in einem Fenster an, wie oft das Wort im Text ausgetauscht wurde. Klicken Sie auf *OK*, um weiterzusuchen, oder beenden Sie die Suchaktion über den Schalter *Schließen*.

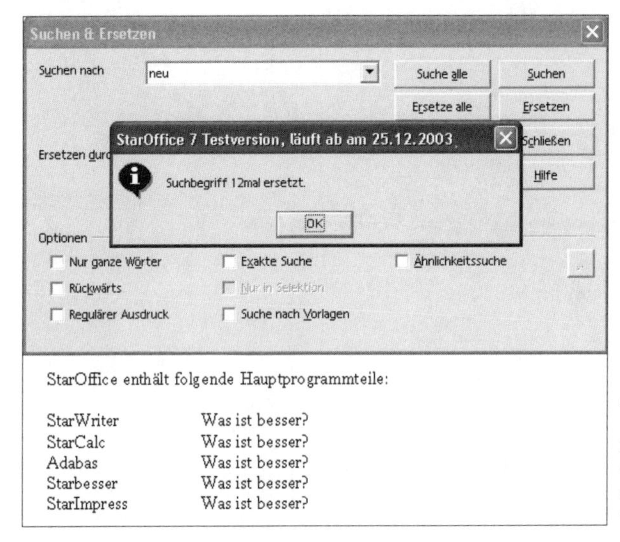

Abb. 6.6: Informieren Sie sich über die Anzahl der Tauschvorgänge.

Hinweis:
Diese Funktion ist sehr nützlich bei Buchstabendrehern. Sie haben z.B. *dien* statt *dein* geschrieben und wissen, dass dieses Wort sehr oft in Ihrem Text vorkommt. Verwenden Sie dann die Funktion *Suchen & Ersetzen*, um den Fehler zu verbessern.

6.2.3 Die Schnellkorrektur

Wie bereits in Abschnitt 6.1.5 beschrieben, werden Fehler bei Aktivierung der automatischen Rechtschreibprüfung mit einer roten Schlangenlinie unterstrichen. Sie können einzelne Fehler schnell ausbessern, indem Sie mit der rechten Maustaste auf das falsch geschriebene Wort klicken. Eine Liste mit Ersatzvorschlägen klappt auf. Wählen Sie das richtige Wort durch Anklicken aus. Es wird dann statt des falsch geschriebenen Wortes in Ihren Text übernommen.

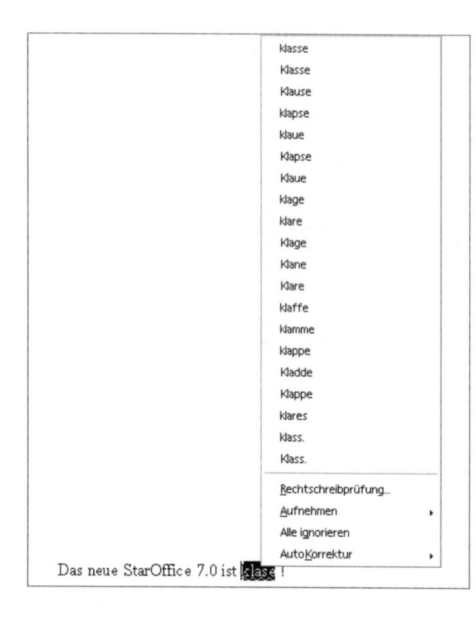

Abb. 6.7:
Suchen Sie das richtig geschriebene Wort aus der Liste aus.

6.2.4 Thesaurus

Falls Sie einmal ein Wort ersetzen wollen und Ihnen kein Ersatzbegriff dafür einfällt, können Sie auf die Hilfe von Thesaurus zurückgreifen. Hier finden Sie Synonyme für Wörter, also Wörter mit der gleichen Bedeutung.

1. Setzen Sie in Ihrem Text den Cursor auf das Wort, für das Sie einen Ersatzbegriff suchen, und starten Sie den Thesaurus über den Befehl *Extras/Thesaurus*, oder verwenden Sie die Tastenkombination Strg+F7.Das Dialogfenster *Thesaurus* erscheint am Monitor. Das Wort, in dem der Mauszeiger steht, wird mit der Erklärung seiner Bedeutung angezeigt. Rechts daneben finden Sie im Fenster *Synonym* eine Auswahl von Wörtern, die sich zum Austausch anbieten – allerdings nur solche, die auch im Wörterbuch enthalten sind. Ansonsten müssen Sie selbst eines oder mehrere Synonyme eingeben. Diese werden dann in das Wörterbuch übernommen.

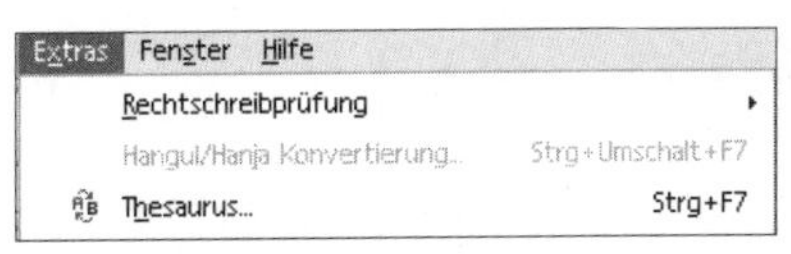

Abb. 6.8:
Rufen Sie den Thesaurus auf..

2. Das Dialogfenster *Thesaurus* erscheint am Monitor. Das Wort, in dem der Mauszeiger steht, wird mit der Erklärung seiner Bedeutung angezeigt. Rechts daneben finden Sie im Fenster *Synonym* eine Auswahl von Wörtern, die sich zum Austausch anbieten – allerdings nur solche, die auch im Wörterbuch enthalten sind. Ansonsten müssen Sie selbst eines oder mehrere Synonyme eingeben. Diese werden dann in das Wörterbuch übernommen.
3. Wenn Sie das nach Ihrer Meinung passende Wort eingegeben haben, klicken Sie es an. Das angeklickte Wort springt nun in das Fenster *Ersetzen*. Ergänzen Sie bei Bedarf entsprechend Ein- oder Mehrzahl, hängen Sie also z.B. an das Wort *Chance* noch das *n* für die Mehrzahl an. Klicken Sie auf *OK*, um das neue Wort an die Stelle des alten zu setzen.

6.2.5 Die Funktion AutoComplete

Seit der Version StarOffice 5.1 haben die Autokorrektur-Optionen eine weitere Funktion erhalten: *AutoComplete*. Diese Funktion rufen Sie mit dem Befehl *Extras/Autokorrektur/Autoformat* auf.

AutoComplete bewirkt die automatische Ergänzung eines Wortes während der Eingabe. Sobald Sie den letzten Buchstaben eines Wortes eingetippt haben, das in der Begriffsammlung vorhanden ist, schlägt StarWriter sofort ein weiteres Wort zur Vervollständigung des Wortteils vor – das hört sich zwar kompliziert an, ist es aber nicht. Nehmen wir als Beispiel das Wort *Rechtschreibprüfung*: Sie geben *Rechtschreib* ein, und sobald Sie den letzten Buchstaben, also das *b*, getippt haben, fügt StarWriter eine sinnvolle Ergänzung wie *prüfung* hinzu. Um den Vorschlag zu übernehmen, genügt ein Druck auf die [↵]-Taste. Sie können aber auch unter der Option *Annehmen mit* eine andere Taste einstellen ([Ende], [Leertaste] oder [→]). Ist es nicht das richtige Wort, schreiben Sie einfach weiter. Das vorgeschlagene Wort verschwindet dann automatisch wieder.

AutoKorrektur
Ersetzung und Ausnahmen für Sprache:
Deutsch (Deutsch
Wortergänzung
Ersetzung
Ausnahmen
Optionen
Typografische Anführungszeichen
Kürzel
Ersetzen durch:
Nur Text
PORBLEM
Problem
Ersetzen
Löschen
PIKNIK Picknick
PORBLEM Problem
RECHNUG Rechnung
RHYTMUS Rhythmus
SAHCE Sache
SEPERAT separat
SERH sehr
SGDH Sehr geehrte Damen und Herren
SIEN sein
STANDART standard
UAS aus
UDN und
UMZUFRIEDEN unzufrieden
VEILLEICHT vielleicht
VIELEICHT vielleicht
VORANG Vorrang
WEDRE werde
WIRDS wird's
OK
Abbrechen
Hilfe
Zurück
Der Dialog für die Rechtschreibprüfung ist neu gestaltet und im Detail verbessert worden. Die
Überprüfung der Eingabezeile wird durch ein zusätzliches Zeichen visualisiert.
Dadurch stellt die Rechtschreibprüfung eigentlich kein Porblem dar.

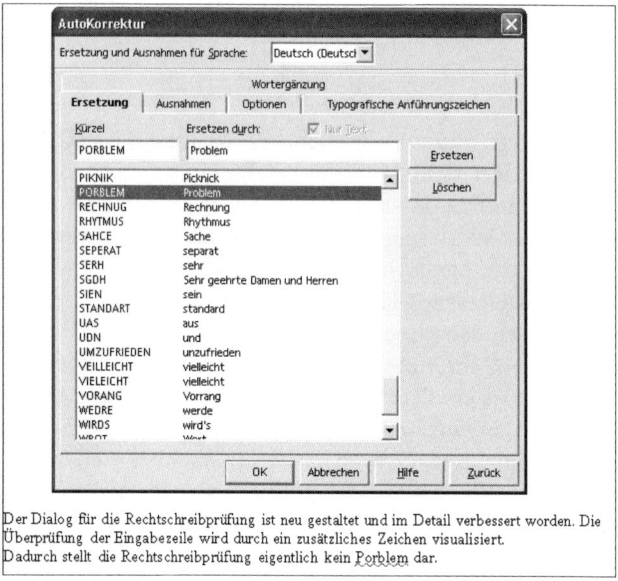

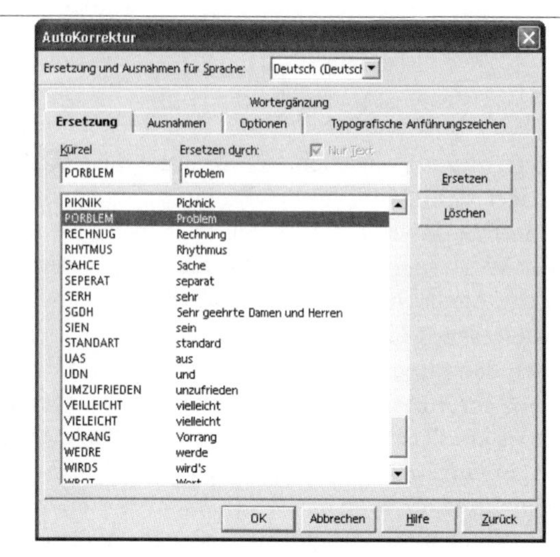

Abb. 6.9: Öffnen Sie das Register „Wortergänzung"

Porblem dar.
Problem
Rechtschreibprüfung...
Aufnehmen
Alle ignorieren
AutoKorrektur
Problem

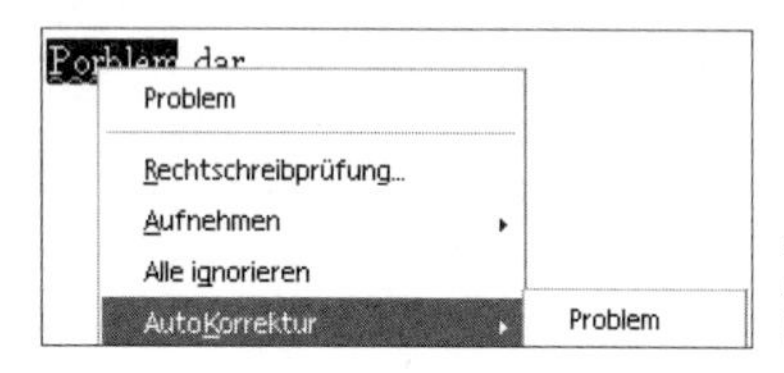

Abb. 6.10: AutoComplete schlägt ein Wort zur Übernahme vor.

6.2.6 Textbausteine mit AutoText

In längeren Dokumenten kann es vorkommen, dass sich bestimmte Sätze oder Abschnitte öfter wiederholen. Um diese nicht jedes Mal neu eingeben zu müssen, bedienen Sie sich eines Textbausteins.

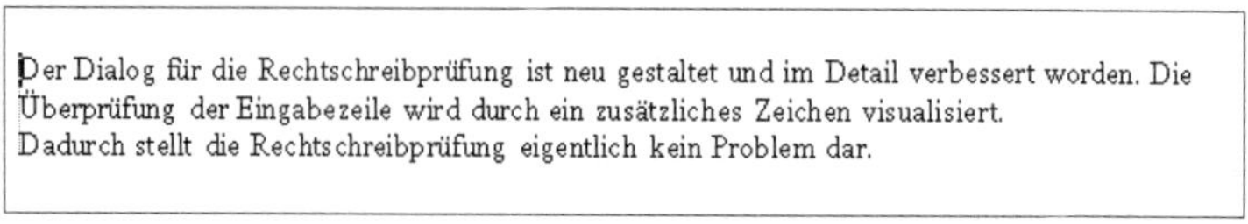

Der Dialog für die Rechtschreibprüfung ist neu gestaltet und im Detail verbessert worden. Die
Überprüfung der Eingabezeile wird durch ein zusätzliches Zeichen visualisiert.
Dadurch stellt die Rechtschreibprüfung eigentlich kein Problem dar.

Abb. 6.11: Dieser Text soll ein AutoText werden.

1. Tippen Sie den Text ein.
2. Markieren Sie jetzt den gesamten Text, den Sie als Textbaustein verwenden wollen.

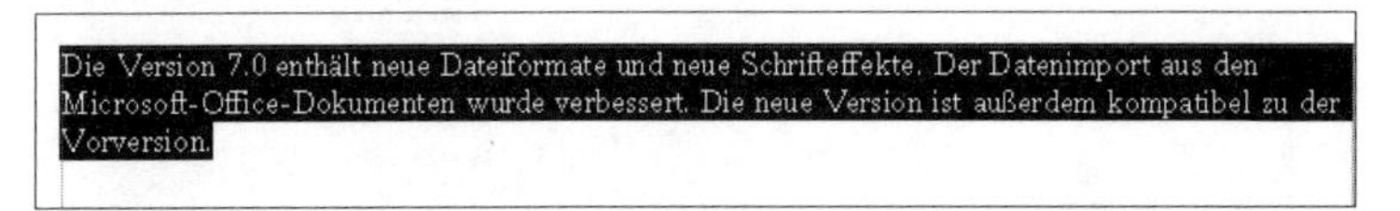
Die Version 7.0 enthält neue Dateiformate und neue Schrifteffekte. Der Datenimport aus den Microsoft-Office-Dokumenten wurde verbessert. Die neue Version ist außerdem kompatibel zu der Vorversion.

Abb. 6.12: Markierung des Textes

3. Öffnen Sie das Fenster *AutoText* über den Menübefehl *Bearbeiten/Autotext*, oder verwenden Sie Strg+F3. Eine weitere Möglichkeit, den AutoText zu starten, besteht über das Symbol in der vertikalen Leiste am linken Bildschirmrand.

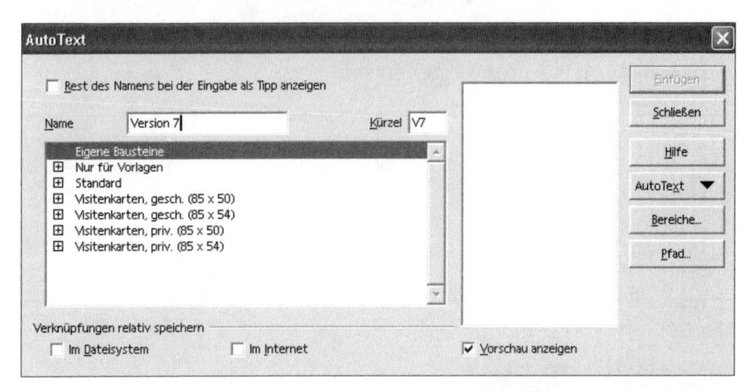

Abb. 6.13: Vergeben Sie jetzt einen Namen für Ihren Textbaustein.

4. StarWriter zeigt das Fenster *AutoText* an. Geben Sie in das Eingabefeld *Name* einen passenden Namen für den Textbaustein ein. StarWriter erstellt im Fenster *Kürzel* eine Abkürzung für den eingegebenen Namen.
5. Klicken Sie anschließend auf *AutoText/Neu.* Ihr erstellter AutoText wird in der Liste mit seinem Namen angezeigt.

Abb. 6.14: Erstellen Sie einen neuen Autotext.

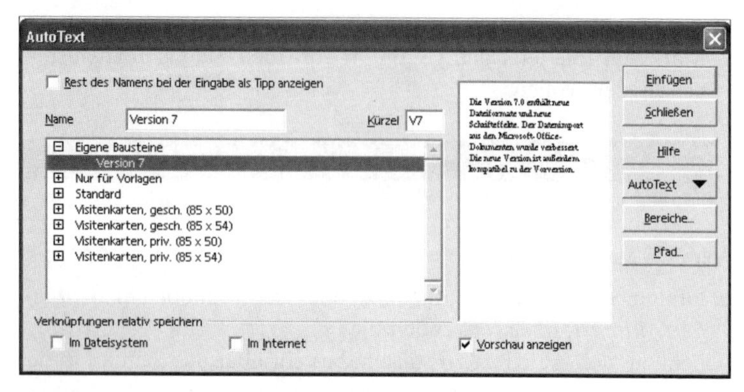

Abb. 6.15: Der neue Autotext steht bereit.

6. Setzen Sie nun den Cursor in Ihrem Textdokument an die Stelle, an welcher der Autotext stehen soll.

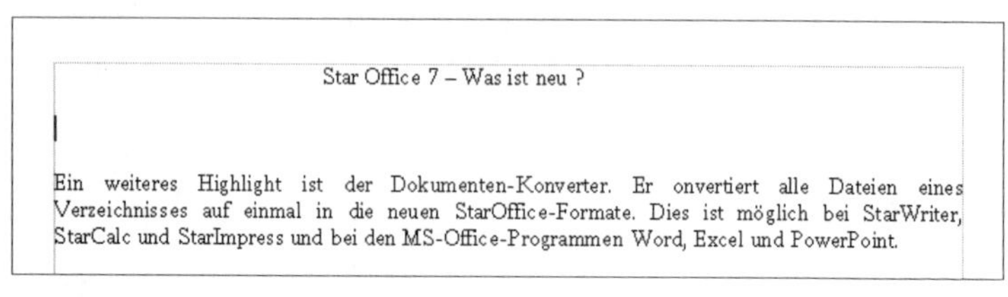

Star Office 7 – Was ist neu ?

Ein weiteres Highlight ist der Dokumenten-Konverter. Er onvertiert alle Dateien eines Verzeichnisses auf einmal in die neuen StarOffice-Formate. Dies ist möglich bei StarWriter, StarCalc und StarImpress und bei den MS-Office-Programmen Word, Excel und PowerPoint.

Abb. 6.16: Hier soll der Textbaustein eingefügt werden.

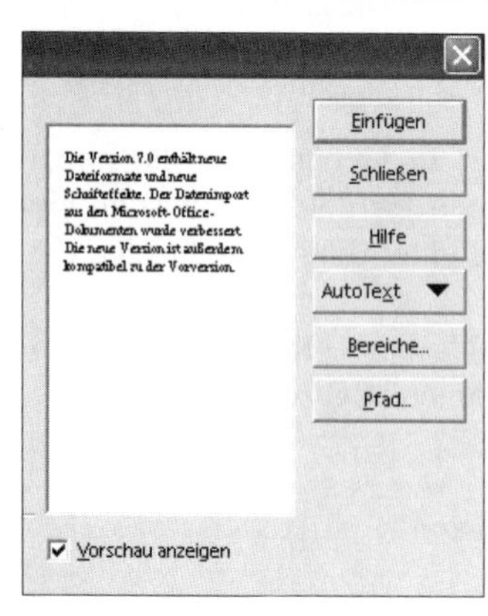

Abb. 6.17:
Vor der Übernahme in das Dokument können Sie den Baustein nochmals überprüfen.

7. Klicken Sie noch auf den Button *Einfügen*, und der Textbaustein fügt sich in das Dokument ein.

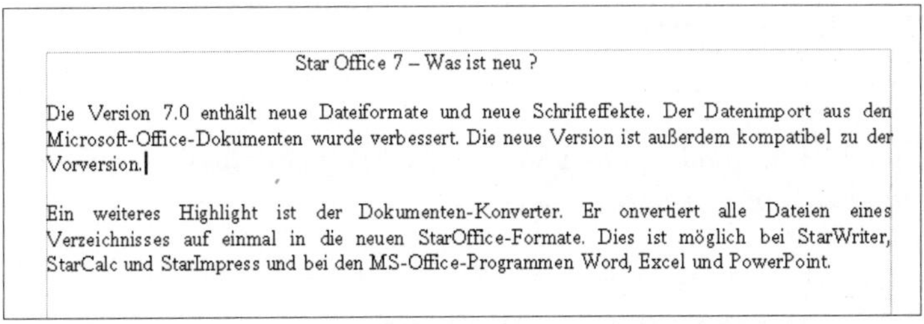

Star Office 7 – Was ist neu ?

Die Version 7.0 enthält neue Dateiformate und neue Schrifteffekte. Der Datenimport aus den Microsoft-Office-Dokumenten wurde verbessert. Die neue Version ist außerdem kompatibel zu der Vorversion.

Ein weiteres Highlight ist der Dokumenten-Konverter. Er onvertiert alle Dateien eines Verzeichnisses auf einmal in die neuen StarOffice-Formate. Dies ist möglich bei StarWriter, StarCalc und StarImpress und bei den MS-Office-Programmen Word, Excel und PowerPoint.

Abb. 6.18: Der Textbaustein wurde in das Dokument übernommen.

7. Texte gestalten

In diesem Kapitel erfahren Sie, wie Sie Texte gestalten und in eine sinnvolle Form bringen.

7.1 Absatzvorlagen mit dem Stylisten

Die Überschriften in dem bisher erstellten Text wurden mit verschiedenen Vorlagen erstellt. Anhand der Überschriften einer weiteren Textseite wird Ihnen der Gebrauch dieser Vorlagen beschrieben.

Neue und erweiterte Inhalte

Externe Browser einbinden
In StarOffice können seit Version 5.1 externe Browser als Plugin eingebunden werden. Zur Zeit wird der MS Internet Explorer unterstützt.

Integration des Microsoft Internet Eplorers
Voraussetzung zur Nutzung des MS Internet Explorers ist, dass eine Version ab 4.0 auf dem Rechner installiert ist. In diesem Fall erscheint unter „Extras-Optionen-Browser" ein Register „Externer Browser".
Hier kann der Anwender generell die Unterstützung des Internet Explorers ein-bzw. Abschalten. Biem Aktivieren warnt ein Dialog, daß fortan die Einstellungen des extrenen Browsers gelten.

Neue Dateidialoge
Die Dialoge zum Öffnen und Speichern von Dateien sind seit StarOffice 5.1 komplett überarbeitet worden.mit einer Vielzahl von praktischen Inhalten ermöglichen die Dateidialoge jetzt u.a. eine optimale Navigation durch die Dateistruktur und den schnellstmöglichen Zugriff auf Dokumente und Verzeichnisse.

Variable Dialog-Größe
Der Dateidialog zum Öffnen und Speichern von Dokumentenoder zum Einfügen von Grafiken kann jetzt mit der Maus in seiner Größe variiert werden. Die Größe des Dialogs „Grafik einfügen"lässt sich unabhänigig von der Größe der anderen Dateidialoge festlegen. Die Werte werden jeweils in der Datei „soffice.ini" gespeichert.

Abb. 7.1: Die Überschriften des Textes sollen hervorgehoben werden.

1. Setzen Sie den Mauszeiger vor die erste Überschrift, und rufen Sie im Menü den Befehl *Format/Stylist* auf. Sie können alternativ auch auf das Symbol für den Stylisten in der Funktionsleiste klicken oder die F11-Taste benutzen.

2. Das Fenster *Absatzvorlagen* klappt auf. Am unteren Ende dieses Fensters sehen Sie in einem weiteren Fenster den Eintrag *Automatisch*. Klicken Sie auf den Pfeil neben dem Eintrag. Eine weitere Liste klappt auf. Wählen Sie in dieser den Eintrag *Alle Vorlagen*.

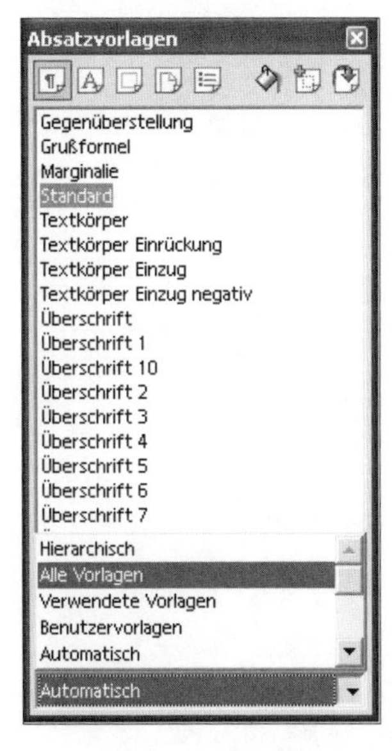

Abb. 7.2:
Wählen Sie hier den Bereich der Vorlagen aus, den Sie verwenden wollen.

3. In der Aufstellung, die Sie jetzt vor sich am Bildschirm sehen, können Sie für jede Überschrift ein Format auswählen. Setzen Sie den Mauszeiger vor die erste Überschrift, und klicken Sie einmal.
4. Klicken Sie anschließend im Fenster *Absatzvorlagen* doppelt auf die Vorlage *Überschrift*. Die Schriftgröße der Überschrift verändert sich. Sie haben Ihr ein anderes Format zugewiesen.
5. Weisen Sie jetzt den anderen Überschriften nacheinander die Formate *Überschrift 1*, *Überschrift 2*, *Überschrift 3* und *Überschrift 4* zu. Das Format *Überschrift* benötigen Sie nicht mehr; es ist nur für die Hauptüberschrift gedacht.

Neue und erweiterte Inhalte

Externe Browser einbinden
In StarOffice können seit Version 5.1 externe Browser als Plugin eingeb
Zeit wird der MS Internet Explorer unterstützt.

Integration des Microsoft Internet Eplorers
Voraussetzung zur Nutzung des MS Internet Explorers ist, dass eine Ve
Rechner installiert ist. In diesem Fall erscheint unter „Extras-Optionen-
Register „Externer Browser".
Hier kann der Anwender generell die Unterstützung des Internet Explor
Abschalten. Biem Aktivieren warnt ein Dialog, daß fortan die Einstellur
Browsers gelten.

Neue Dateidialoge
Die Dialoge zum Öffnen und Speichern von Dateien sind seit StarOffic
überarbeitet worden.mit einer Vielzahl von praktischen Inhalten ermögl
Dateidialoge jetzt u.a. eine optimale Navigation durch die Dateistruktur
schnellstmöglichen Zugriff auf Dokumente und Verzeichnisse.

Variable Dialog-Größe
Der Dateidialog zum Öffnen und Speichern von Dokumentenoder zum
Grafiken kann jetzt mit der Maus in seiner Größe variiert werden. Die G
„Grafik einfügen"lässt sich unabhänigig von der Größe der anderen Dat
Die Werte werden jeweils in der Datei „soffice.ini" gespeichert.

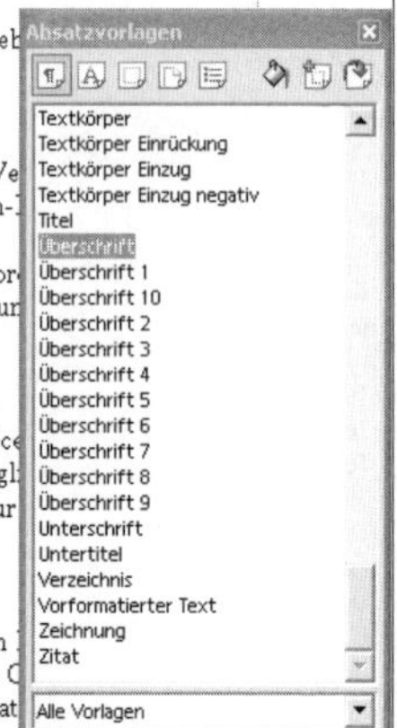

Abb. 7.3: Der Überschrift wurde ein anderes Format zugewiesen.

Neue und erweiterte Inhalte

Externe Browser einbinden

In StarOffice können seit Version 5.1 externe Browser als Plugin eingebunden werden. Zur Zeit wird der MS Internet Explorer unterstützt.

Integration des Microsoft Internet Eplorers

Voraussetzung zur Nutzung des MS Internet Explorers ist, dass eine Version ab 4.0 auf dem Rechner installiert ist. In diesem Fall erscheint unter „Extras-Optionen-Browser" ein Register „Externer Browser".
Hier kann der Anwender generell die Unterstützung des Internet Explorers ein-bzw. Abschalten. Biem Aktivieren warnt ein Dialog, daß fortan die Einstellungen des extrenen Browsers gelten.

Neue Dateidialoge

Die Dialoge zum Öffnen und Speichern von Dateien sind seit StarOffice 5.1 komplett überarbeitet worden.mit einer Vielzahl von praktischen Inhalten ermöglichen die Dateidialoge jetzt u.a. eine optimale Navigation durch die Dateistruktur und den schnellstmöglichen Zugriff auf Dokumente und Verzeichnisse.

Variable Dialog-Größe

Der Dateidialog zum Öffnen und Speichern von Dokumentenoder zum Einfügen von Grafiken kann jetzt mit der Maus in seiner Größe variiert werden. Die Größe des Dialogs „Grafik einfügen"lässt sich unabhänigig von der Größe der anderen Dateidialoge festlegen. Die Werte werden jeweils in der Datei „soffice.ini" gespeichert.

Abb. 7.4: Das Dokument ist mit unterschiedlichen Überschriftformaten versehen.

7.2 Aufzählungen und Nummerierungen

Im Abschnitt 5.2 (Tabulatoren) haben Sie die Module des Programms StarOffice in Ihrem Artikel untereinander aufgelistet. Mit Hilfe von zwei Funktionen können Sie Aufzählungen und Nummerierungen in Ihrem Dokument erzeugen.

7.2.1 Aufzählungen

Markieren Sie den gesamten Text, den Sie als Aufzählung formatieren möchten, und rufen Sie im Menü den Befehl *Format/Nummerierungen/Aufzählungen* auf. Das Fenster *Nummerierung/Aufzählung* zeigt sich im Arbeitsbereich. Wählen Sie im Register *Bullets* durch Anklicken eines der acht Symbole für die Aufzählung aus, und bestätigen Sie mit *OK*.

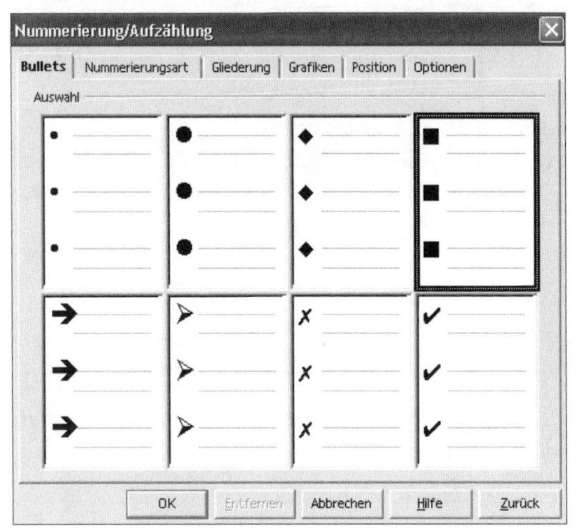

Abb. 7.5: Suchen Sie das passende Muster für Ihre Aufzählung aus den Vorlagen.

Die Markierungspunkte der gewählten Aufzählungsform schieben sich nun vor jede Zeile des markierten Textes.

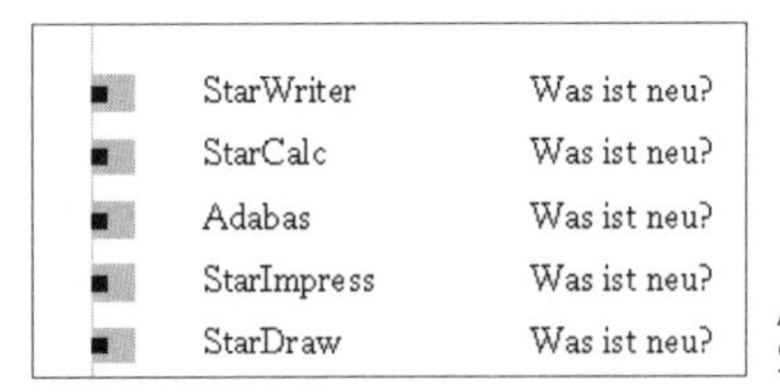

■	StarWriter	Was ist neu?
■	StarCalc	Was ist neu?
■	Adabas	Was ist neu?
■	StarImpress	Was ist neu?
■	StarDraw	Was ist neu?

Abb. 7.6:
So sieht die Aufzählung im Text aus.

7.2.2 Nummerierungen

Um einen Textbereich zu nummerieren, öffnen Sie im Fenster *Nummerierung/Aufzählung* das Register *Nummerierungsart* und suchen sich aus den acht Vorlagen die gewünschte aus.

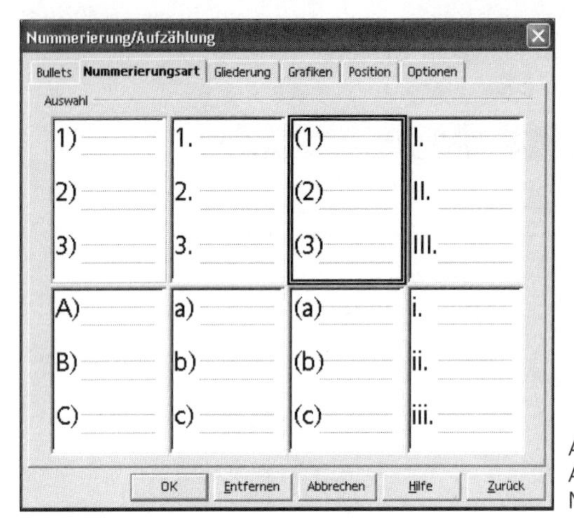

Abb. 7.7:
Auswahl der Nummerierung

Bestätigen Sie wieder mit *OK*, um die Nummerierung in den markierten Textbereich zu übernehmen.

(1)	StarWriter	Was ist neu?
(2)	StarCalc	Was ist neu?
(3)	Adabas	Was ist neu?
(4)	StarImpress	Was ist neu?
(5)	StarDraw	Was ist neu?

Abb. 7.8:
So sieht die Nummerierung im Text aus.

7.3 Der Seitenumbruch

7.3.1 Automatischer Seitenumbruch

Sie haben bereits mehrere Seiten Ihres Artikels erstellt. Wenn Sie bei Ihrer Texteingabe am Ende einer Seite angelangt waren, ist StarWriter automatisch in die nächste Seite gesprungen. Zwischen zwei Seiten befindet sich dann ein dicker, grauer Balken zur Trennung der Seiten.
Kommen Sie jedoch bei der Eingabe z.B. zu einem neuen Kapitel, dessen Text auf einer neuen Seite beginnen soll, obwohl die Seite erst zur Hälfte gefüllt ist, dann haben Sie ein Problem. In diesem Fall müssen Sie auf den manuellen Seitenumbruch ausweichen.

7.3.2 Manueller Seitenumbruch

Klicken Sie im Menü *Einfügen* auf die Option *Manueller Umbruch*. Ein Fenster klappt auf. Die Auswahl *Seitenumbruch* ist automatisch eingestellt. Belassen Sie es dabei, und klicken Sie auf *OK*. Der Eingabe-Cursor springt jetzt auf die neue Seite in die erste Zeile, und Sie können Ihr nächstes Kapitel beginnen.
Alternativ können Sie für einen Seitenumbruch auch die Tastenkombination Strg+↵ verwenden.

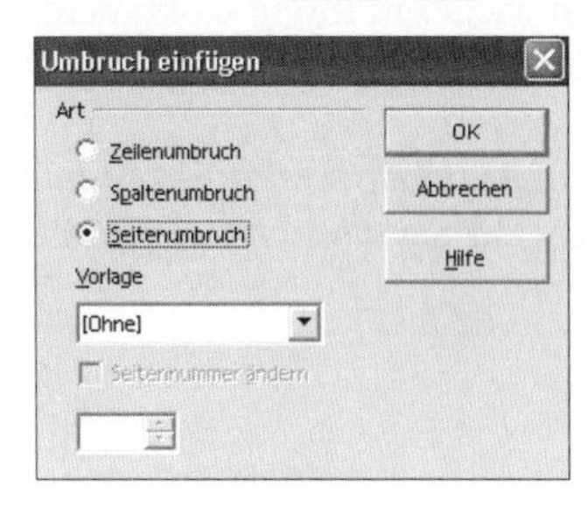

Abb. 7.9:
Erzeugen Sie einen manuellen Seitenumbruch.

7.4 Einfügen von Seitenzahlen

Ein größeres Dokument sollte mit Seitenzahlen versehen werden. Dies ist z.B. für das Inhaltsverzeichnis wichtig.

1. Um Seitenzahlen einzufügen, rufen Sie das Menü *Format/Seite* auf. Im Fenster *Seitenvorlage: Standard* klicken Sie dann das Fenster *Fußzeile* an und markieren die Option *Fußzeile einschalten*. Die Markierung wird durch ein Häkchen angezeigt.

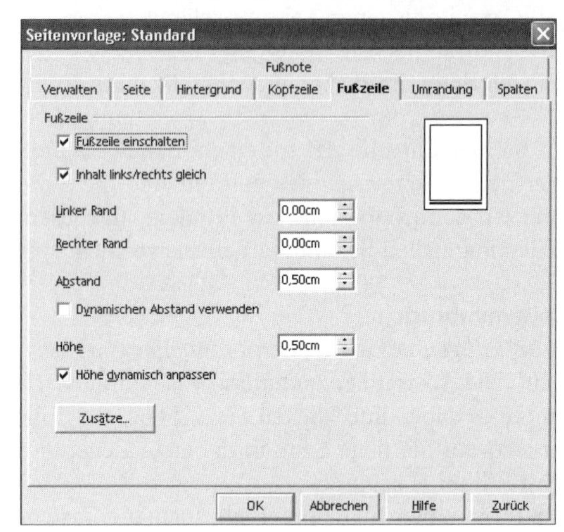

Abb. 7.10:
Am Ende jeder Seite sollte eine Zahl eingefügt werden.

2. Klicken Sie auf *OK*. Sie befinden sich wieder in Ihrem Dokument. Eine Fußzeile wird angezeigt. Klicken Sie mit der linken Maustaste hinein, und der Cursor blinkt.
3. Starten Sie im Menü den Befehl *Einfügen/Feldbefehl*. Ein Menü klappt auf. Klicken Sie auf die Auswahl *Seitennummer,* um die Seitenzahl in die Fußzeile einzufügen.

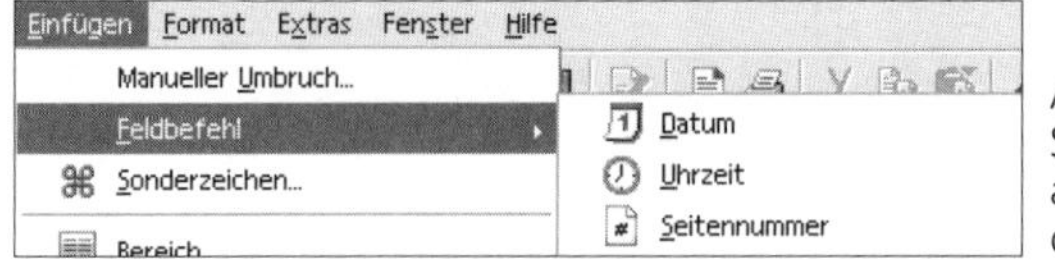

Abb. 7.11:
Starten Sie die automatische Eingabe der Seitenzahlen.

Die Seitenzahlen werden in die Fußzeile jeder Seite übernommen. Sie können diese jetzt mit Hilfe der Schaltflächen in der Menüleiste noch an eine andere Position wie linksbündig, rechtsbündig oder zentriert setzen. Die Schalter finden Sie direkt über dem Lineal.

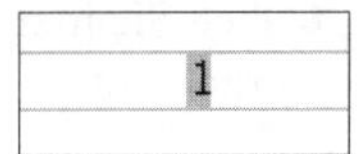

Abb. 7.12:
Die Nummerierungen der Seiten sind erledigt.

7.5 Die Seitendarstellung

Um ein erstelltes Dokument mit mehreren Seiten komplett vom Layout her zu betrachten, bietet Ihnen StarWriter die Funktion *Seitenansicht* an.
Starten Sie im Menü *Datei/Seitenansicht*. Sie bekommen die Seite angezeigt, in der Sie sich gerade befinden. Die Seitenansicht enthält eine Symbolleiste, in der Sie Funktionen für die Arbeit mit der Seitenansicht finden.

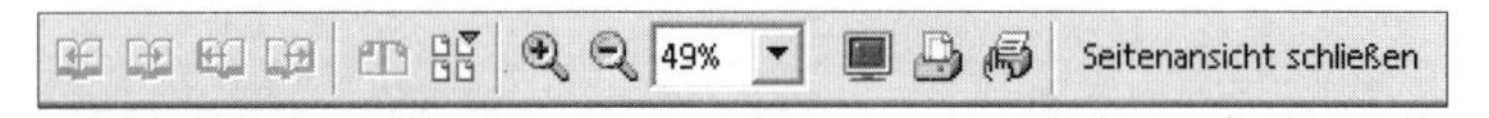

Abb. 7.13: Die Symbolleiste der Seitenansicht

Mit Hilfe der ersten beiden Symbole blättern Sie in Ihrem Dokument vor und zurück.

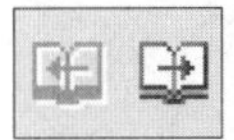

Abb. 7.14:
Mit diesen Schaltern bewegen Sie sich zwischen den Symbolen hin und her.

Die nächsten beiden Schalter sind für das Bewegen an den Textanfang oder an das Textende des Dokuments gedacht.

Abb. 7.15:
Diese beiden Schalter führen an den Anfang oder an das Ende Ihres Dokuments.

Um mehrere Seiten auf einmal anzuzeigen, klicken Sie auf das Symbol mit den vier kleinen Seiten.

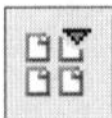

Abb. 7.16:
Mit Hilfe dieses Symbols gelangen Sie in das Fenster „Mehrere Seiten".

Das Fenster *Mehrere Seiten* erscheint am Bildschirm. Geben Sie hier an, wie viele Seiten in wie vielen Spalten angezeigt werden sollen: zwei, drei, vier usw. nebeneinander.

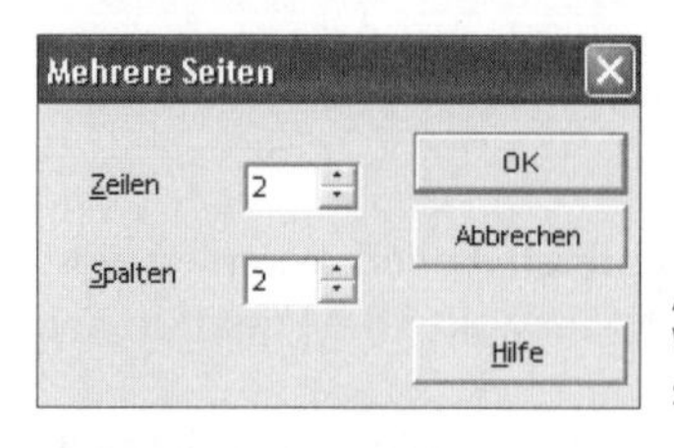

Abb. 7.17:
Wie viele Seiten in wie vielen Spalten sollen zu sehen sein?

StarWriter zeigt Ihnen jetzt z.B. vier Seiten des Dokuments auf einmal an.

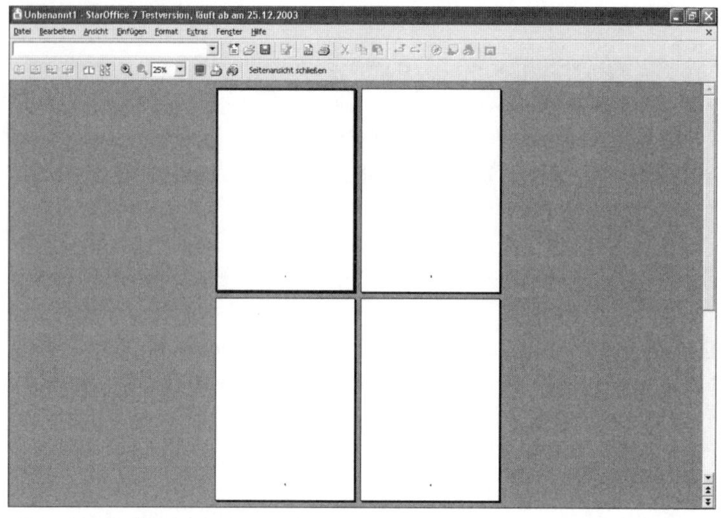

Abb. 7.18: Ein Überblick über mehrere Seiten

Mit einem weiteren kleinen Symbol lassen sich nur zwei Seiten nebeneinander anzeigen.

Abb. 7.19:
Zeigen Sie zwei Seiten nebeneinander an.

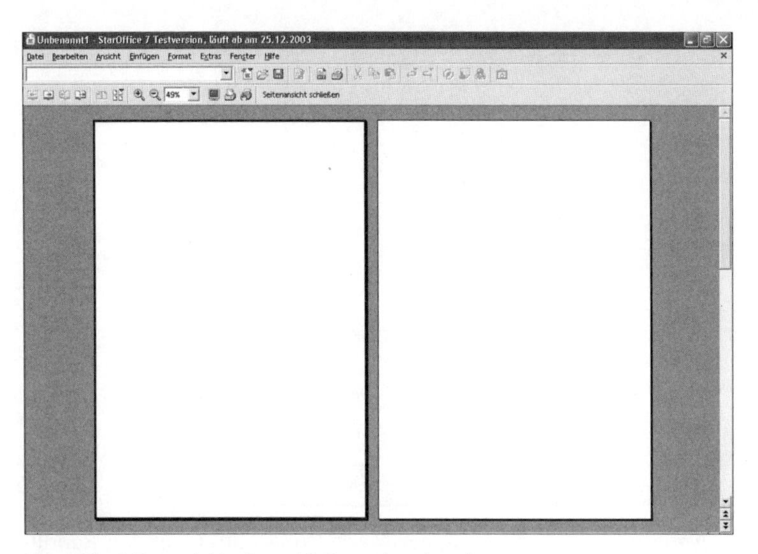

Abb. 7.20: Seitenansicht mit zwei Seiten nebeneinander

Die jeweiligen Seitenansichten schließen Sie übrigens wieder über den Schalter *Seitenansicht schließen*.

Seitenansicht schließen

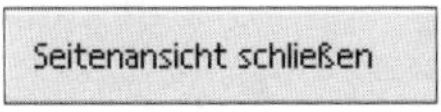

Abb. 7.21:
Dieses Symbol schließt die Seitenansicht.

7.6 Der Textrahmen

StarWriter bietet Ihnen die Möglichkeit, einen bestimmten Textabschnitt, den Sie hervorheben wollen, mit einem Rahmen zu versehen.

1. Um einen Rahmen einzufügen, setzen Sie den Cursor an die Stelle im Text, wo der Rahmen positioniert werde soll, und starten den Menübefehl *Einfügen/Rahmen*, um in das Fenster *Rahmen* zu gelangen. Legen Sie entweder gleich hier die Größe und Position des Rahmens fest, oder klicken Sie auf *OK*, um den Rahmen mit den Voreinstellungen in den Text zu übernehmen.

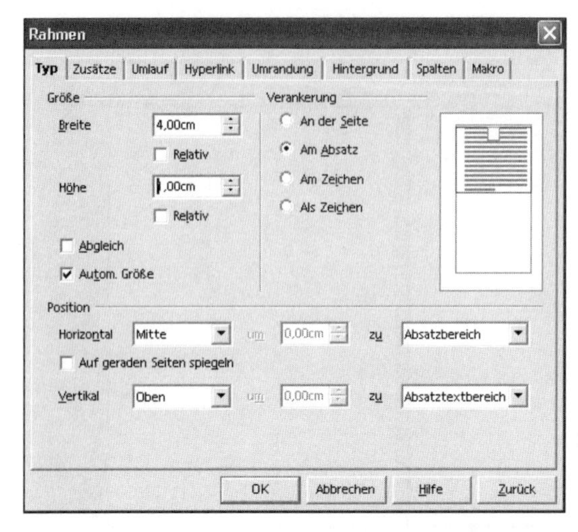

Abb. 7.22: Weisen Sie dem Rahmen seine Größe und Position zu.

2. Ändern Sie nun mit Hilfe der Markierungspunkte an den Randlinien die Größe des Rahmens. Klicken Sie auf einen Punkt, und ziehen Sie mit gedrückt gehaltener Maustaste nach außen, wenn Sie den Rahmen vergrößern, oder nach innen, wenn Sie ihn verkleinern wollen.
3. Haben Sie die gewünschte Größe des Rahmens eingestellt, können Sie mit der Texteingabe beginnen, indem Sie in den Rahmen klicken und Ihren Text eintippen. Falls die Markierungspunkte nicht gleich verschwinden, klicken Sie nochmals außerhalb des Rahmens an eine beliebige Stelle und versuchen es erneut.

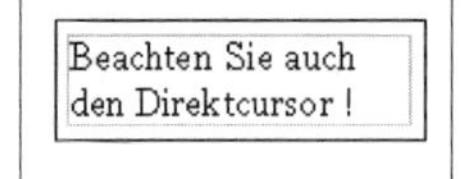

Abb. 7.23: Der Rahmen mit dem Text wurde erzeugt.

Um einem bereits vorhandenen Text einen Rahmen zuzuweisen, markieren Sie den Text und starten wieder das Fenster *Rahmen*. Klicken Sie auf *OK*. Der markierte Text wird nun mit einem Rahmen versehen.

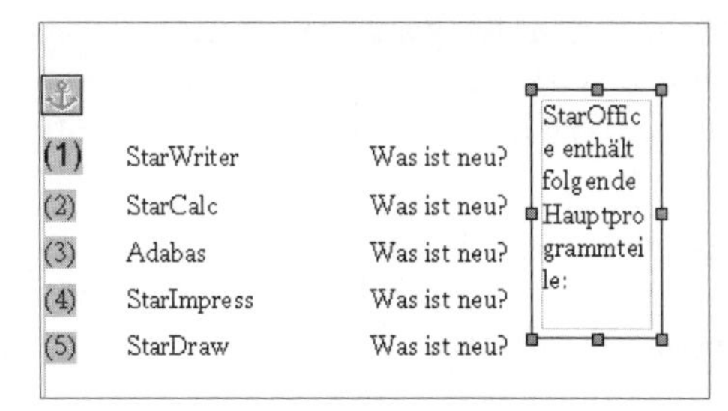

Abb. 7.24:
Ein neuer Textrahmen wurde erstellt.

Die Form des Textes sieht allerdings nicht besonders gut aus. Ändern Sie dies, indem Sie den Rahmen mit Hilfe der grünen Markierungspunkte mehr in die Breite ziehen. Ziehen Sie den Rahmen anschließend noch über Ihre Aufzählungspunkte, indem Sie den Mauszeiger auf die Umrandung bewegen. Ein vierseitiger Pfeil erscheint, und Sie können nun den Rahmen in alle Richtungen bewegen.

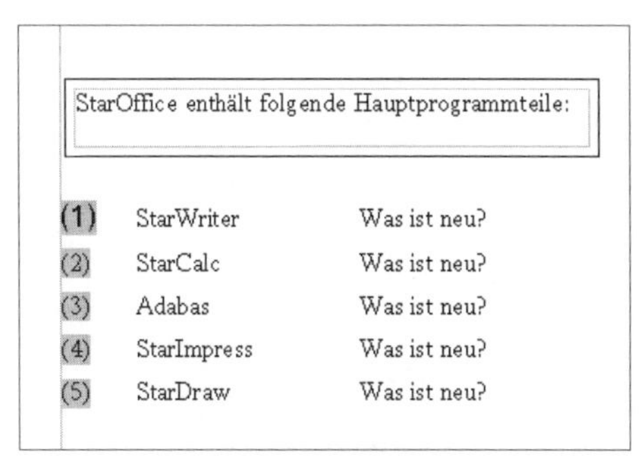

Abb. 7.25:
So sieht es schon wesentlich besser aus.

7.7 Der Spaltensatz

Vor der Erläuterung wichtiger Hilfsmittel für lange Dokumente soll noch der Spaltensatz vorgestellt werden. Bei der Lektüre Ihrer Tageszeitung ist Ihnen sicher schon aufgefallen, dass Zeitungstext in mehreren Spalten abgedruckt ist; meist sind es vier, fünf oder sechs Spalten. StarWriter bietet Ihnen ebenfalls die Möglichkeit, ein Dokument im Spaltensatz zu erstellen.

Rufen Sie dazu im Menü den Befehl *Format/Seite* auf, und klicken Sie im Fenster *Seitenvorlage: Standard* auf das Register *Spalten*. Geben Sie im Bereich *Spalten* die Anzahl der gewünschten Spalten ein.

> **Hinweis:**
> Bei dem Format DIN A4 sollten Sie nicht mehr als zwei Spalten verwenden, da sonst zu viele Trennungen von längeren Wörtern im Text dessen Aussehen negativ beeinflussen.

Im Bereich *Vorschau* wird Ihnen das Aussehen der zweispaltigen Seite angezeigt.

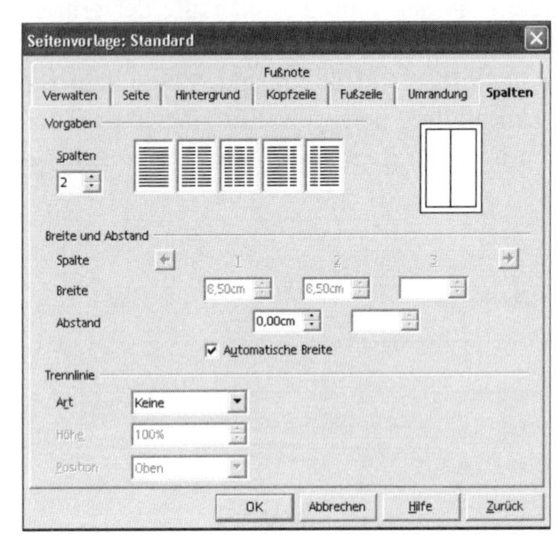

Abb. 7.26:
Suchen Sie sich die passende Spaltenanzahl für Ihr Dokument aus.

Nachdem Sie den Text in beiden Spalten eingegeben haben, sehen Sie sich das Dokument im Maßstab *Ganze Seite* mit *50%* an.

7.8 Hilfsmittel in langen Dokumenten

7.8.1 Notizen

Bei längeren Texten ist es meistens sinnvoll, Notizen einzufügen. Setzen Sie dazu den Mauszeiger auf die Stelle im Text, an der eine Notiz eingefügt werden soll, und klicken Sie im Menü auf *Einfügen/ Notiz*.

Abb. 7.27: Der Zweispalter steht für die Texteingabe bereit.

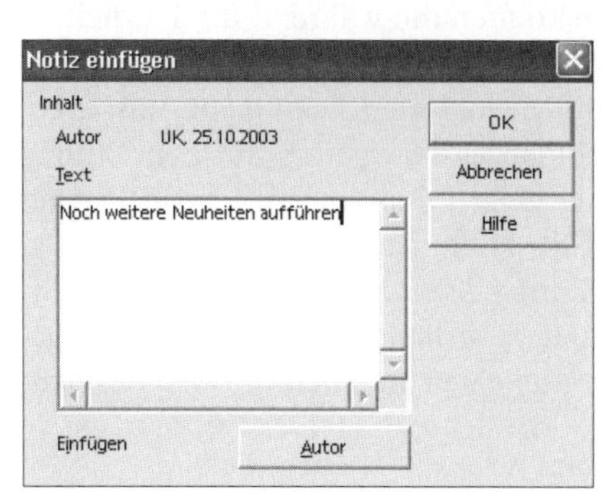

Abb. 7.28:
Legen Sie eine neue Notiz an.

Das Kürzel des Verfassers, das aktuelle Datum und die Uhrzeit werden angezeigt. Falls mehrere Personen an einem Dokument arbeiten, kann später für Rückfragen jederzeit nachgeprüft werden, wer die Notiz erstellt hat. Der jeweilige Verfasser setzt über die Schaltfläche *Autor* sein Kürzel und die Zeit, zu der er an diesem Dokument gearbeitet hat, ein.
Geben Sie im Fenster *Notiz einfügen* den Text für die Notiz ein, und klicken Sie auf *OK* (s. Abb. 7.28). Die Notiz wird in Form eines gelben Zeichens im Text dargestellt. Fährt der Bearbeiter mit der Maus auf dieses Symbol, so wird der Inhalt der Notiz angezeigt.

StarOffice 7.0 – Was ist besser ?

Die Version 7.0 enthält bessere Dateiformate und bessere Schrifteffekte. Der Datenimport aus den Microsoft-Office-Dokumenten wurde verbessert. Die bessere Version ist außerdem kompatibel zu der vorhergehenden Version 6.0.

Abb. 7.29: Eine Notiz stellt sich im Text als gelbes Symbol dar (hier grau).

7.8.2 Der Navigator

Mit Hilfe des Navigators finden Sie schnell eine bestimmte Stelle im Text. Das ist aber noch nicht alles. Der Navigator zeigt Ihnen auch Informationen über den Inhalt des Dokuments an.
Den Navigator rufen Sie über das Menü mit *Bearbeiten/Navigator* oder mit der Taste F5 auf. Sie können ihn während Ihrer Arbeit im Text aktiviert lassen und trotzdem weiter Text eingeben.
Wollen Sie z.B. einen Textrahmen in Ihrem Dokument aufspüren, dann müssen Sie im Verzeichnis des Navigators auf den Eintrag *Textrahmen* klicken. StarWriter zeigt Ihnen kurz in einem Fenster an, wie viele Rahmen mit Text Ihr Dokument enthält.
Klicken Sie doppelt auf den Eintrag *Textrahmen*. Darunter wird Ihnen die Auswahl der im Dokument vorhandenen Textrahmen angezeigt. In unserem Fall gibt es nur einen Rahmen mit der Bezeichnung *rahmen1*.

Um jetzt in diesen Rahmen zu gelangen, führen Sie einen Doppelklick auf diese Auswahlmöglichkeit aus. Der Cursor springt dann in diesen Rahmen und steht dort am Anfang des Textes.

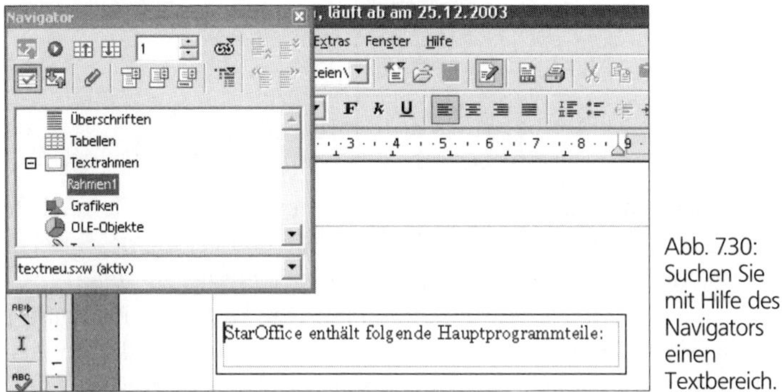

Abb. 7.30: Suchen Sie mit Hilfe des Navigators einen Textbereich.

Sie können mit Hilfe des Navigators auch an eine bestimmte Stelle des Dokuments springen. Geben Sie im Feld ganz oben in der Mitte des Navigatorfensters die Zahl der Seite ein, zu der Sie sich begeben möchten. Der Cursor springt dann sofort an den Anfang dieser Seite.

Abb. 7.31: Geben Sie die Seite an, zu der Sie gelangen wollen.

7.8.3 Textmarken

Bei großen Projekten ist die Verwendung von Textmarken recht hilfreich. Um z.B. Stellen im Text zu markieren, an denen Sie noch etwas einfügen oder ändern wollen, greifen Sie auf die Funktion *Textmarke* zurück.

Setzen Sie den Mauszeiger an die Stelle im Dokument, an der Sie eine Textmarke wünschen, und rufen Sie die Menüoption *Einfügen/Textmarke* auf. Im Fenster *Textmarke einfügen* geben Sie dann den Namen für diese Textmarke ein. Bestätigen Sie mit *OK*.

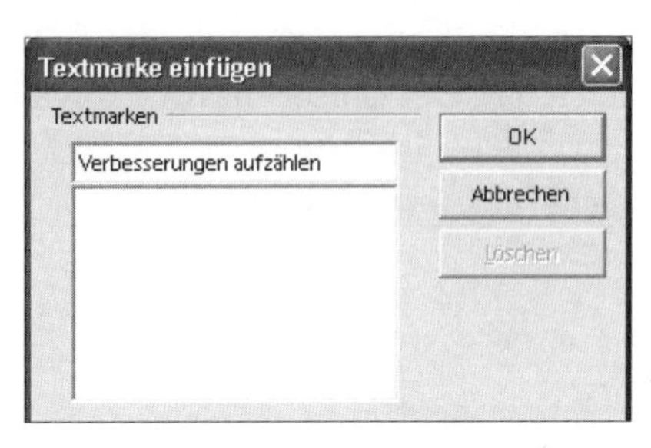

Abb. 7.32:
Legen Sie eine Textmarke fest.

Setzen Sie den Cursor an die Stelle des Textes, an der die nächste Textmarke stehen soll, und wiederholen Sie den gerade beschriebenen Vorgang. Jede neu eingegebene Bezeichnung für eine Textmarke wird in eine Liste übernommen. Mit Hilfe des Navigators können Sie die benötigte Textmarke aus dieser Liste wieder heraussuchen. Klicken Sie im Navigator doppelt auf den Eintrag *Textmarken*. Die Namen der vorhandenen Textmarken werden Ihnen im Fenster unter *Textmarken* in einer Liste angezeigt. Um diese Liste zu öffnen, können Sie auch das Plus-Zeichen vor dem Eintrag *Textmarken* anklicken.

Wenn Sie jetzt einen Doppelklick auf eine der Bezeichnungen ausführen, gelangen Sie sofort zu der entsprechenden Stelle im Text, an der die Textmarke gesetzt wurde.

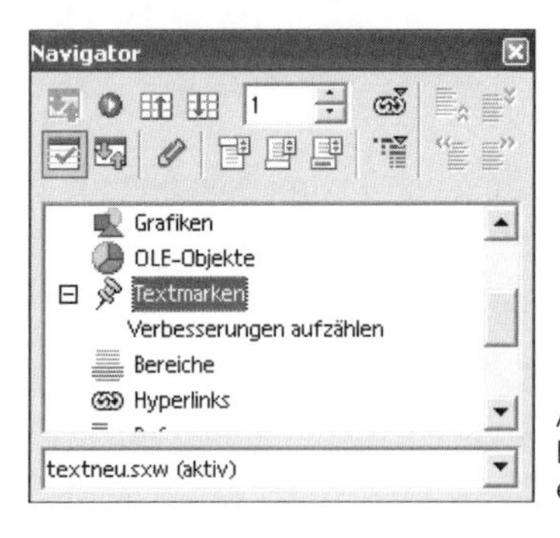

Abb. 7.33:
Der Navigator hilft Ihnen bei der Suche nach einer Textmarke.

7.8.4 Merker

Außer den Textmarken können Sie noch Merker für die Navigation durch Ihren Text benutzen. Die unsichtbaren Merker können Sie jedoch nicht mit Namen bezeichnen und auch nicht direkt, sondern nur nacheinander anspringen.
Einen Merker setzen Sie, indem Sie den Cursor auf die entsprechende Stelle im Text bewegen und dann auf das Symbol *Merker setzen* im Navigatorfenster klicken.

Abb. 7.34:
Mit diesem Symbol verankern Sie einen Merker in Ihrem Dokument.

Um jetzt zu den einzelnen Merkern vor- oder zurückzublättern, verwenden Sie die beiden Symbole mit dem Pfeil, die Sie am oberen Rand des Navigators finden.

Abb. 7.35:
Diese beiden Symbole führen in Ihrem Text zu den Merkern.

Hinweis:
Die Merker sind nur im aktuellen Dokument aktiv. Sobald Sie Ihr Dokument wieder schließen, werden sie gelöscht; Sie können diese also nicht speichern. Bei einem erneuten Aufruf des Dokuments sind sie nicht mehr vorhanden.

8. Drucken unter StarWriter

In diesem Kapitel erfahren Sie einiges über die Druckmöglichkeiten unter StarWriter.

8.1 Der Druck von Dokumenten

Um unter StarWriter ein Dokument auszudrucken, muss dieses Dokument aktiv sein. Starten Sie das Fenster, in dem Ihre bisher gespeicherten Dokumente abgelegt sind, über das Menü mit *Datei/Öffnen*, oder verwenden Sie die Tastenkombination [Strg]+[O].

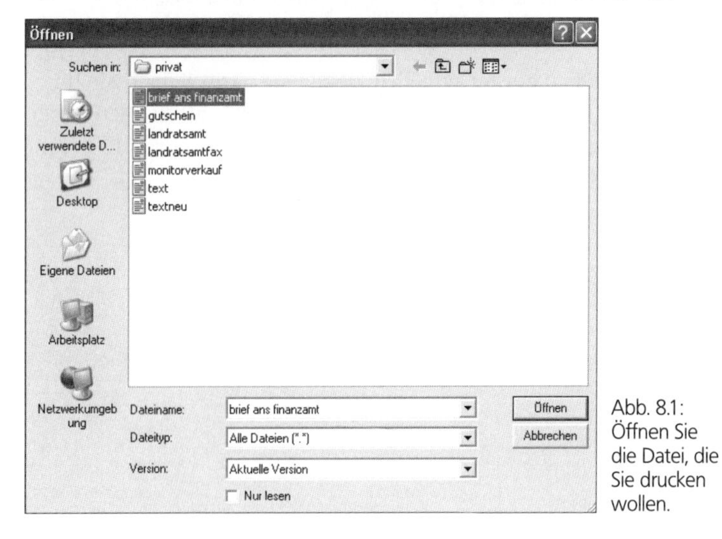

Abb. 8.1: Öffnen Sie die Datei, die Sie drucken wollen.

In dem Fenster sind nicht nur die StarWriter-Dateien abgelegt, sondern auch die Dateien aus anderen Textverarbeitungsprogrammen, die sich auf Ihrem PC befinden, wie z.B. Word. Die StarWriter-Dateien erkennen Sie an dem Symbol, das wie ein Briefbogen aussieht.

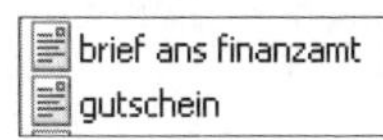

Abb. 8.2:
StarWriter-Dateien erkennen Sie an ihrem Symbol.

Sie erinnern sich? Sie hatten für den in Kapitel 3 erstellten Handzettel einen Ordner mit dem Namen *privat* angelegt. Klicken Sie jetzt doppelt auf diesen Ordner, und starten Sie die Datei *monitorverkauf*, ebenfalls durch Doppelklick. Der besagte Handzettel erscheint am Bildschirm. Um ihn auszudrucken, klicken Sie auf das Druckersymbol in der Funktionsleiste.

Abb. 8.3:
Starten Sie über dieses Symbol einen Druckvorgang.

Damit liegt Ihnen aber erst ein Ausdruck vor. Bei 100 oder noch mehr Ausdrucken wird diese Aktion ganz schön aufwendig. Wählen Sie daher für eine größere Menge von Drucken einen anderen Weg. Klicken Sie im Menü auf den Befehl *Datei/Drucken* oder verwenden Sie die Tastenkombination [Strg]+[P]. StarWriter öffnet das Fenster *Drucken*. Der Typ Ihres angeschlossenen Druckers ist bereits angegeben.

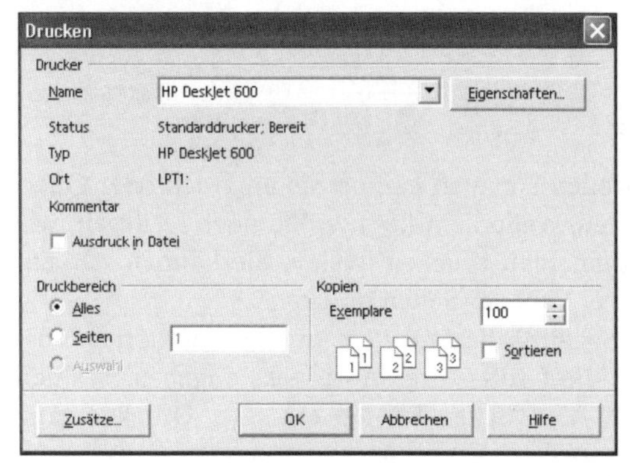

Abb. 8.4:
Geben Sie die Anzahl der Drucke an.

Im Bereich *Kopien* tippen Sie entweder die Zahl der zu druckenden Handzettel ein, oder Sie arbeiten sich mit Hilfe der Pfeiltasten am rechten Rand dieses Eingabefensters zu der gewünschten Zahl empor (s. Abb. 8.4).

Ein weiteres Manko ist die Größe. Der Ausdruck erfolgt im DIN-A4-Format. Handzettel werden aber normalerweise im DIN-A5-Format verteilt. Ändern Sie die Größe, indem Sie das Feld *Eigenschaften* anklicken. Im Fenster *Eigenschaften* werden Ihnen die verschiedenen Papiergrößen angezeigt.

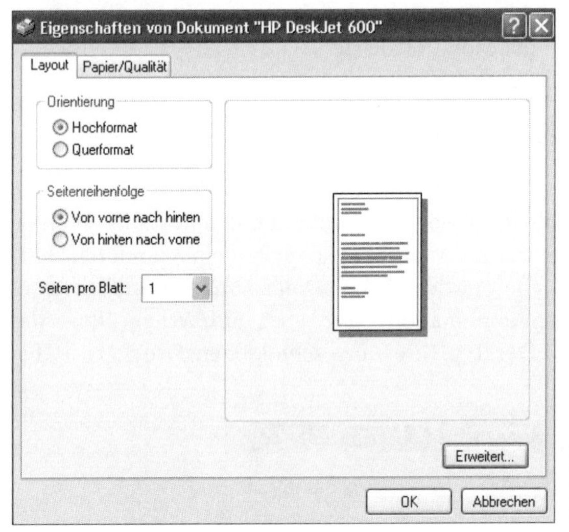

Abb. 8.5: Nehmen Sie Ihre Druckeinstellungen vor.

In diesem Fenster stellen Sie auch ein, ob Sie im Hoch-oder Querformat drucken wollen. Außerdem können Sie noch festlegen, wie viele Seiten Sie auf ein Blatt drucken wollen. Sie können z.B. auf ein DIN-A4-Blatt zwei DIN-A5-Seiten drucken.

Klicken Sie auf die Schaltfläche *Erweitert*. In einem weiteren Fenster können Sie jetzt die Größe Ihres Ausdrucks angeben. Wählen Sie das Format DIN A5. Klicken Sie auf *OK*. Der Druckvorgang startet.

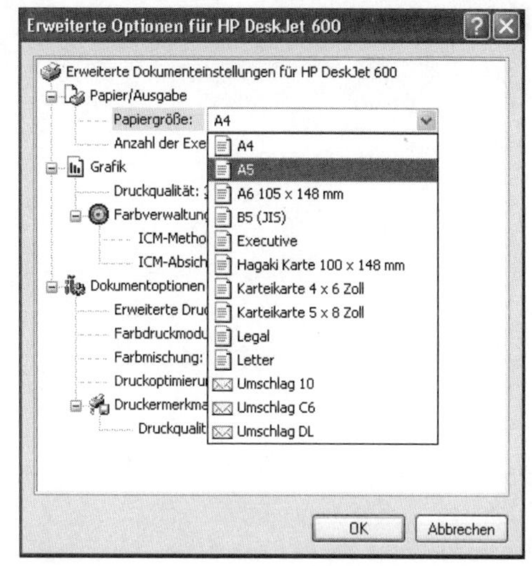

Abb. 8.6:
Suchen Sie sich das richtige Druckformat aus.

Wollen Sie bei einem größeren Dokument nur bestimmte Seiten ausdrucken, dann geben Sie im Fenster *Drucken* unter *Druckbereich* an, welche Seiten dies sind. Aktivieren Sie die Option *Seiten*, und geben Sie, um nur die gewünschten Seiten auszudrucken, die einzelnen Seiten folgendermaßen ein: *1;2;4*. Nehmen Sie eine Eingabe in der Form *1-12* vor, dann werden die ersten 12 Seiten des Dokuments gedruckt.

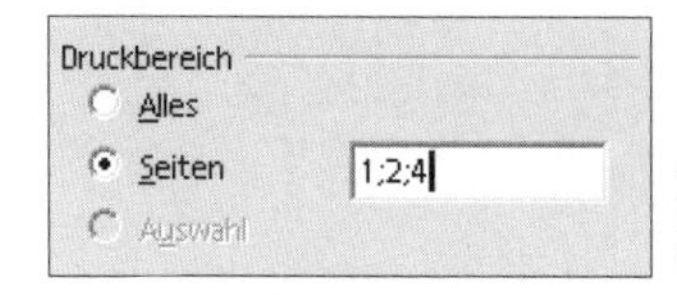

Abb. 8.7:
Es sollen nur bestimmte Seiten ausgedruckt werden.

Über den Schalter *Zusätze* erreichen Sie ein Fenster für das Einstellen von anderen Druckoptionen. Hier geben Sie an, ob Sie Grafiken oder Tabellen mit ausdrucken wollen oder ob Sie nur die linken bzw. die rechten Seiten eines Dokuments ausgedruckt haben wollen.

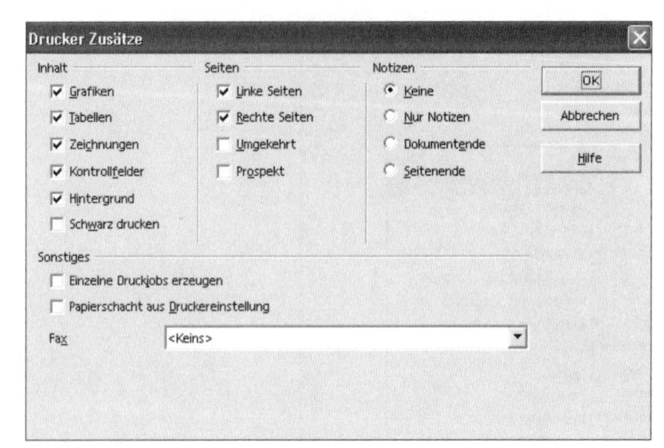

Abb. 8.8: Legen Sie fest,. was ausgedruckt werden soll.

Über das Menü *Datei/Seitendruck* können Sie mehrere Seiten auf einem Blatt ausdrucken.

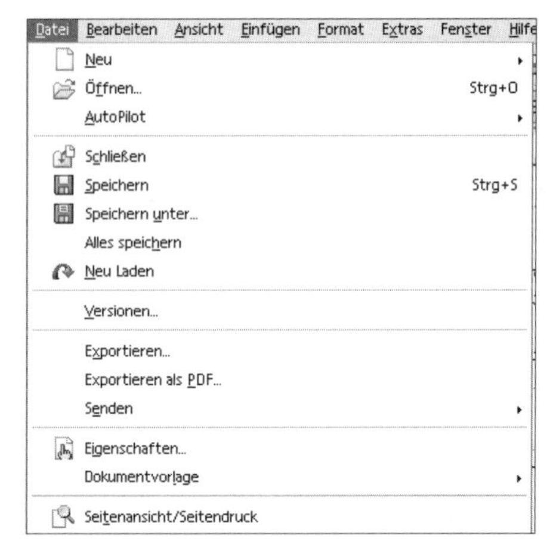

Abb. 8.9: Starten Sie die Seitenansicht.

Klicken Sie in der Objektleiste auf das Symbol für zwei oder für vier Seiten, je nachdem, welches gerade aktiv ist, um die Seiten am Bildschirm aufgelistet zu bekommen.

Aktivieren Sie in der Objektleiste das Symbol *Drucken/Seitenansicht,* um die Daten zum Drucker zu schicken.

Abb. 8.10:
Mit diesem Symbol starten Sie den Druck von vier Seiten auf einem Blatt.

8.2 Der Prospektdruck

Mehrseitige Texte können Sie mit StarWriter als Prospekte ausdrucken. Ein Prospekt ist üblicherweise folgendermaßen aufgebaut: Zwei Seiten befinden sich nebeneinander auf einer Seite im Querformat, und das Papier ist auf beiden Seiten bedruckt.

Hinweis:
Stellen Sie vor einem Prospektdruck das Druckerformat von Hoch- auf Querformat um, sonst werden die Seiten verkleinert nur in die obere Hälfte des Blattes gedruckt.

1. Rufen Sie im Menü den Befehl *Extras/Optionen* auf. Gehen Sie mit dem Cursor auf *Textdokument/Drucken*.

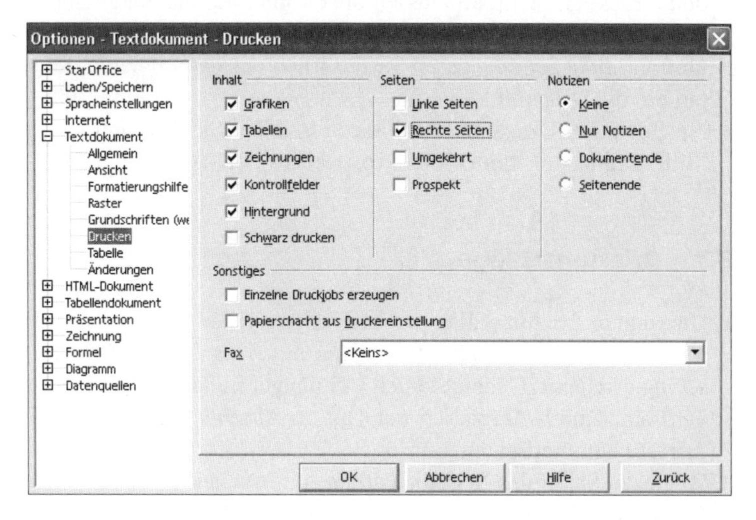

Abb. 8.11: In diesem Fenster legen Sie die Voreinstellungen für den Prospektdruck fest.

2. Deaktivieren Sie im Bereich *Seiten* die Option *Linke Seiten*. Somit werden nur die rechten Seiten auf Ihrem Prospekt gedruckt. Die Option *Prospekt* müssen Sie natürlich ebenfalls aktivieren. Klicken Sie auf *OK*.
3. Starten Sie den Druckvorgang über das Druckersymbol, oder verwenden Sie die Tastenkombination [Strg]+[P].

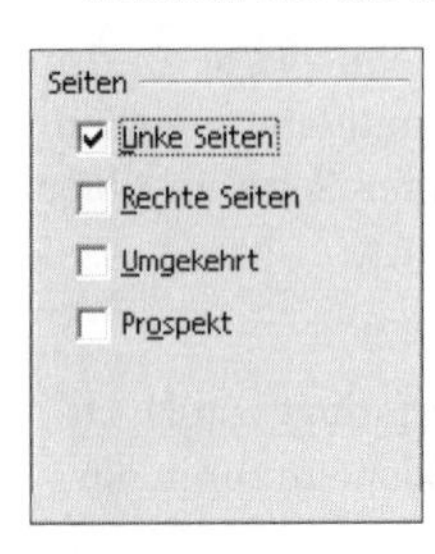

Abb. 8.12:
Drucken Sie erst die rechten Seiten Ihres Dokuments als Prospekt.

4. Nehmen Sie nach dem Druck das Blatt aus dem Schacht des Druckers, und drehen Sie es um. Legen Sie die Seiten wieder in den Druckerschacht, und lassen Sie diesmal nur die linken Seiten drucken, indem Sie die Option *Rechte Seiten* deaktivieren. Die Option *Linke Seiten* müssen Sie natürlich wieder aktivieren. Starten Sie die Druckfunktion mit [Strg]+[P].
5. Nachdem der Druck abgeschlossen ist, falten Sie das Blatt in der Mitte und haben somit einen Prospekt im DIN-A5-Format.

8.3 Briefumschläge

1. Um einen Briefumschlag zu bedrucken, rufen Sie zuerst den Menübefehl *Einfügen/Briefumschlag* auf. Das Fenster *Briefumschlag* erscheint. Geben Sie den Empfänger in das entsprechende Feld ein. Durch Aktivieren der Option *Absender* fügen Sie Ihre Adresse automatisch ein.
2. Wechseln Sie in das Register *Format*, und suchen Sie in der Liste *Format* das Entsprechende aus. Die Größe dieses Formats wird automatisch angezeigt.

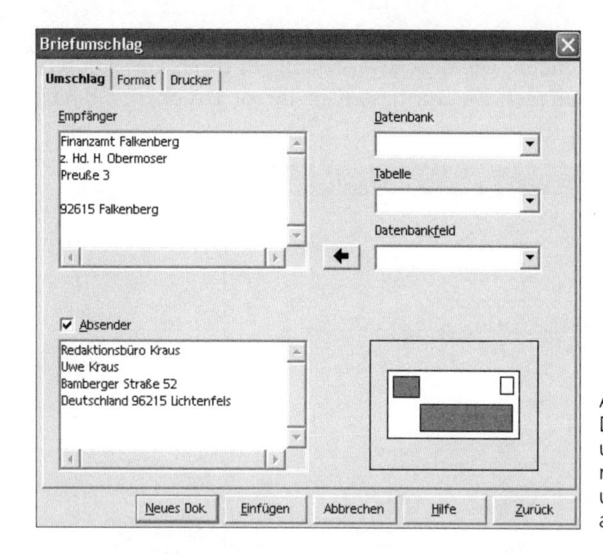

Abb. 8.13: Der Briefumschlag wird mit Absender- und Empfängeradresse versehen.

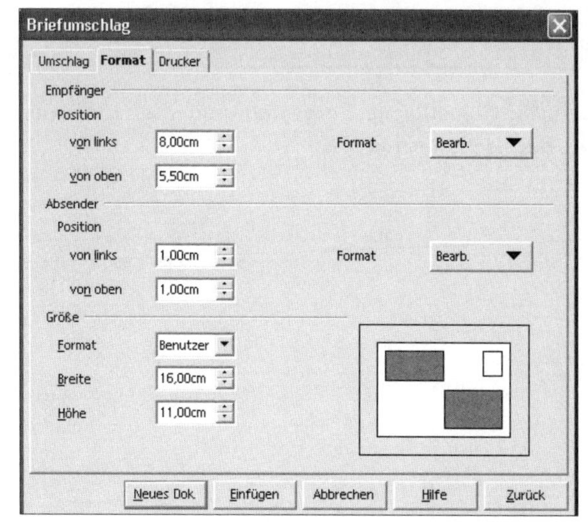

Abb. 8.14: Suchen Sie das richtige Format aus.

3. Zum Schluss wechseln Sie noch in das Register *Drucker* und wählen aus den angezeigten sechs Abbildungen diejenige aus, welche die richtige Position des Briefumschlags in Ihrem Drucker anzeigt. Um herauszufinden, wie das Kuvert richtig in Ihren Drucker eingelegt wird, schauen Sie am besten in Ihrem Druckerhandbuch nach.

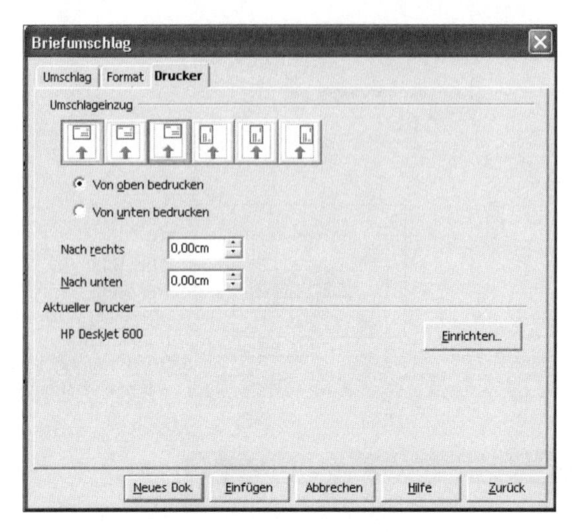

Abb. 8.15: Wählen Sie den richtigen Einschub des Briefumschlags aus.

4. Klicken Sie auf die Schaltfläche *Einrichten*, und starten Sie den Druckvorgang über den Schalter *OK*.

9. Visitenkarten und Besonderheiten

Die Möglichkeiten, Dokumente für bestimmte Zwecke zu erstellen oder Texte zu verfeinern, sind in StarOffice vielfältig. Dieses Kapitel zeigt eine Auswahl besonders nützlicher Optionen.

9.1 Visitenkarten

Visitenkarten sind aus dem heutigen Alltag eines Geschäftsmannes nicht mehr wegzudenken. Bei Kundenbesuchen, auf Messen und ähnlichen Veranstaltungen benötigt er diese für seine bestehenden und zukünftigen Kunden.

9.1.1 Visitenkarten vorbereiten

Mit dem Modul *Etikett* erzeugen Sie in Minutenschnelle dieses wichtige Dokument. Gehen Sie den Weg *Datei/Neu/Etiketten* im Menü.

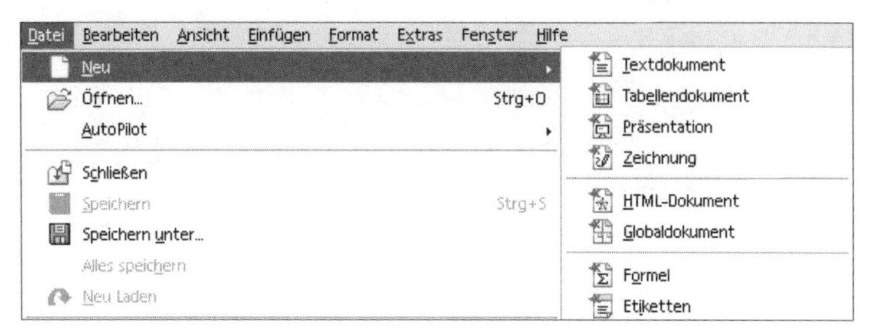

Abb. 9.1: Wählen Sie diesen Weg, um Visitenkarten zu erstellen.

StarWriter wechselt in das Fenster *Etiketten*, denn dieses Modul bietet eine gute und schnelle Möglichkeit, Visitenkarten herzustellen (s. Abb. 9.2).

Für die Übernahme Ihrer eigenen Adresse aktivieren Sie das Optionsfeld *Adresse* über dem Eingabefeld für die Adresse (s. Abb. 9.3).

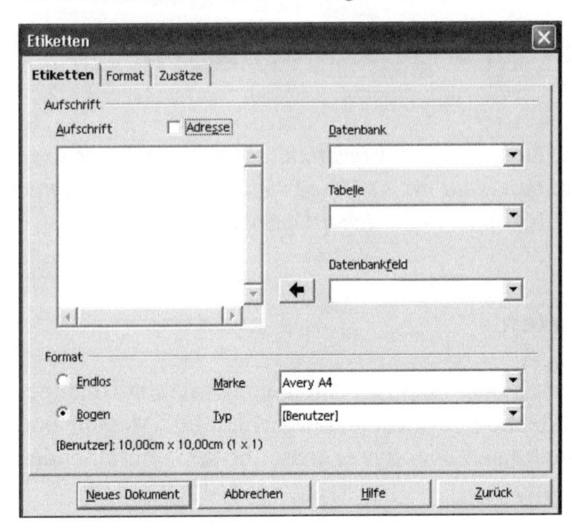

Abb. 9.2:
In diesem Fenster wird der Visitenkartendruck vorbereitet.

Abb. 9.3:
Weisen Sie Ihre Adresse zu.

Suchen Sie den Namen des Visitenkarten-Herstellers aus der Liste *Marke* aus. Markieren Sie dann noch aus der Liste *Typ* die Auswahl *Visitenkarten* und, falls es hier verschiedene Größen gibt, natürlich noch die entsprechende Größe. Achten Sie auch darauf, dass die Option *Bogen* aktiviert ist.

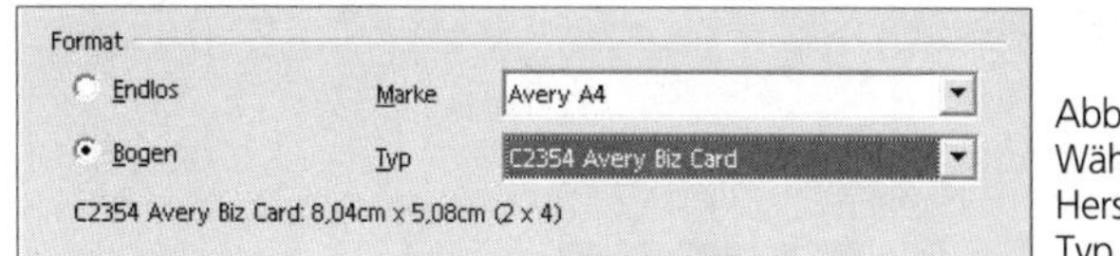

Abb. 9.4: Wählen Sie den Hersteller und den Typ aus.

Klicken Sie die Schaltfläche *Neues Dokument* an. Die Visitenkarten mit dem Inhalt erscheinen am Bildschirm.

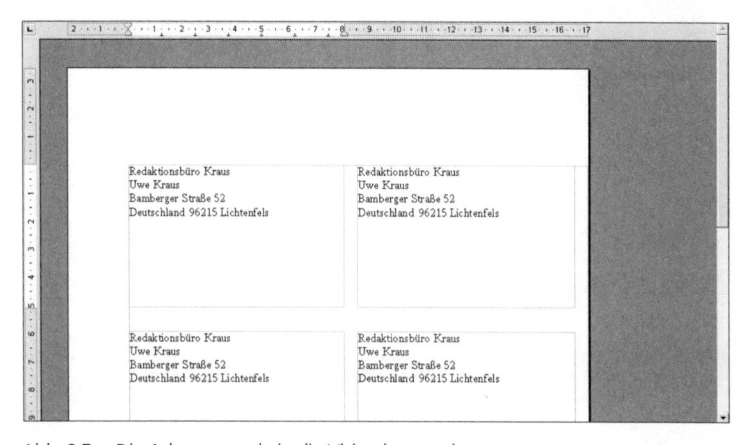

Abb. 9.5: Die Adresse wurde in die Visitenkarten übernommen.

9.1.2 Grafik einfügen

Sie können die Visitenkarten jetzt mit weiteren Einträgen oder einer Grafik versehen. Falls Sie ein Logo einfügen wollen, setzen Sie es mit dem Befehl *Einfügen/Grafik* in die erste Visitenkarte unter den Text, positionieren es und stellen die richtige Größe ein (s. Abb. 9.6 und Abb. 9.7).

Dann klicken Sie in die Grafik, drücken die Tastenkombination Strg+C, setzen den Mauszeiger in die nächste Visitenkarte und drücken Strg+V. Eine Kopie der Grafik wird in die zweite Visitenkarte übernommen.

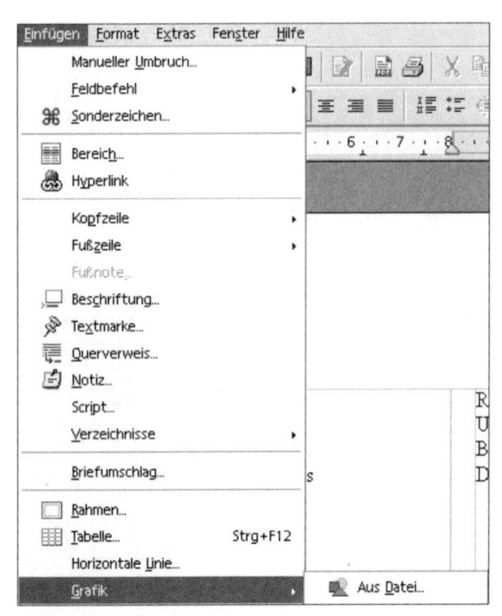

Abb. 9.6:
Begeben Sie sich zur Grafikauswahl...

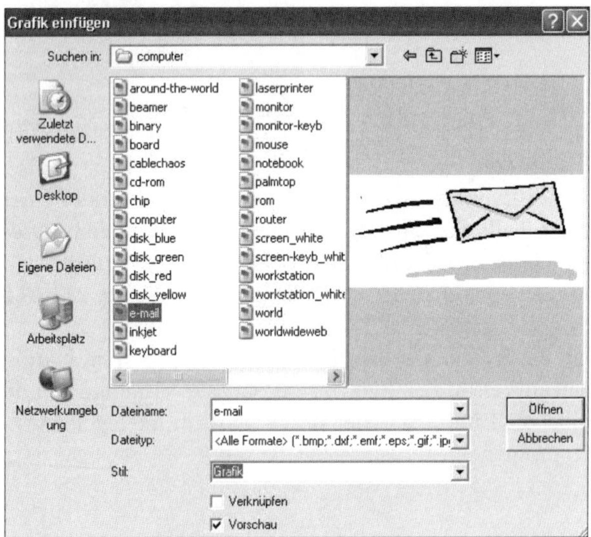

Abb. 9.7:
... und wählen Sie eine Grafik aus.

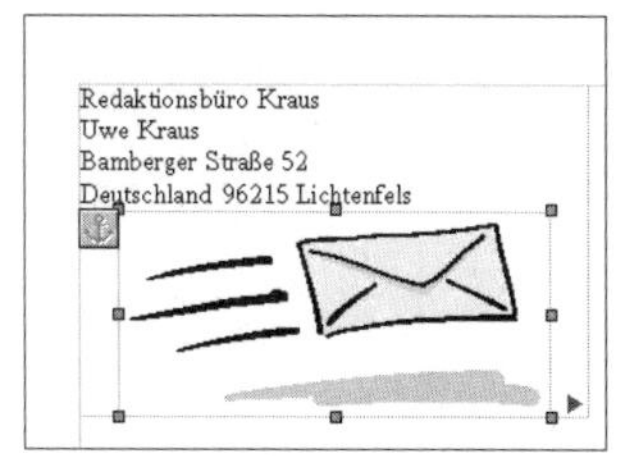

Abb. 9.8:
Die Grafik wird übernommen.

Klicken Sie jetzt in die dritte Visitenkarte, und verwenden Sie wieder [Strg]+[V]. Fahren Sie so fort, bis sich das Logo in allen Visitenkarten befindet.

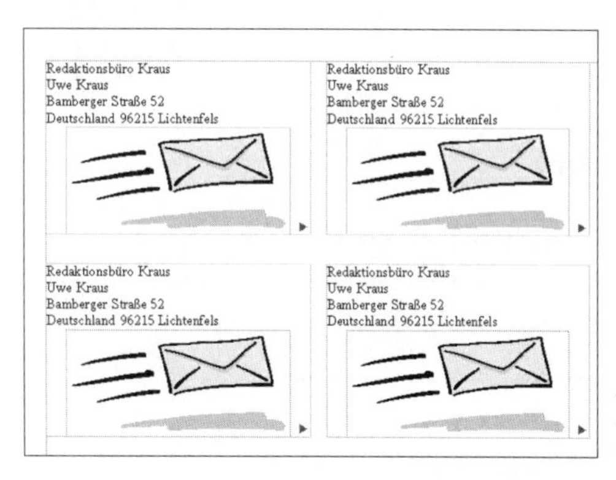

Abb. 9.9:
Jede Visitenkarte ist jetzt mit der Grafik ausgestattet.

Klicken Sie im Menü auf *Datei/Drucken*, und geben Sie an, wie viele Bögen der Visitenkarten gedruckt werden sollen. Bestätigen Sie danach mit *OK*. Speichern Sie das Dokument *Visitenkarten* ab.

Speicherplatz sparen

Um Speicherplatz zu sparen, haben Sie die Möglichkeit, in der Leiste links am Bildschirmrand das Symbol *Grafik* zu drücken.

Abb. 9.10:
Durch die Verwendung dieses Symbols sparen Sie wertvollen Speicherplatz.

Anstelle der Grafik wird in Ihren Visitenkarten ein Platzhalter mit einer Nummerierung der ersetzten Grafik eingefügt.

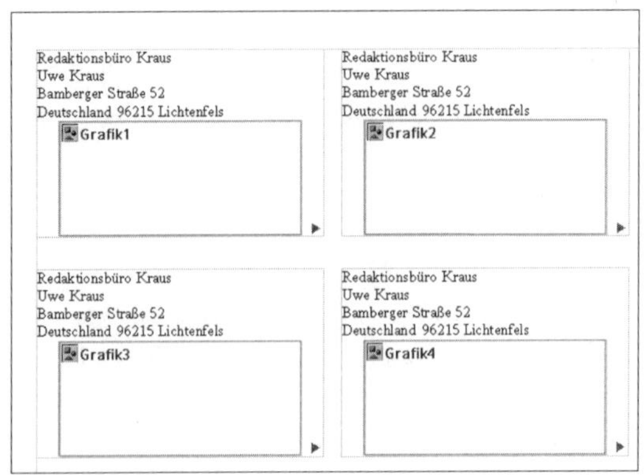

Abb. 9.11: Die Grafiken werden durch einen Platzhalter ersetzt.

9.2 Texte verfeinern

In diesem Abschnitt erfahren Sie noch Spezielles über die Arbeit mit StarWriter. Sie lernen z.B. die Drucksteuerzeichen kennen.

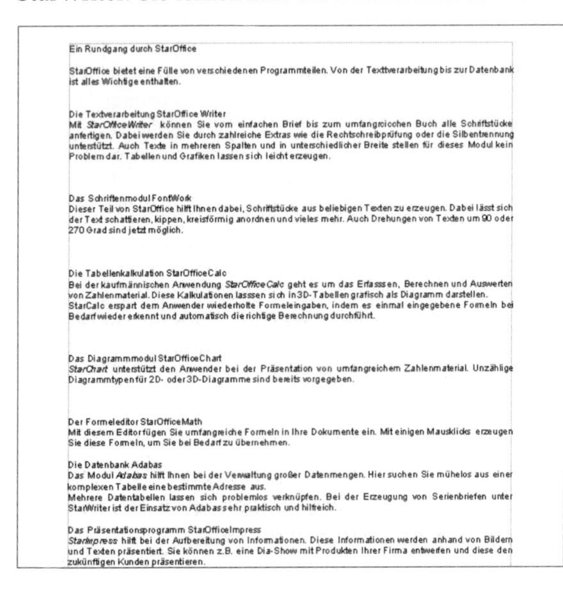

Ein Rundgang durch StarOffice

StarOffice bietet eine Fülle von verschiedenen Programmteilen. Von der Texttverarbeitung bis zur Datenbank ist alles Wichtige enthalten.

Die Textverarbeitung StarOffice Writer
Mit *StarOfficeWriter* können Sie vom einfachen Brief bis zum umfangreicchen Buch alle Schriftstücke anfertigen. Dabei werden Sie durch zahlreiche Extras wie die Rechtschreibprüfung oder die Silbentrennung unterstützt. Auch Texte in mehreren Spalten und in unterschiedlicher Breite stellen für dieses Modul kein Problem dar. Tabellen und Grafiken lassen sich leicht erzeugen.

Das Schriftenmodul FontWork
Dieser Teil von StarOffice hilft Ihnen dabei, Schriftstücke aus beliebigen Texten zu erzeugen. Dabei lässt sich der Text schattieren, kippen, kreisförmig anordnen und vieles mehr. Auch Drehungen von Texten um 90 oder 270 Grad sind jetzt möglich.

Die Tabellenkalkulation StarOfficeCalc
Bei der kaufmännischen Anwendung *StarOfficeCalc* geht es um das Erfasssen, Berechnen und Auswerten von Zahlenmaterial. Diese Kalkulationen lasssen sich in 3D-Tabellen grafisch als Diagramm darstellen.
StarCalc erspart dem Anwender wiederholte Formeleingaben, indem es einmal eingegebene Formeln bei Bedarf wieder erkennt und automatisch die richtige Berechnung durchführt.

Das Diagrammmodul StarOfficeChart
StarChart unterstützt den Anwender bei der Präsentation von umfangreichem Zahlenmaterial. Unzählige Diagrammtypen für 2D- oder 3D-Diagramme sind bereits vorgegeben.

Der Formeleditor StarOfficeMath
Mit diesem Editor fügen Sie umfangreiche Formeln in Ihre Dokumente ein. Mit einigen Mausklicks erzeugen Sie diese Formeln, um Sie bei Bedarf zu übernehmen.

Die Datenbank Adabas
Das Modul *Adabas* hilft Ihnen bei der Verwaltung großer Datenmengen. Hier suchen Sie mühelos aus einer komplexen Tabelle eine bestimmte Adresse aus.
Mehrere Datentabellen lassen sich problemlos verknüpfen. Bei der Erzeugung von Serienbriefen unter StarWriter ist der Einsatz von Adabas sehr praktisch und hilfreich.

Das Präsentationsprogramm StarOfficeImpress
StarImpress hilft bei der Aufbereitung von Informationen. Diese Informationen werden anhand von Bildern und Texten präsentiert. Sie können z.B. eine Dia-Show mit Produkten Ihrer Firma entwerfen und diese den zukünftigen Kunden präsentieren.

Abb. 9.12: Die Abstände sind ungleichmäßig.

9.2.1 Absatzabstände

Im in Abbildung 9.12 abgebildeten Dokument sind die Abstände der einzelnen Blocks ziemlich unregelmäßig.

Um in einem Dokument die Abstände zwischen den Absätzen gleichmäßig zu gestalten, bietet Ihnen StarWriter eine besondere Hilfe an: die Drucksteuerzeichen. Sie finden das Symbol dafür in der linken vertikalen Leiste am Bildschirmrand.

Abb. 9.13:
Das Symbol für die Drucksteuerzeichen

Nachdem Sie das Symbol angeklickt haben, werden Ihnen die Drucksteuerzeichen in Ihrem Dokument angezeigt.

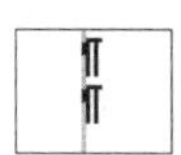

Abb. 9.14:
Die Drucksteuerzeichen

Ein Rundgang durch StarOffice

StarOffice bietet eine Fülle von verschiedenen Programmteilen. Von der Texttverarbeitung bis zur Datenbank ist alles Wichtige enthalten.

Die Textverarbeitung StarOffice Writer
Mit *StarOfficeWriter* können Sie vom einfachen Brief bis zum umfangrciochen Buch alle Schriftstücke anfertigen. Dabei werden Sie durch zahlreiche Extras wie die Rechtschreibprüfung oder die Silbentrennung unterstützt. Auch Texte in mehreren Spalten und in unterschiedlicher Breite stellen für dieses Modul kein Problem dar. Tabellen und Grafiken lassen sich leicht erzeugen.

Das Schriftenmodul FontWork
Dieser Teil von StarOffice hilft Ihnen dabei, Schriftstücke aus beliebigen Texten zu erzeugen. Dabei lässt sich der Text schattieren, kippen, kreisförmig anordnen und vieles mehr. Auch Drehungen von Texten um 90 oder 270 Grad sind jetzt möglich.

Die Tabellenkalkulation StarOfficeCalc
Bei der kaufmännischen Anwendung *StarOfficeCalc* geht es um das Erfasssen, Berechnen und Auswerten von Zahlenmaterial. Diese Kalkulationen lasssen sich in 3D-Tabellen grafisch als Diagramm darstellen.
StarCalc erspart dem Anwender wiederholte Formeleingaben, indem es einmal eingegebene Formeln bei Bedarf wieder erkennt und automatisch die richtige Berechnung durchführt.

Das Diagrammmodul StarOfficeChart
StarChart unterstützt den Anwender bei der Präsentation von umfangreichem Zahlenmaterial. Unzählige Diagrammtypen für 2D- oder 3D-Diagramme sind bereits vorgegeben.

Der Formeleditor StarOfficeMath
Mit diesem Editor fügen Sie umfangreiche Formeln in Ihre Dokumente ein. Mit einigen Mausklicks erzeugen Sie diese Formeln, um Sie bei Bedarf zu übernehmen.

Die Datenbank Adabas
Das Modul *Adabas* hilft Ihnen bei der Verwaltung großer Datenmengen. Hier suchen Sie mühelos aus einer komplexen Tabelle eine bestimmte Adresse aus.
Mehrere Datentabellen lassen sich problemlos verknüpfen. Bei der Erzeugung von Serienbriefen unter StarWriter ist der Einsatz von Adabas sehr praktisch und hilfreich.

Das Präsentationsprogramm StarOfficeImpress
StarImpress hilft bei der Aufbereitung von Informationen. Diese Informationen werden anhand von Bildern und Texten präsentiert. Sie können z.B. eine Dia-Show mit Produkten Ihrer Firma entwerfen und diese den zukünftigen Kunden präsentieren.

Abb. 9.15:
Gleiche Abstände sehen besser aus.

Verringern oder vergrößern Sie nun je nach Belieben die Abstände zwischen den einzelnen Textblocks, um zum Schluss einen gleichmäßigen Abstand zu bekommen.

9.2.2 Textrahmen

Um in einem Text auf etwas Besonderes hinzuweisen, können Sie sich einfach der Textrahmen bedienen.

1. Setzen Sie dazu den Cursor an die Stelle im Text, an welcher der Rahmen erscheinen soll.
2. Starten Sie dann im Menü den Befehl *Einfügen/Rahmen*, um das Dialogfenster *Rahmen* aufzurufen.

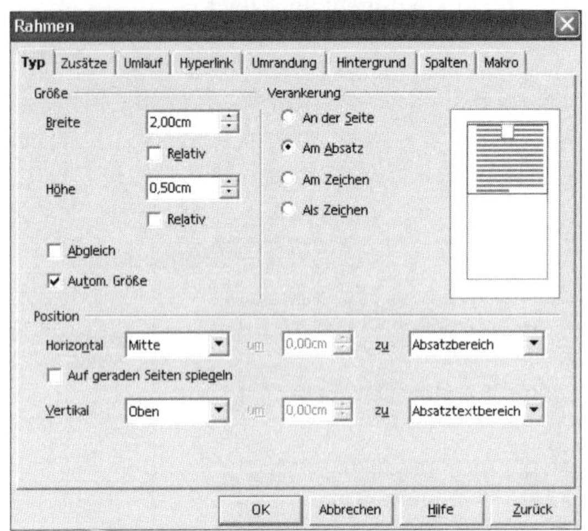

Abb. 9.16: Legen Sie hier die Einstellungen für Ihren Rahmen fest.

3. Nachdem Sie mit *OK* bestätigt haben, fügt sich der Rahmen in den Text ein.

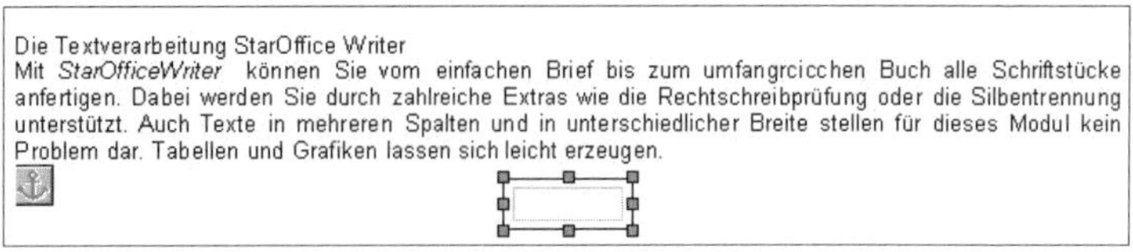

Die Textverarbeitung StarOffice Writer
Mit *StarOfficeWriter* können Sie vom einfachen Brief bis zum umfangrcicchen Buch alle Schriftstücke anfertigen. Dabei werden Sie durch zahlreiche Extras wie die Rechtschreibprüfung oder die Silbentrennung unterstützt. Auch Texte in mehreren Spalten und in unterschiedlicher Breite stellen für dieses Modul kein Problem dar. Tabellen und Grafiken lassen sich leicht erzeugen.

Abb. 9.17: Der Rahmen hat sich eingefügt.

4. Der Rahmen ist mit kleinen Quadraten an den Ecken gekennzeichnet. Klicken Sie jeweils das linke und rechte Quadrat in der Rahmenmitte an, und ziehen Sie mit gedrückt gehaltener linker Maustaste solange nach links bzw. nach rechts, bis der Rahmen die Länge der Seitenbreite erreicht hat.

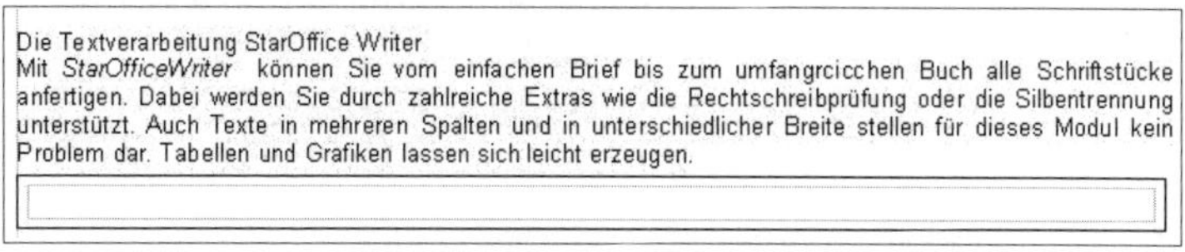

Die Textverarbeitung StarOffice Writer
Mit StarOfficeWriter können Sie vom einfachen Brief bis zum umfangrcicchen Buch alle Schriftstücke anfertigen. Dabei werden Sie durch zahlreiche Extras wie die Rechtschreibprüfung oder die Silbentrennung unterstützt. Auch Texte in mehreren Spalten und in unterschiedlicher Breite stellen für dieses Modul kein Problem dar. Tabellen und Grafiken lassen sich leicht erzeugen.

Abb. 9.18: Der Rahmen wurde auf Seitenbreite vergrößert.

5. Um den Rahmen noch etwas auffälliger zu gestalten, fügen Sie jetzt noch eine Farbe ein. Klicken Sie dazu den Rahmen mit der rechten Maustaste an, wählen Sie den Eintrag *Rahmen*, um das Dialogfenster *Rahmen* zu öffnen.
6. Wählen Sie das Register *Hintergrund*, und suchen Sie aus der Farbskala die passende Hintergrundfarbe aus.

Rahmen
Typ
Zusätze
Umlauf
Hyperlink
Umrandung
Hintergrund
Spalten
Makro
Als
Farbe
Hintergrundfarbe
Keine Füllung
Transparenz
0%
Blaugrau
OK
Abbrechen
Hilfe
Zurück

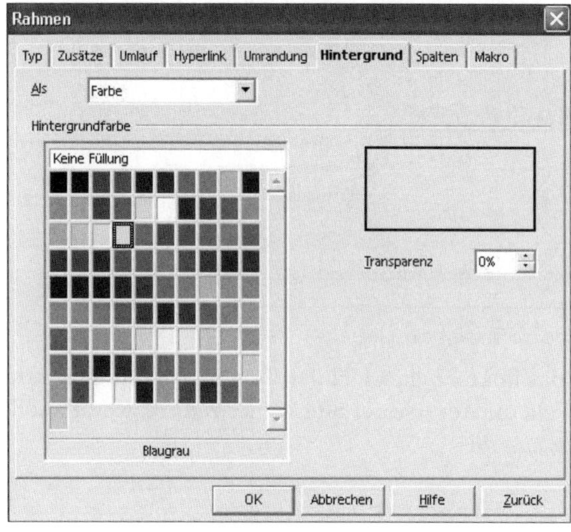

Abb. 9.19: Wählen Sie eine Farbe aus.

7. Geben Sie jetzt noch Ihren Text in den Rahmen ein, und zentrieren Sie diesen. Der Text steht jetzt in der Mitte des Rahmens, und die Hintergrundfarbe ist zugewiesen.

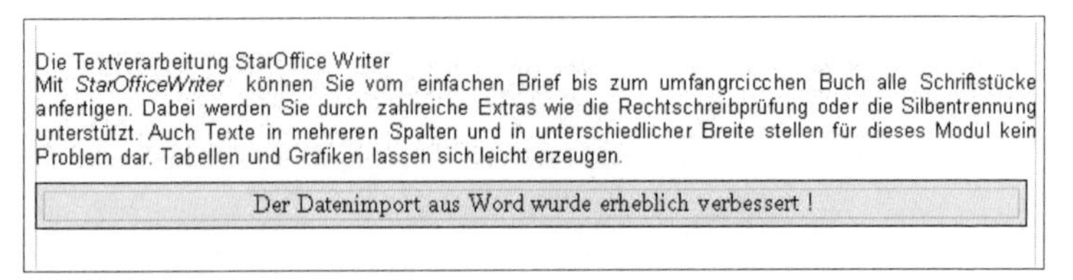
Die Textverarbeitung StarOffice Writer
Mit *StarOfficeWriter* können Sie vom einfachen Brief bis zum umfangrcicchen Buch alle Schriftstücke anfertigen. Dabei werden Sie durch zahlreiche Extras wie die Rechtschreibprüfung oder die Silbentrennung unterstützt. Auch Texte in mehreren Spalten und in unterschiedlicher Breite stellen für dieses Modul kein Problem dar. Tabellen und Grafiken lassen sich leicht erzeugen.

Der Datenimport aus Word wurde erheblich verbessert !

Abb. 9.20: Ein Hinweis wurde perfekt hervorgehoben.

9.2.3 Verlinken im Text

Hinweise auf eine Internet-Seite können Sie ebenfalls in ein StarWriter-Dokument einfügen.

1. Setzen Sie den Cursor an die Stelle, an der Sie die Verlinkung wünschen, und wählen Sie im Menü *Ansicht/Symbolleisten*. Aktivieren Sie durch Klick die Hyperlinkleiste.

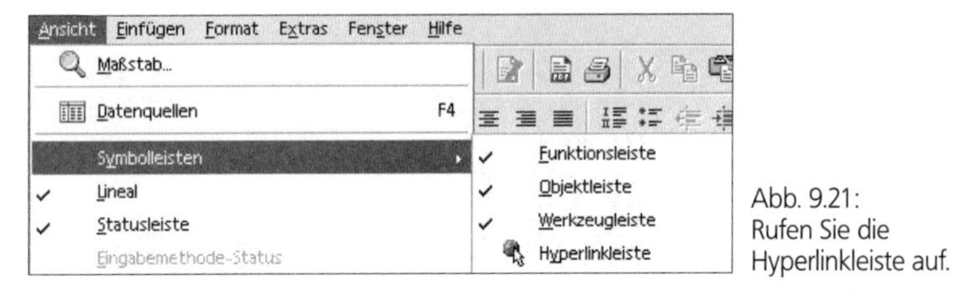

Abb. 9.21: Rufen Sie die Hyperlinkleiste auf.

Abb. 9.22: Noch sind die Eingabefelder leer.

2. Geben Sie in das linke Eingabefeld den Text Ihres Hinweises und in das rechte Feld die Adresse der Site, zu der verlinkt werden soll, z.B.: *http://ww.sun.de*.

Abb. 9.23: Die Texte sind vorbereitet.

3. Klicken Sie jetzt in der Hyperlinkleiste das Symbol für *Link* an. Sie finden es rechts neben dem Eingabefeld für die URL.

Abb. 9.24:
Das Symbol für den Link

4. Der Link mit dem Text wird in das Dokument eingefügt. Speichern Sie das Dokument wie gewohnt ab, und starten Sie anschließend den ersten Test, ob sich durch Klick auf den Hinweis die Seite auch aufrufen lässt.

Ein Rundgang durch StarOfficeMehr Infos

Abb. 9.25:
Der Hinweislink ist eingefügt...

Abb. 9.26: ...und die Web-Seite lässt sich bequem aufrufen.

10. Die Tabellenkalkulation StarOfficeCalc

Tabellenkalkulationen für den PC gibt es schon so lange wie die Textverarbeitung oder die Datenbank. Eine Tabellenkalkulation findet ihren Gebrauch bei der Kalkulation eines Produkts, bei Steueranalysen oder dem Vergleich von Angeboten. StarCalc dient also zum Rechnen und Auswerten. Die Ergebnisse lassen sich in grafischen Formen wie einem Balkendiagramm oder einer Tortengrafik darstellen. Der Einfachheit halber verwenden wir im Text die Kurzform StarCalc statt StarOfficeCalc.

10.1 Aufbau einer Tabelle unter StarCalc

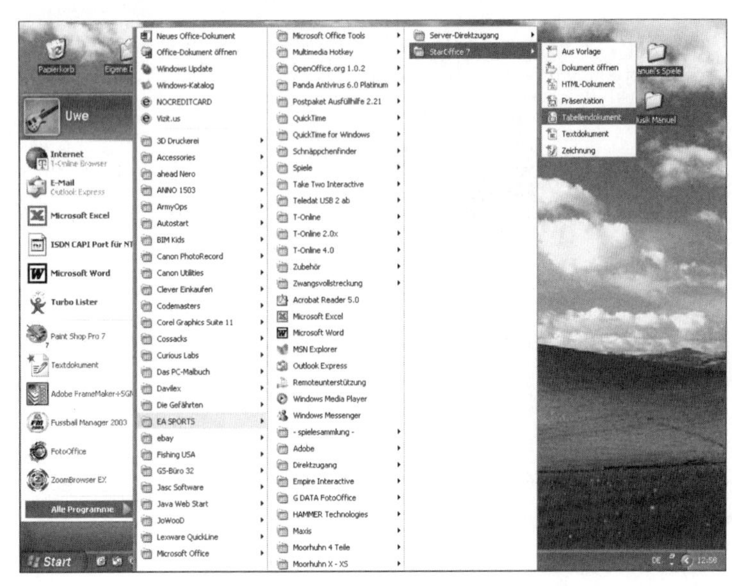

Abb. 10.1: Rufen Sie über diesen Weg eine Tabelle auf.

Sie rufen von Ihrem Desktop aus die Tabellenkalkulation StarCalc über *Start/Programme/StarOffice7/Tabellendokument* auf.
Der Arbeitsbereich von StarCalc zeigt sich. In StarCalc besteht eine Tabelle aus Zeilen und Spalten. Diese beiden Bereiche nennt man auch „Felder“.

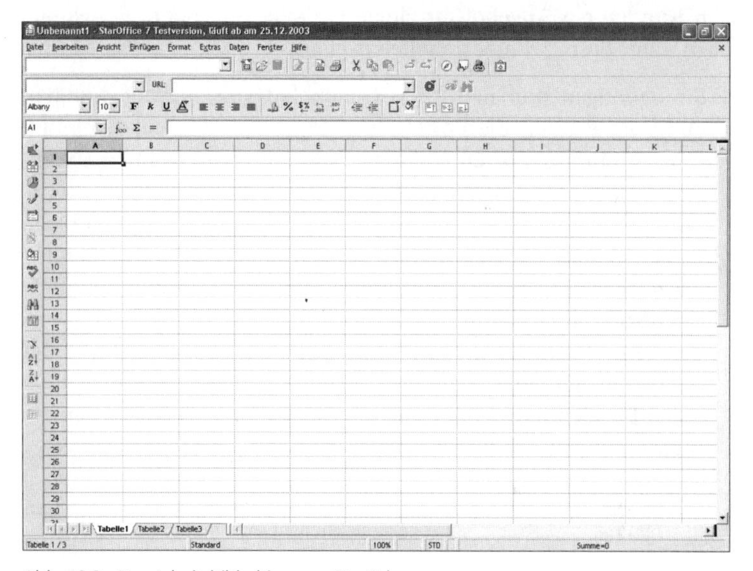

Abb. 10.2: Der Arbeitsbildschirm von StarCalc

Alle Kästchen, die in horizontaler Richtung laufen, nennt man „Spalten“, und alle Kästchen, die in vertikaler Richtung laufen, werden als „Zeilen“ bezeichnet. Die Spalten (maximal 260) sind mit Großbuchstaben von A bis Z versehen und die Zeilen mit Zahlen von 1 bis 32.000.
Das erste Kästchen oben links trägt daher die Bezeichnung *A1*, das darunter *A2* usw. Die Symbolleisten, die Sie bereits bei der Textverarbeitung kennen gelernt haben, tauchen auch hier wieder auf. In der ersten Leiste finden Sie die Befehle zum Laden, Speichern, Drucken usw. vor. Die zweite Leiste enthält Zeichensätze und verschiedene Funktionen für die Kalkulation. Die dritte Leiste ist ausschließlich für das Eingeben von Zahlen vorgesehen.

Am unteren, linken Bildschirmrand finden Sie Registerkarten für drei Tabellen. Diese werden standardmäßig gestartet. Sie können unter StarCalc jedoch mit bis zu 256 Tabellen arbeiten.
Am besten legen Sie versuchsweise gleich eine – vorerst kleine – Tabelle an. Angenommen, Sie sind Computerhändler und sollen an einen Kunden ein Angebot für einige PC-Teile versenden. Sie wollen dazu unter StarCalc eine Tabelle erstellen.

1. Sie benötigen nun in Ihrem Rechenblatt verschiedene Spalten, und zwar eine für die Posten; hier tragen Sie die Artikelnummer Ihrer Rechnungsposten ein. Tippen Sie also den Namen „Nummer“ in Zelle *A1* ein. Die nächste Spalte trägt den Namen „Stückzahl“. Hier geben Sie die Anzahl der einzelnen Produkte ein. Tippen Sie diesen Text in *B1* ein. In *C1* geben Sie den Namen „Bezeichnung“, in *D1* „Einzelpreis“ und in *E1* dann „Gesamt“ ein, also insgesamt fünf Spalten.
   Von einer Zelle zur nächsten gelangen Sie dabei mit Hilfe der [Tab]-Taste. Bei jeder Zelle, in der Sie sich befinden, wird Ihnen deren Bezeichnung in der unteren Symbolleiste in einem Fenster angezeigt.

	A	B	C	D	E
1	Nummer	Stückzahl	Bezeichnung	Einzelpreis	Gesamt
2					
3					

Abb. 10.3: Die Überschriften sind eingegeben.

2. Begeben Sie sich in die nächste Zeile. Verwenden Sie dazu die Pfeiltasten, zuerst [↓] und dann [←], bis Sie in der ersten Zelle der zweiten Zeile angelangt sind (*A2*).
3. Geben Sie die Daten in die Zellen ein. Falls einmal ein Text nicht in eine Spalte passt, belassen Sie es vorläufig so. Sie können dies gleich noch ändern. Folgende Teile hat der Kunde bestellt:

   `2 x Festplatte Quantum a 199 EURO`

   `3 x RAM-Speicher a 44 EURO`

   `2 x CD-ROM-Laufwerk 48-fach a 59 EURO`

	A	B	C	D	E
1	Nummer	Stückzahl	Bezeichnung	Einzelpreis	Gesamt
2					
3	1230	2	Festplatte Qua▸	199	
4	1235	3	RAM-Speicher	44	
5	1241	2	CD-ROM-Laufw▸	59	
6				Summe	
7				Mwst. 16%	
8					
9					

Abb. 10.4: Text und Preise sind eingegeben.

10.1.1 Spaltengröße verändern

Bei der Eingabe eines längeren Textes (hier: CD-ROM-Laufwerk) ist oft nicht genug Platz für den Text vorhanden, doch jede Spalte lässt sich verbreitern. Setzen Sie den Mauszeiger auf die Linie zwischen Spalte C und D, drücken Sie auf die linke Maustaste, halten Sie diese gedrückt und ziehen Sie soweit nach rechts, bis die Spalte breit genug für den Text ist. Dann lassen Sie die Maustaste wieder los. Die Spalte ist nun um einiges breiter, und der Text passt optimal hinein.
Sie können auch von StarCalc selbst die optimale Spaltenbreite ermitteln lassen. Setzen Sie dazu den Mauszeiger wieder auf die Linie zwischen C und D, und klicken Sie doppelt. StarCalc findet selbst die passende Spaltenbreite heraus.

C
Bezeichnung
Festplatte Quantum
RAM-Speicher
CD-ROM-Laufwerk

Abb. 10.5:
StarCalc weist die optimale Spaltenbreite zu.

10.1.2 Rechnen mit StarCalc

Jetzt fehlt nur noch die Summe der einzelnen Artikel und die Gesamtsumme. Sie müssen diese Zahlen keineswegs selbst ausrechnen. Das übernimmt StarCalc für Sie. StarCalc beherrscht viele Rechnungsarten; im Moment genügt jedoch das Addieren und Multiplizieren. Zuerst wird der Gesamtpreis jedes einzelnen Artikels benötigt.

In der Zelle B3 steht die Anzahl eines bestellten Artikels und in der Zelle D3 sein Preis. Logischerweise müssen jetzt diese beiden Zellen miteinander multipliziert werden, also *=B3xD3*.
Das Ergebnis soll in die Zelle *E3* kommen. Gehen Sie in diese Zelle. Sie erhält einen schwarzen Rahmen. Klicken Sie dann mit der Maus in die unterste Symbolleiste und geben Sie die Formel ein. Wichtig ist, dass vor die Formel ein Gleichheitszeichen gesetzt wird.
Als Malzeichen müssen Sie das Sternchen über dem Plus-Zeichen auf der Tastatur (*) oder das Zeichen x auf der numerischen Tastatur verwenden.

SUMME | f(x) | =B2*D2

	A	B	C	D	E
1	Nummer	Stückzahl	Bezeichnung	Einzelpreis	Gesamt
2					
3	1230	2	Festplatte Quantum	199	=B2*D2

Abb. 10.6: So sollte die fertige Formel aussehen.

Um jetzt eine Berechnung in der Zelle *E3* durchzuführen, müssen Sie das Symbol mit dem roten Haken in der Symbolleiste anklicken. Sie finden es links neben der eingegebenen Formel in der Rechenleiste.
Geben Sie nun auch in die Zellen *E4* und *E5* die Formeln ein, und zwar in *E4* die Formel: *=B4*D4* und in *E5* die Formel: *=B5*D5*.
Lassen Sie in jeder Zelle die Summe durch Klick auf den Haken ausrechnen.

	A	B	C	D	E
1	Nummer	Stückzahl	Bezeichnung	Einzelpreis	Gesamt
2					
3	1230	2	Festplatte Quantum	199	398
4	1235	3	RAM-Speicher	44	132
5	1241	2	CD-ROM-Laufwerk	59	118
6				Summe	
7				Mwst. 16%	
8					
9					

Abb. 10.7: Das Ergebnis wird Ihnen präsentiert.

Was jetzt noch fehlt, sind Gesamtsumme und Mehrwertsteuer. Geben Sie auch für diese beiden Berechnungen eine Formel ein. Für die Berechnung der Gesamtsumme müssen Sie die Zellen *E3*, *E4* und *E5* addieren.

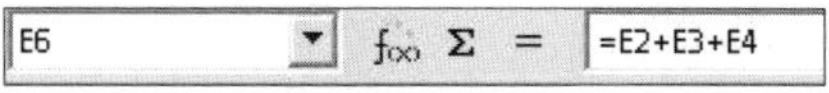

E6	f(x) Σ =	=E2+E3+E4

Abb. 10.8: Die Formel zur Berechnung der Gesamtsumme

Klicken Sie in die Zelle *E6*, und geben Sie in der Rechenleiste die Formel ein: *=E3+E4+E5*. Einfacher ist es jedoch, gleich das Symbol für Summe zu drücken; es ist das Zweite links neben der Rechenleiste. StarCalc errechnet nach einem Druck auf die [↵]-Taste in der Zelle *E6* die Gesamtsumme.

	A	B	C	D	E	F
1	**Nummer**	**Stückzahl**	**Bezeichnung**	**Einzelpreis**	**Gesamt**	
2						
3	1230	2	Festplatte Quantum	199	398	
4	1235	3	RAM-Speicher	44	132	
5	1241	2	CD-ROM-Laufwerk	59	118	
6				Summe	530	
7				Mwst. 16%		
8						

Abb. 10.9: Die Gesamtsumme wurde errechnet.

Geben Sie jetzt noch in das Feld *D6* den Text „Summe“ ein.
Im nächsten Schritt soll noch die Mehrwertsteuer berechnet werden. Klicken Sie in das Feld *E7*, und geben Sie in der Symbolleiste die Formel: *=E6*16/100* ein. Klicken Sie wieder das Symbol mit dem Haken an, um die Berechnung der Mehrwertsteuer in der Zelle *E7* durchzuführen.

=E6*16/100

	C	D	E	F
	Bezeichnung	**Einzelpreis**	**Gesamt**	
2	Festplatte Quantum	199	398	
3	RAM-Speicher	44	132	
2	CD-ROM-Laufwerk	59	118	
		Summe	530	
		Mwst. 16%	=E6*16/100	

Abb. 10.10: Die eingegebene Formel hat die Mehrwertsteuer errechnet.

Geben Sie in der Zelle *D7* den Text „Mwst. 16%“ ein. Jetzt fehlt nur noch die Gesamtsumme. Setzen Sie den Mauszeiger in die Zelle *E8*, und geben Sie in der Symbolleiste die Formel *=E6+E7* ein. Mit einem Klick auf [↵] starten Sie die Berechnung.

	A	B	C	D	E	F
1	**Nummer**	**Stückzahl**	**Bezeichnung**	**Einzelpreis**	**Gesamt**	
2						
3	1230	2	Festplatte Quantum	199	398	
4	1235	3	RAM-Speicher	44	132	
5	1241	2	CD-ROM-Laufwerk	59	118	
6				Summe	530	
7				Mwst. 16%	84,8	
8				Gesamt	614,8	
9						
10						

Abb. 10.11: Die Posten der Rechnung sind komplett.

Geben Sie in das Feld *D8* den Text „Gesamt“ ein.

10.2 Kommastellen

Die Zahlen sind berechnet, aber es besteht noch ein kleiner Schönheitsfehler: Hinter dem Komma steht nur eine Stelle; normal sollten es zwei Stellen sein. Berichtigen Sie dieses Manko, indem Sie alle Zahlen markieren und anschließend das Symbol *Dezimalstelle hinzufügen* in der Formatleiste anklicken.

Abb. 10.12:
Dieses Symbol fügt eine Kommastelle hinzu.

DIe zweite Stelle hinter dem Komma wird eingefügt.

Mwst. 16%	84,80
Gesamt	614,80

Abb. 10.13:
So sind die Zahlen korrekt.

10.3 Eine Tabelle verschönern

Die Rechnung ist nun fertiggestellt. Allerdings fehlt noch ein optimales Layout. Um der Tabelle jetzt noch ein besseres Aussehen zu verleihen, sollten beispielsweise die Überschriften fett gedruckt sein und die Gesamtsumme ebenfalls.
Markieren Sie also die Überschriften und das Wort *Gesamt*, und klicken Sie das Symbol *F* für Fettdruck in der Formatleiste an. Die Überschriften werden jetzt fett dargestellt.

	A	B	C	D	E
1	**Nummer**	**Stückzahl**	**Bezeichnung**	**Einzelpreis**	**Gesamt**
2					
3	1230	2	Festplatte Quantum	199	398
4	1235	3	RAM-Speicher	44	132
5	1241	2	CD-ROM-Laufwerk	59	118
6				Summe	530
7				Mwst. 16%	84,80
8				**Gesamt**	614,80
9					

Abb. 10.14: So sollte die Tabelle aussehen.

Um die Zellen, die Einträge enthalten, grafisch noch etwas hervorzuheben, können Sie diese mit einer Hintergrundfarbe versehen. Markieren Sie dazu alle Zellen, die Einträge enthalten, und rufen Sie mit der rechten Maustaste das Kontextmenü auf. Wählen Sie den Eintrag *Zellen formatieren*.

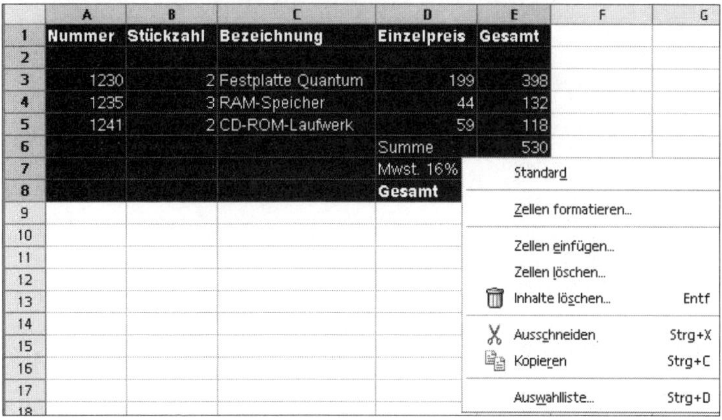

	A	B	C	D	E	F	G
1	**Nummer**	**Stückzahl**	**Bezeichnung**	**Einzelpreis**	**Gesamt**		
2							
3	1230	2	Festplatte Quantum	199	398		
4	1235	3	RAM-Speicher	44	132		
5	1241	2	CD-ROM-Laufwerk	59	118		
6				Summe	530		
7				Mwst. 16%			
8				**Gesamt**			

Abb. 10.15: Das Kontextmenü wird aufgerufen.

Das Dialogfenster *Zellen formatieren* startet. Klicken Sie im Register auf *Hintergrund*, und wählen Sie aus der Farbpalette *Hintergrundfarbe* die Farbe Ihre Wahl aus. Bestätigen Sie mit *OK*.

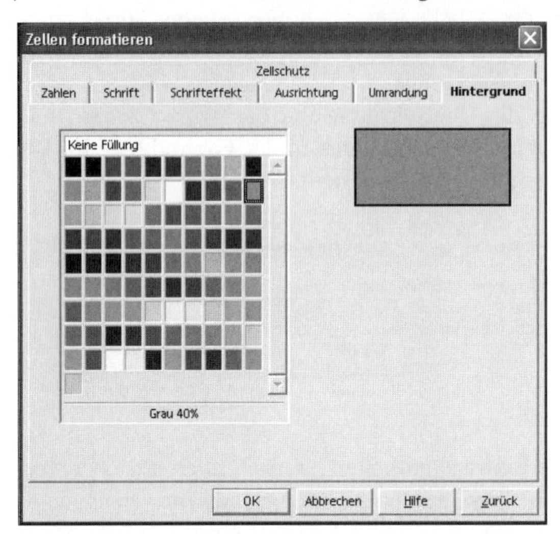

Abb. 10.16: Suchen Sie Ihre Wunschfarbe aus

Die ausgewählte Farbe wird dem Tabellenhintergrund zugewiesen.

	A	B	C	D	E
1	**Nummer**	**Stückzahl**	**Bezeichnung**	**Einzelpreis**	**Gesamt**
2					
3	1230	2	Festplatte Quantum	199	398
4	1235	3	RAM-Speicher	44	132
5	1241	2	CD-ROM-Laufwerk	59	118
6				Summe	530
7				Mwst. 16%	84,80
8				**Gesamt**	614,80
9					

Abb. 10.17: Die Zellen mit den Einträgen heben sich farblich ab.

10.4 Die Schreibrichtung

Um Platz zu sparen, können Sie breite Texte in Zellen hochkant erscheinen lassen. Markieren Sie dazu die Texte, die in vertikaler Ausrichtung stehen sollen, und rufen wieder über rechte Maustaste/*Zel-*

len formatieren das Dialogfenster *Zellen formatieren* auf. Wählen Sie diesmal das Register *Ausrichtung*.
Mit dem Drehrad unter dem Punkt *Schreibrichtung* legen Sie nun fest, in welcher Richtung Ihr Text ausgerichtet sein soll. Klicken Sie auf das schwarze Symbol am Rand des Kreises, das wie ein Wassertropfen aussieht, und drehen Sie nach links oben, bis im Fenster *Winkel* 90 Grad erscheint.

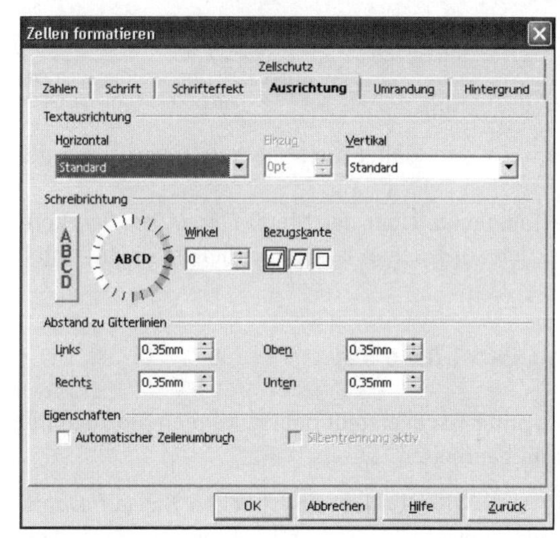

Abb. 10.18:
Hier legen Sie die Einstellungen für Schriften fest.

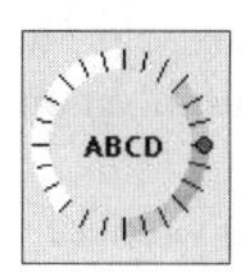

Abb. 10.19:
Drehen Sie am Rad...

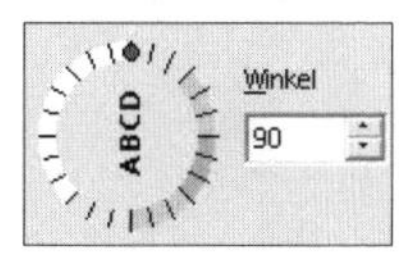

Abb. 10.20:
... bis Sie an der gewünschten Stelle angelangt sind.

Bestätigen Sie mit *OK*, um die Einstellungen in die Tabelle zu übernehmen.

	A	B	C	D	E
1	Nummer	Stückzahl	Bezeichnung	Einzelpreis	Gesamt
2					
3	1230	2	Festplatte Quantum	199	398
4	1235	3	RAM-Speicher	44	132
5	1241	2	CD-ROM-Laufwerk	59	118
6				Summe	530
7				Mwst. 16%	84,80
8				**Gesamt**	614,80

Abb. 10.21: Die Überschriften werden nun hochkant dargestellt.

Verringern Sie nun noch die Spaltenbreite bei den Spalten, bei denen es möglich ist.
Speichern Sie Ihre Tabelle ab. Über das Menü *Datei/Drucken* können Sie die Tabelle auch ausdrucken lassen. Schließen Sie die Datei.

10.5 Import von Excel-Tabellen

Eine Tabelle, die Sie unter Excel erstellt haben, können Sie auch mit StarOffice öffnen und bearbeiten.

1. Starten Sie dazu zuerst StarOffice, und klicken Sie auf *Datei/Öffnen*. Sie können auch die Tastenkombination Strg+O verwenden.
2. Im Dialogfenster *Öffnen* suchen Sie dann die Datei aus, die Sie mit StarCalc bearbeiten möchten, und öffnen diese durch einen Doppelklick mit der Maus.
3. Nun klicken Sie im Menü auf *Datei/Speichern unter*, um wieder in das Dialogfeld *Speichern unter* zu gelangen.
4. Suchen Sie in der Auswahlliste *Dateityp* den Eintrag *StarCalc 5.0*, und bestätigen Sie mit *Speichern*.

11. Grafische Darstellungen und Tabellenvorlagen mit StarCalc

Um in StarCalc verwendete Zahlen auch in einer Grafik darstellen zu können, müssen Sie auf das Modul „Diagramme" zurückgreifen.

11.1 Grafische Darstellungen

Um Ihre in StarCalc verwendeten Zahlen in eine Grafik einzubinden, verwenden Sie Modul *Diagramme*. Ihre Tabellen werden hier in Form einer Grafik dargestellt.
Das nun verwendete Beispiel bezieht sich auf dieses Buch: Ein Verlag möchte eine Übersicht über seine verkauften Bücher im Jahr 2003 bis einschließlich Oktober haben und in einer Grafik anzeigen lassen.

1. Legen Sie ein neues Tabellenblatt an, geben Sie die Überschriften „Monat" und „Umsatz" ein.
2. Geben Sie dann die einzelnen Monate am besten abgekürzt, also „Jan" usw., ein. Wenn Sie „Jan" eingegeben haben, müssen Sie nicht erst umständlich die weiteren Monatsabkürzungen in die Zellen tippen. Klicken Sie einmal außerhalb der Zelle mit dem Eintrag und dann wieder hinein. Die Zelle erhält nun eine schwarze Umrandung. Setzen Sie dann den Mauszeiger auf den unteren rechten Rand der Zelle, und ziehen Sie mit gedrückt gehaltener Maustaste nach unten, bis die Zellen mit den Anfangsbuchstaben der Monate von Februar bis Oktober gefüllt sind. Lassen Sie dann den Mauszeiger wieder los.

Abb. 11.1:
Füllen Sie die Zellen automatisch auf.

3. Tippen Sie nun die jeweiligen Verkaufszahlen der einzelnen Monate ein. Markieren Sie anschließend die gesamten Tabelleneinträge, also Text und Zahlen, und starten Sie über das Menü den Befehl *Einfügen/Diagramm*.

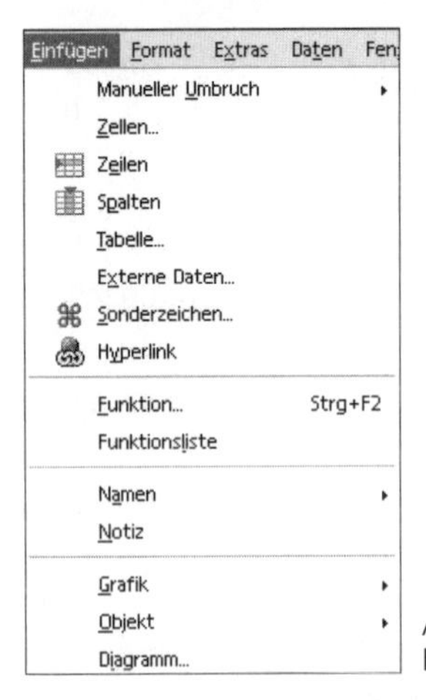

Abb. 11.2:
Rufen Sie die Diagrammmuster auf.

Ein Dialogfenster zeigt sich am Monitor. Im Eingabefeld *Bereich* sehen Sie die Angabe der Tabellennummer und der Zellen, die Sie markiert haben.

Im Fenster *Ausgabe in Tabelle* legen Sie fest, in welche Tabelle die Grafik soll – bei nur einer Tabelle wie im Beispiel also in *Tabelle 1*. Sie brauchen hier keine Veränderung vorzunehmen.

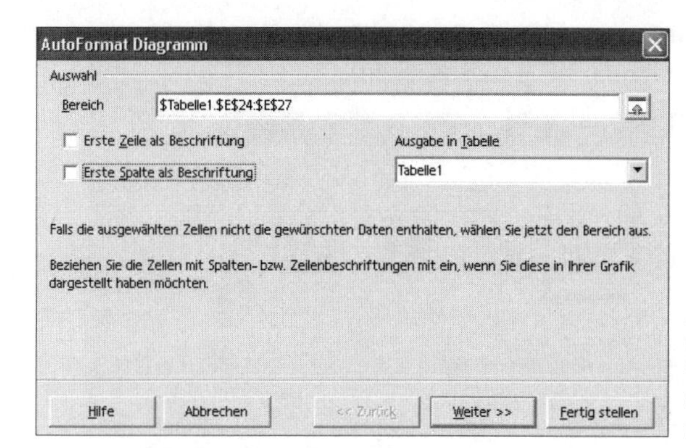

Abb. 11.3: Das Diagrammfenster mit seinen Auswahlmöglichkeiten

Die Optionen *Erste Zeile als Beschriftung* und *Erste Spalte als Beschriftung* sollten mit einem Häkchen versehen sein; das heißt, dass StarCalc die Beschriftungen auch mit übernimmt.

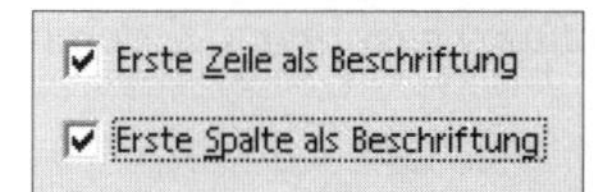

Abb. 11.4: Diese beiden Optionen sollten markiert sein.

Klicken Sie auf *Weiter*, und Sie gelangen in das nächste Dialogfenster. Hier legen Sie fest, welche Art von Diagramm Sie erzeugen möchten. Der gewählte Diagrammtyp wird Ihnen im linken Bereich des Fensters als Vorschau präsentiert. Bestätigen Sie mit *Weiter*.

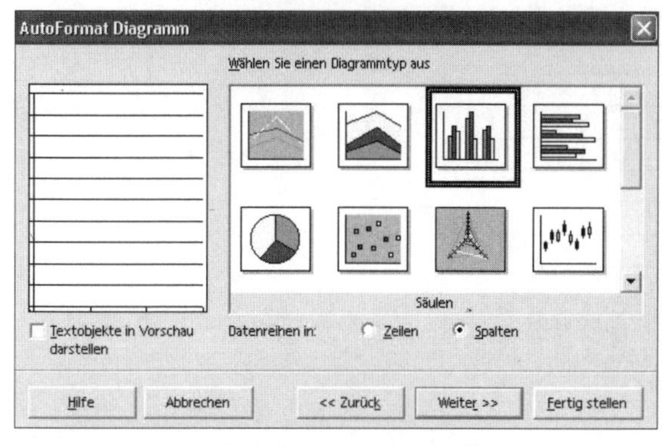

Abb. 11.5: Verschiedene Diagrammtypen stehen zur Auswahl bereit.

Im dritten Dialogfenster haben Sie die Möglichkeit, eine bestimmte Variante des Diagrammtyps auszusuchen.

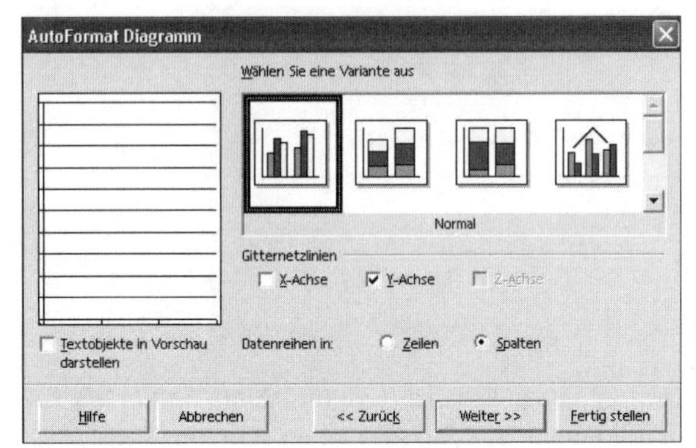

Abb. 11.6: Wählen Sie die gewünschte Variante des Diagramms aus.

Im letzten Dialogfenster können Sie einen Namen für das Diagramm eingeben, aber nur, wenn die Option *Diagrammtitel* durch ein Häkchen markiert ist.

Abb. 11.7: Vergeben Sie einen Namen für das Diagramm.

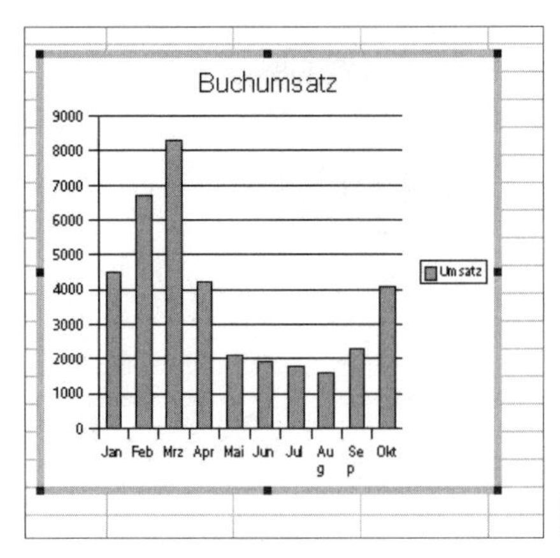

Abb. 11.8: Das fertige Diagramm...

Mit einem Klick auf *Fertigstellen* fügen Sie das Diagramm in Ihr Tabellenblatt ein.

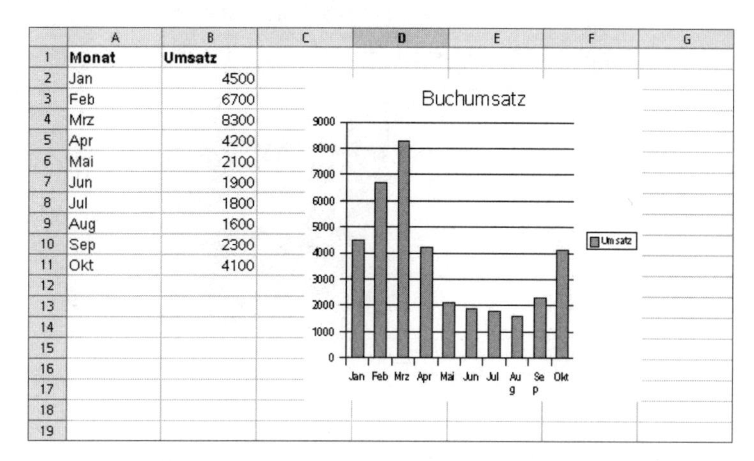

Monat	Umsatz
Jan	4500
Feb	6700
Mrz	8300
Apr	4200
Mai	2100
Jun	1900
Jul	1800
Aug	1600
Sep	2300
Okt	4100

Abb. 11.9: ... und das komplette Blatt

11.2 Tabellenvorlagen

StarCalc bietet wie StarWriter auch etliche Tabellenvorlagen. In diesem Abschnitt werden Sie beispielhaft einige kennen lernen.

11.2.1 Der Stundenplan

In wenigen Minuten lässt sich unter StarCalc ein Stundenplan erstellen. Wählen Sie dazu im Menü *Datei/Neu/Vorlagen und Dokumente*. Im Dialogfenster *Vorlagen und Dokumente* wählen Sie dann aus dem Ordner *Bildung* die Auswahl *Stundenplan*. Der Stundenplan wird Ihnen rechts im Fenster als Vorschau angezeigt. Bestätigen Sie mit *Öffnen*.
Der Stundenplan öffnet sich zur Eingabe im Arbeitsbereich. Geben Sie die Daten ein, und speichern Sie das Dokument ab.

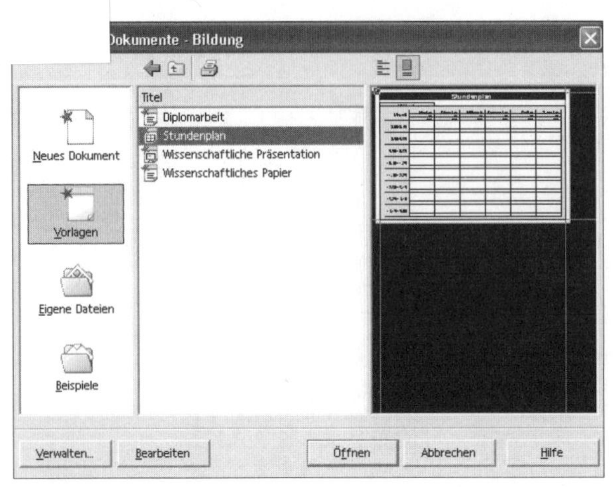

Abb. 11.10: Öffnen Sie die Vorlage „Stundenplan".

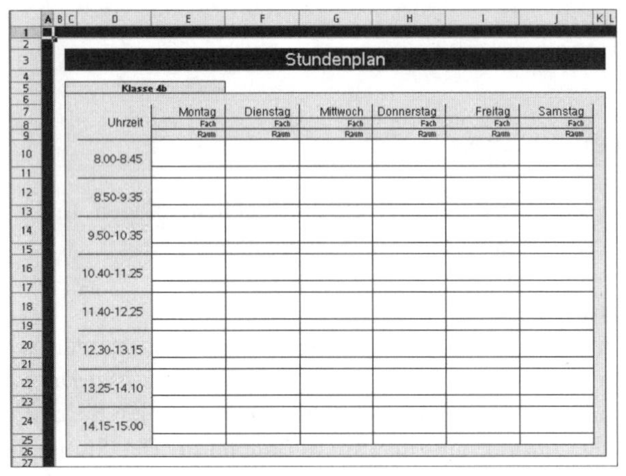

Abb. 11.11: Der Stundenplan steht zur Eingabe der Daten bereit.

Uhrzeit	Montag Fach Raum
8.00-8.45	Mathe Zimmer 9

Abb. 11.12: Die Fächer werden zugewiesen.

11.2.2 Der Kalender

Ein weiteres Dokument, das sich in Minuten erstellen lässt, ist der Kalender. Sie können einen Kalender für das ganze Jahr oder nur für einen Monat erzeugen.

Suchen Sie aus den Vorlagen den Ordner *Diverses*, und klicken Sie darin die Auswahl *Jahres-/Monatskalender* an. Das Dialogfenster *StarOffice Kalender* öffnet sich.

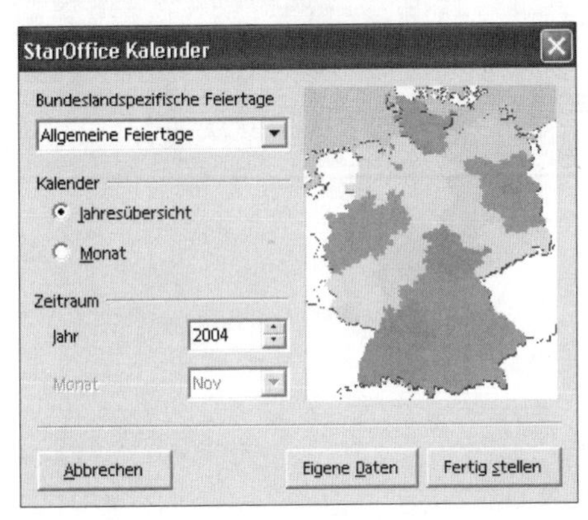

Abb. 11.13:
Wählen Sie den .Jahreskalender aus

Falls Sie im Kalender nur die Feiertage eines bestimmten Bundeslandes angezeigt haben wollen, so suchen Sie dieses Land aus der Liste unter *Bundeslandspezifische Feiertage* aus.

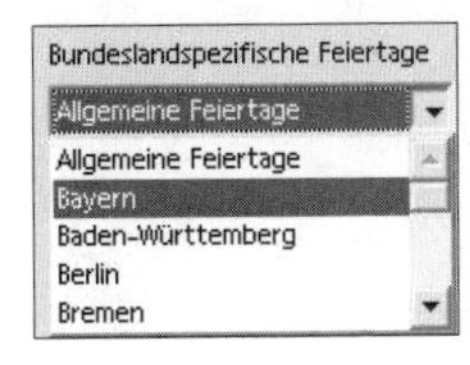

Abb. 11.14:
Auswahl eines Bundeslandes

Abb. 11.15:
Ein Jahreskalender soll erzeugt werden.

Aktivieren Sie noch unter *Kalender* das Feld *Jahresübersicht* durch Mausklick. Bestätigen Sie mit *Fertig stellen*, um den Kalender zu erstellen.

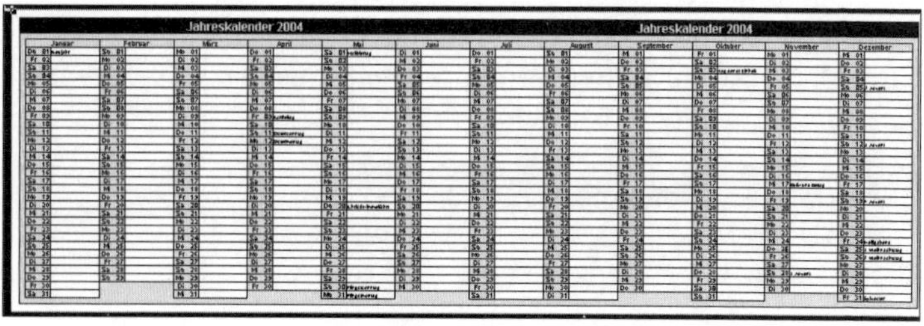

Jahreskalender 2004 Jahreskalender 2004

Januar	Februar	März	April	Mai	Juni	Juli	August	September	Oktober	November	Dezember
Do 01 Neujahr	So 01	Mo 01	Do 01	Sa 01 Maifeiertag	Di 01	Do 01	So 01	Mi 01	Fr 01	Mo 01	Mi 01
Fr 02	Mo 02	Di 02	Fr 02	So 02	Mi 02	Fr 02	Mo 02	Do 02	Sa 02	Di 02	Do 02
Sa 03	Di 03	Mi 03	Sa 03	Mo 03	Do 03	Sa 03	Di 03	Fr 03	So 03 Tag der dt. Einheit	Mi 03	Fr 03
So 04	Mi 04	Do 04	So 04	Di 04	Fr 04	So 04	Mi 04	Sa 04	Mo 04	Do 04	Sa 04
Mo 05	Do 05	Fr 05	Mo 05	Mi 05	Sa 05	Mo 05	Do 05	So 05	Di 05	Fr 05	So 05 2. Advent
Di 06	Fr 06	Sa 06	Di 06	Do 06	So 06	Di 06	Fr 06	Mo 06	Mi 06	Sa 06	Mo 06
Mi 07	Sa 07	So 07	Mi 07	Fr 07	Mo 07	Mi 07	Sa 07	Di 07	Do 07	So 07	Di 07
Do 08	So 08	Mo 08	Do 08	Sa 08	Di 08	Do 08	So 08	Mi 08	Fr 08	Mo 08	Mi 08
Fr 09	Mo 09	Di 09	Fr 09 Karfreitag	So 09	Mi 09	Fr 09	Mo 09	Do 09	Sa 09	Di 09	Do 09
Sa 10	Di 10	Mi 10	Sa 10	Mo 10	Do 10	Sa 10	Di 10	Fr 10	So 10	Mi 10	Fr 10
So 11	Mi 11	Do 11	So 11 Ostersonntag	Di 11	Fr 11	So 11	Mi 11	Sa 11	Mo 11	Do 11	Sa 11
Mo 12	Do 12	Fr 12	Mo 12 Ostermontag	Mi 12	Sa 12	Mo 12	Do 12	So 12	Di 12	Fr 12	So 12 3. Advent
Di 13	Fr 13	Sa 13	Di 13	Do 13	So 13	Di 13	Fr 13	Mo 13	Mi 13	Sa 13	Mo 13
Mi 14	Sa 14	So 14	Mi 14	Fr 14	Mo 14	Mi 14	Sa 14	Di 14	Do 14	So 14	Di 14
Do 15	So 15	Mo 15	Do 15	Sa 15	Di 15	Do 15	So 15	Mi 15	Fr 15	Mo 15	Mi 15
Fr 16	Mo 16	Di 16	Fr 16	So 16	Mi 16	Fr 16	Mo 16	Do 16	Sa 16	Di 16	Do 16
Sa 17	Di 17	Mi 17	Sa 17	Mo 17	Do 17	Sa 17	Di 17	Fr 17	So 17	Mi 17 Buß- und Bettag	Fr 17
So 18	Mi 18	Do 18	So 18	Di 18	Fr 18	So 18	Mi 18	Sa 18	Mo 18	Do 18	Sa 18
Mo 19	Do 19	Fr 19	Mo 19	Mi 19	Sa 19	Mo 19	Do 19	So 19	Di 19	Fr 19	So 19 4. Advent
Di 20	Fr 20	Sa 20	Di 20	Do 20 Christi Himmelfahrt	So 20	Di 20	Fr 20	Mo 20	Mi 20	Sa 20	Mo 20
Mi 21	Sa 21	So 21	Mi 21	Fr 21	Mo 21	Mi 21	Sa 21	Di 21	Do 21	So 21	Di 21
Do 22	So 22	Mo 22	Do 22	Sa 22	Di 22	Do 22	So 22	Mi 22	Fr 22	Mo 22	Mi 22
Fr 23	Mo 23	Di 23	Fr 23	So 23	Mi 23	Fr 23	Mo 23	Do 23	Sa 23	Di 23	Do 23
Sa 24	Di 24	Mi 24	Sa 24	Mo 24	Do 24	Sa 24	Di 24	Fr 24	So 24	Mi 24	Fr 24 Heiligabend
So 25	Mi 25	Do 25	So 25	Di 25	Fr 25	So 25	Mi 25	Sa 25	Mo 25	Do 25	Sa 25 1. Weihnachtstag
Mo 26	Do 26	Fr 26	Mo 26	Mi 26	Sa 26	Mo 26	Do 26	So 26	Di 26	Fr 26	So 26 2. Weihnachtstag
Di 27	Fr 27	Sa 27	Di 27	Do 27	So 27	Di 27	Fr 27	Mo 27	Mi 27	Sa 27	Mo 27
Mi 28	Sa 28	So 28	Mi 28	Fr 28	Mo 28	Mi 28	Sa 28	Di 28	Do 28	So 28 1. Advent	Di 28
Do 29	So 29	Mo 29	Do 29	Sa 29	Di 29	Do 29	So 29	Mi 29	Fr 29	Mo 29	Mi 29
Fr 30		Di 30	Fr 30	So 30 Pfingstsonntag	Mi 30	Fr 30	Mo 30	Do 30	Sa 30	Di 30	Do 30
Sa 31		Mi 31		Mo 31 Pfingstmontag		Sa 31	Di 31		So 31		Fr 31 Silvester

Abb. 11.16: Der komplette Kalender

12. StarCalc und seine Funktionen

In diesem Kapitel lernen Sie einige mathematische Funktionen kennen.

12.1 Kaufmännische Funktion

Mathematische und kaufmännische Funktionen rufen Sie über den Funktionsautopiloten auf. Klicken Sie auf das Symbol in der Rechenleiste. Sie finden es links neben dem Symbol für *Summe*.

Abb. 12.1:
Über dieses Symbol rufen Sie die Funktionen auf.

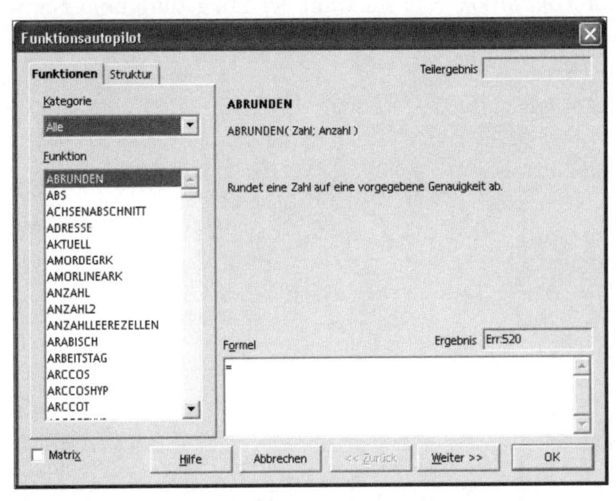

Abb. 12.2:
Die Funktionen sind nach dem Alphabet geordnet.

Im Dialogfenster *Funktionsautopilot* sehen Sie links unter *Funktion* sämtliche Funktionen, die StarCalc anbietet; es sind über 250. Sie

werden sich sicherlich vorstellen können, dass der Platz in diesem Buch nicht ausreicht, um alle zu beschreiben. Aus diesem Grund werden Ihnen nur einige beispielhaft vorgestellt; die meisten werden Sie bei Ihrer täglichen Arbeit mit StarCalc sowieso nie benötigen.
Im rechten Bereich des Fensters wird Ihnen die Beschreibung der angeklickten Funktion angezeigt. Klicken Sie jetzt auf den kleinen Pfeil unter *Kategorie*. Eine Liste klappt auf. Wählen Sie *Finanz*.

Abb. 12.3:
Wählen Sie einen Funktionsbereich aus.

Nun wird unter *Funktion* eine Auswahl der Finanzfunktionen aufgelistet. Klicken Sie auf *LAUFZEIT*, und bestätigen Sie mit *Weiter*.

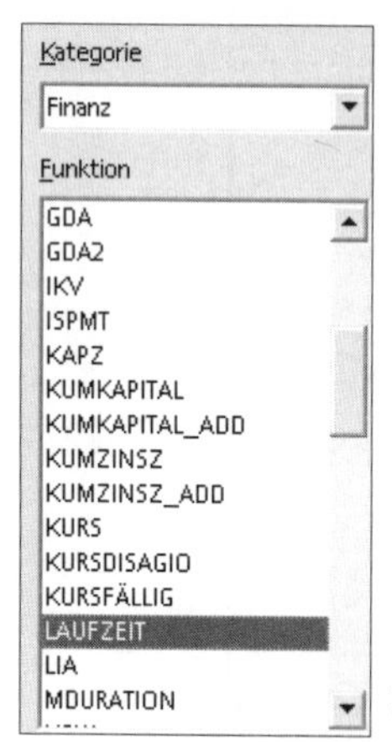

Abb. 12.4:
Wählen Sie einen Funktionsbereich aus.

Nun folgt die Rechnung. Angenommen, Sie wollen wissen, wie lange Sie sparen müssen, um ein eingesetztes Kapital von 2.000 € bei einem Zinssatz von 6% zu verdoppeln, also 4.000 € zu erreichen.

Geben Sie die Werte in die Felder ein, also „0,06“ bei *ZINS*, „2000“ bei *BW* (Barwert) und „4000“ bei *ZW* (Zukunftswert). Bestätigen Sie mit *OK*. Das Ergebnis *11,9* wird Ihnen im Feld *Ergebnis* angezeigt. Sie brauchen also 11,9 Jahre, um die Summe von 4.000 € zu erreichen.

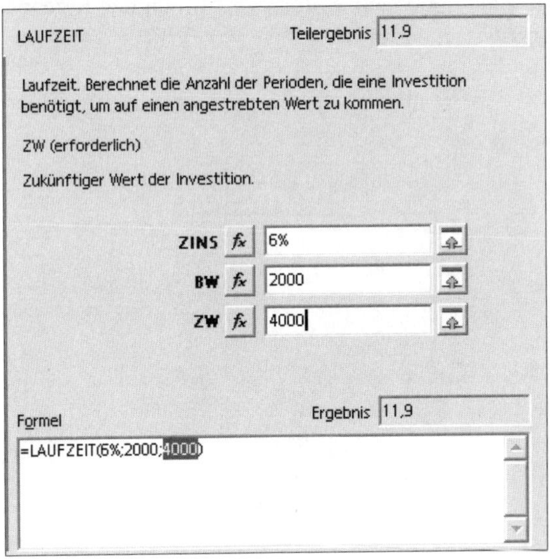

Abb. 12.5:
Geben Sie hier die Werte ein.

Wenn Sie auf *OK* klicken, wird Ihnen das Ergebnis in Ihrem Tabellenblatt in der gerade aktiven Zelle angezeigt.

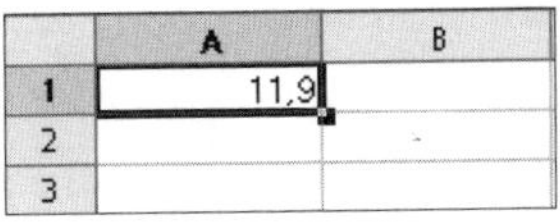

Abb. 12.6:
Das Ergebnis zeigt sich auch in der Zelle.

12.2 Mathematische Funktion

Als Beispiel für eine mathematische Funktion wollen wir uns kurz mit der Wurzel befassen. Bekanntermaßen ist die Wurzel aus der Zahl 9 die Zahl 3. Wenn man das Ergebnis mit sich selbst multipliziert (also 3 x 3), muss wieder 9 herauskommen.
Rufen Sie unter *Kategorie* die Auswahl *Mathematik* auf und in der Liste *Mathematik* den Eintrag *Wurzel*.
Bestätigen Sie mit *Weiter*, um in das nächste Fenster zu gelangen. Geben Sie hier die Zahl „900“ ein. Sofort wird Ihnen das Ergebnis im Fenster angezeigt.

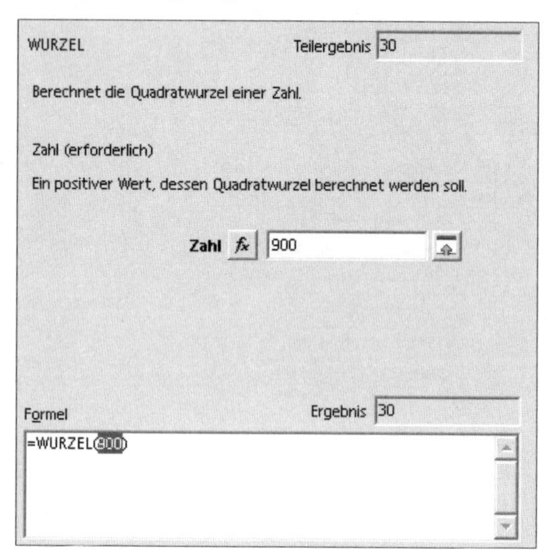

Abb. 12.7:
Tippen Sie die Zahl ein, aus der die Wurzel berechnet werden soll.

Wenn Sie jetzt auf *OK* klicken, wird die errechnete Zahl wieder in Ihrer Tabelle in der gerade aktiven Zelle angezeigt.

	A	B
1	30	
2		

Abb. 12.8:
Das Ergebnis findet sich in der Zelle wieder.

12.3 StarMath

12.3.1 Die Formeln

Das Modul *StarMath* ist besonders für Studenten oder Wissenschaftler wichtig. Es wird über den Menübefehl *Datei/Neu/Formel* aufgerufen.

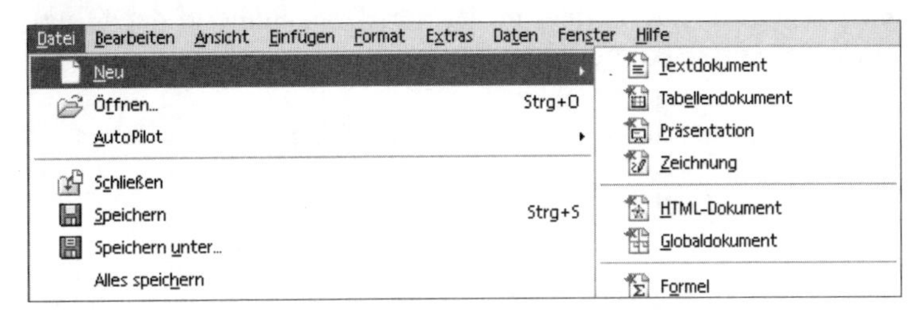

Abb. 12.9: Rufen Sie den Formelgenerator auf.

Die Arbeitsoberfläche von StarMath zeigt sich. Hier können Sie fertige Formeln verwenden oder eigene erstellen.

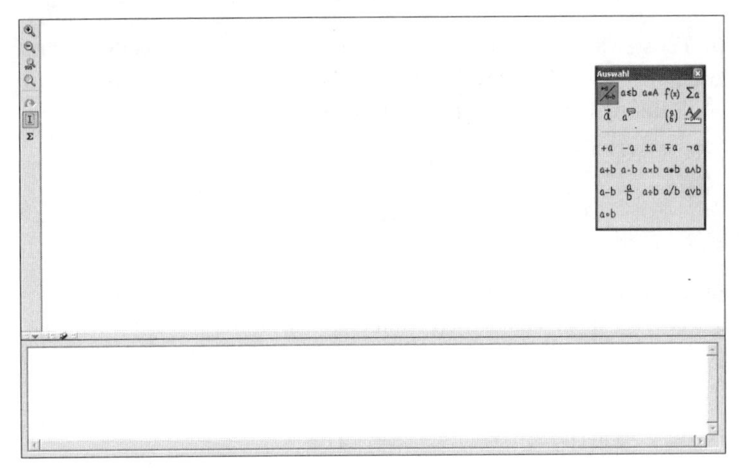

Abb. 12.10: Der Arbeitsbereich von StarMath

12.3.2 Vorhandene Formeln verwenden

Sobald Sie eine Formel aus dem Fenster *Auswahl* anklicken, werden Platzhalter im Fenster am unteren Bildschirmrand eingefügt. In Ihrem Arbeitsbereich über diesem Fenster erzeugt StarMath je nach Formel Kästchen für die Eingabe der Zahlen.
An einem Beispiel können Sie es ausprobieren: Verwenden Sie dazu die Formel *a/b* (die Formel in der vorletzten Reihe in der Mitte). Klicken Sie diese Formel in der Auswahl an.

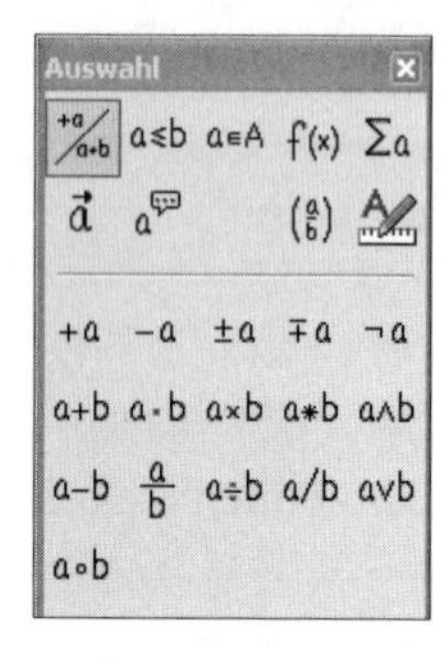

Abb. 12.11:
Wählen Sie die Formel aus.

Im Fenster finden Sie jetzt einen seltsamen Text vor: jeweils ein Fragezeichen zwischen zwei spitzen Klammern und den Begriff *div* (Abkürzung für Dividieren) dazwischen.

Abb. 12.12:
Ein seltsamer Text

Rechts oberhalb des Fensters hat StarMath zwei Kästchen für Zahlen erzeugt. Hier erscheinen später die von Ihnen im Fenster eingegebenen Zahlen.

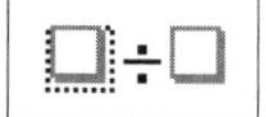

Abb. 12.13:
In diese Felder werden die Zahlen übertragen.

Geben Sie jetzt an der Stelle der Fragezeichen im Fenster Ihre Zahlen ein, z.B. beim ersten Fragezeichen 32.760 und beim zweiten 8, also *32.760:8*.

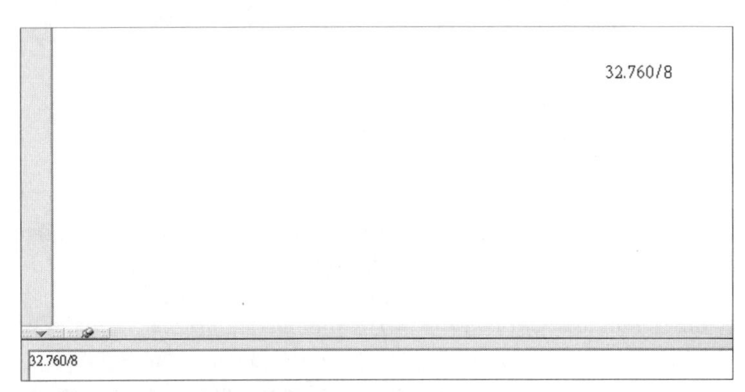

Abb. 12.14: Die Werte für die Formel sind eingegeben.

12.3.3 Eigene Formeln erstellen

Eine eigene Formel geben Sie einfach in das Fenster ein. Als Beispiel verwenden wir die Formel $c=a+b$.

Es macht zwar keinen Sinn, eine Formel zu erstellen, die bereits vorhanden ist, aber diese Formel soll nur als einfache Vorlage dienen. Während Sie die Formel eingeben, erzeugt StarMath gleichzeitig oberhalb des Fensters die Formel nochmals.

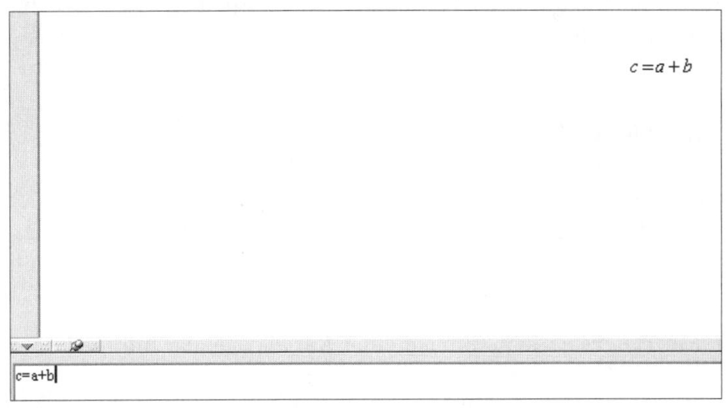

Abb. 12.15: Die neue Formel ist abgelegt.

Wenn Sie eine neue Formel erstellt haben, vergessen Sie nicht, diese abzuspeichern.

13. Die Datenbank Adabas

Zum Verwalten, also zum Speichern, Ändern und Auswerten großer Datenmengen, bieten die Personalcomputer mit ihrem hohen Verarbeitungstempo und ihrer enormen Speicherfähigkeit alle Voraussetzungen. Mit Hilfe eines Datenbankverwaltungsprogramms wie Adabas werden Möglichkeiten geboten, Daten schnell und komfortabel anzulegen, abzuspeichern und mit mächtigen Befehlen gezielt zu bearbeiten.

Datenbanken gibt es bereits seit der Einführung des PCs; die wohl bekannteste ist dBase. Sie ist bereits ein Klassiker und stellt bis heute das Standardformat für andere Datenbanken dar. Moderne Datenbanken wie Access sind heutzutage jedoch gefragter.
Mit einer Datenbank verwalten Sie alles, von der kleinen Plattensammlung bis zur umfangreichen Adressdatei. Innerhalb dieser Dateien können Sie nach bestimmten Daten suchen oder nach bestimmten Kriterien sortieren.

13.1 Die Datenbank

Eine Datenbank ist vergleichbar mit einem Karteikasten. In ihr werden bestimmte Daten in einer festgelegten Form abgelegt. Eine Datenbank besteht aus Datensätzen und Datenfeldern. Diese sind alle in einer Tabelle gesammelt.

- Ein Datensatz fasst ähnlich einer Karteikarte alle Informationen in einer Zeile dieser Tabelle zusammen.
- Das Datenfeld ist Teil eines Datensatzes und enthält nur einen Eintrag, z.B. einen Nachnamen oder einen Ort.

In einer Tabelle sind alle Datenfelder innerhalb eines Datensatzes gleich; sie haben die gleiche Struktur.

13.1.1 Anlegen einer Datenbank

Um mit einer Datenbank arbeiten zu können, muss diese erst angelegt werden. Klicken Sie im Menü auf *Extras/Datenquellen*, um das Dialogfenster *Datenquellen verwalten* aufzurufen.

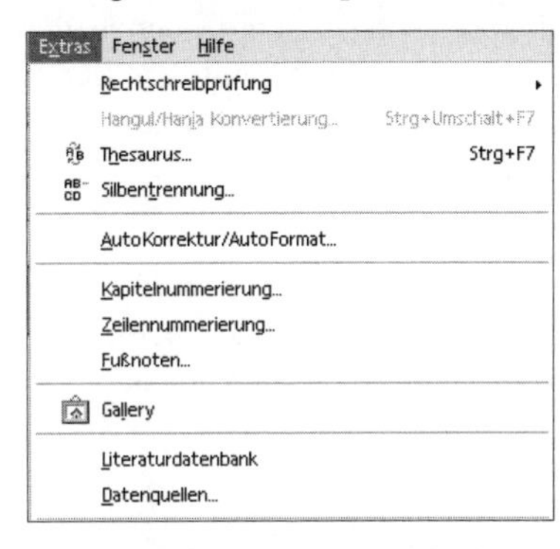

Abb. 13.1: Rufen Sie das Dialogfenster für die Datenquellen auf.

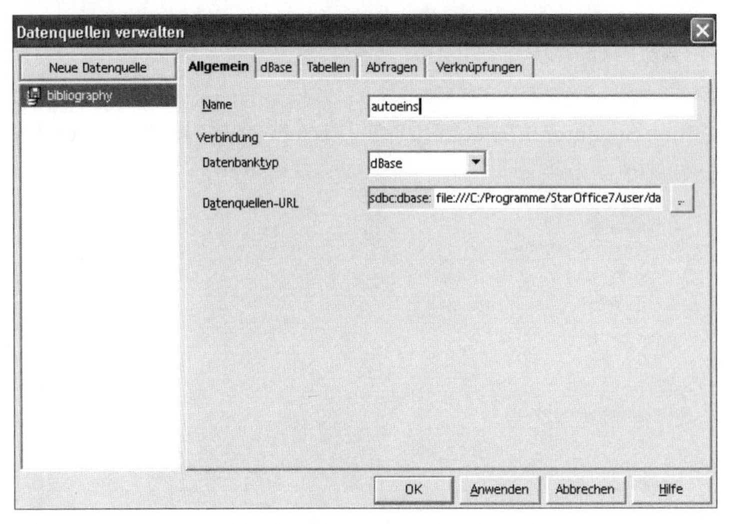

Abb. 13.2: Geben Sie der Datenbank einen aussagekräftigen Namen.

Im Dialogfenster *Adressdaten verwalten* geben Sie neben *Name* den Namen der Adressquelle an, z.B. „Autobestand“. In der Liste *Datenbanktyp* stellen Sie dann *Adabas D* ein. Bestätigen Sie mit *OK*. Starten Sie nun mit der Taste [F4] den Explorer.

13.1.2 Der Explorer

Im Explorer finden Sie die neue Datenbank im Verzeichnisbaum eingetragen. Wenn Sie auf das Plus-Zeichen vor dem Namen der Datenbank klicken, klappt ein weiteres Verzeichnis mit vier Bereichen auf, die sich auf die Datenbank beziehen. Was es mit diese Bereichen auf sich hat, erfahren Sie noch.

Hinweis:
Zunächst noch eine Information zum Explorer: Sie können den Explorer mit Hilfe des Symbols über dem Explorer links oder mit dem kleinen Pfeil unter dem Explorer links ausblenden und auch wieder einblenden..

Abb. 13.3:
Explorer entfernen...

Abb. 13.4:
... und wieder aufrufen

Öffnen Sie durch Klick auf das Plus-Zeichen die Einträge unter *Autobestand*.

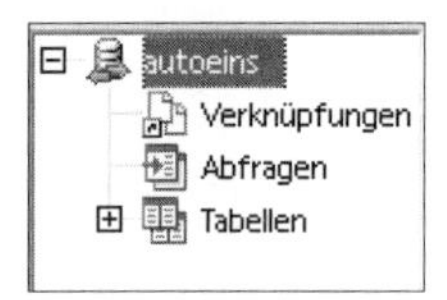

Abb. 13.5:
Der Explorer

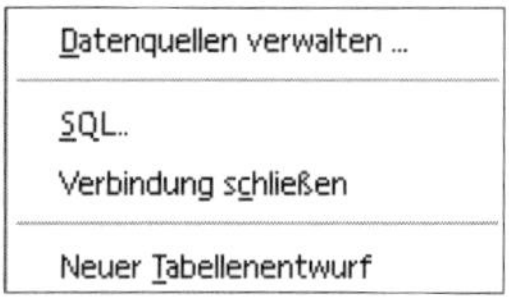

Datenquellen verwalten ...
SQL...
Verbindung schließen
Neuer Tabellenentwurf

Abb. 13.6:
Starten Sie eine neue Tabelle.

Klicken Sie mit der rechten Maustaste auf *Tabellen*, um ein Kontextmenü zu öffnen. Wählen Sie hier *Neuer Tabellenentwurf* (s. dazu Abb. 13.6).

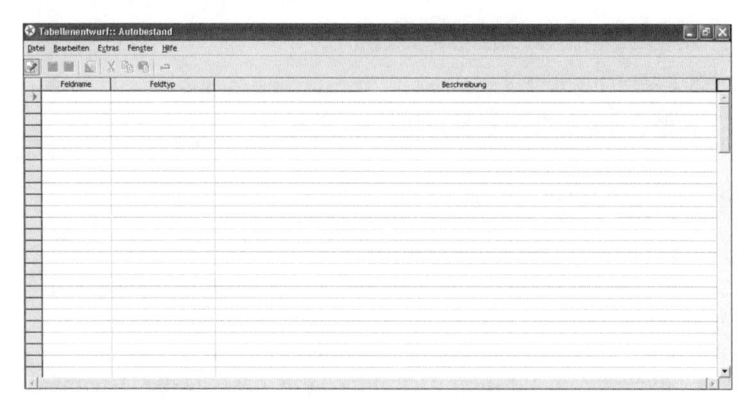

Abb. 13.7: Die neue Tabelle wird angezeigt.

In der neuen Tabelle fehlen allerdings noch die Einträge. Es sind lediglich die Felder *Feldname*, *Feldtyp* und *Bezeichnung* eingetragen. Aber das können Sie gleich ändern: Geben Sie unter Feldname nacheinander die folgenden Bezeichnungen ein: „Marke", „Typ", „Baujahr", „HU", „PS", „km", „Preis". Der jeweilige Name darf dabei nicht länger als 8 Zeichen sein.
Sobald Sie eine Bezeichnung eingeben, wird im Feld *Feldtyp* der Datentyp angezeigt. Hier wird automatisch immer der Typ *Text* eingesetzt.

	Feldname	Feldtyp
	Marke	Text [VARCHAR]
	Typ	Text [VARCHAR]
	Baujahr	Text [VARCHAR]
	HU	Text [VARCHAR]
	PS	Text [VARCHAR]
	km	Text [VARCHAR]
▶	Preis	Text [VARCHAR]

Abb. 13.8:
Die Feldnamen sind eingetragen.

Klicken Sie im Menü auf *Datei/Speichern*. Ein Dialogfenster, in dem Sie einen Namen für die Tabelle vergeben müssen, erscheint. Wählen Sie den Namen „autoliste“, und bestätigen Sie mit *OK*.

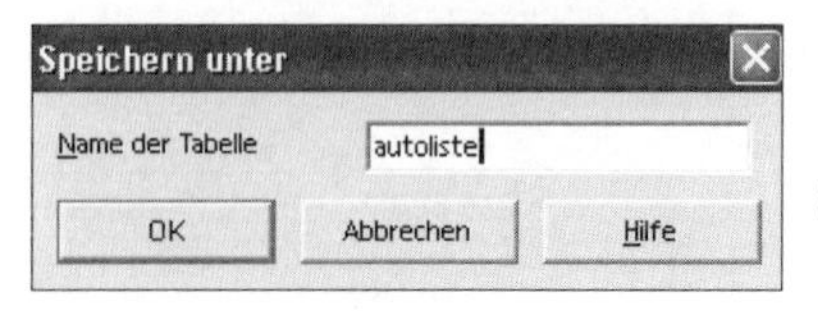

Abb. 13.9:
Verwenden Sie einen passenden Namen für die Tabelle.

Sie springen wieder in die Tabelle zurück.

13.1.3 Dateneingabe in die Tabelle

Starten Sie den Explorer, und führen Sie unter Ihrer neuen Datenbank einen Doppelklick auf *Tabellen* aus. Die bisher angelegten Tabellen in der Datenbank *autoeins* werden Ihnen angezeigt.
Die Tabelle *biblio* hat Ihren Ursprung darin, dass Sie die Datenbank eigentlich nur in *autoeins* umbenannt haben; deswegen steht sie noch hier.

Abb. 13.10:
Sie haben bereits zwei Tabellen.

Klicken Sie jetzt doppelt auf *autoeins*. Adabas erzeugt die Eingabefelder für den ersten Datensatz.

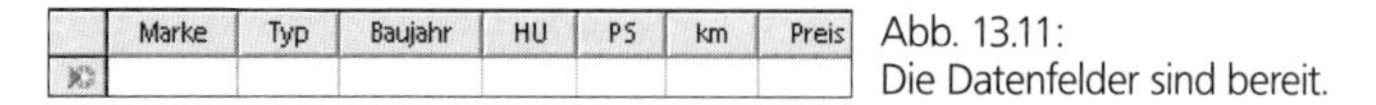

Abb. 13.11:
Die Datenfelder sind bereit.

Geben Sie die ersten Daten ein. Sobald Sie den ersten Buchstaben eingetippt haben, fügt Adabas automatisch die Eingabefelder für den nächsten Datensatz an. Geben Sie weitere Daten ein.

Marke	Typ	Baujahr	HU	PS	km	Preis
Opel	Vectra	1995	12/200	115	28.000	9.500.-
Ford	Escort	1992	11/200	105	89.000	7.500.-
Opel Kade	1989	1989	2/2005	90	144.00	1.700.-
VW	Golf	1989	10/200	90	96.000	5.500.-
Ford	Mondec	1993	04/200	90	88.000	7.500.-
Opel	Astra	1996	4/2004	115	32.000	9.500.-

Abb. 13.12:
Neun Datensätze sind angelegt.

Die Einträge unter *Typ*, *HU* und *km* können nicht ganz dargestellt werden. Verbreitern Sie diese drei Spalten, indem Sie doppelt auf den Spaltenrahmen klicken. Die Spalte verbreitert sich dann automatisch soweit, bis alle Zeichen des Eintrags lesbar sind.

Marke	Typ	Baujahr	HU	PS	km	Preis
Opel	Vectra	1995	12/2004	115	28.000	9.500.-
Ford	Escort	1992	11/2004	105	89.000	7.500.-
Opel Kade	1989	1989	2/2005	90	144.00	1.700.-
VW	Golf	1989	10/2004	90	96.000	5.500.-
Ford	Mondeo	1993	04/2004	90	88.000	7.500.-
Opel	Astra	1996	4/2004	115	32.000	9.500.-

Abb. 13.13:
Die Spalten wurden angepasst.

Speichern Sie nach Beendigung aller Einträge ab.

13.2 Sortieren und Filtern

13.2.1 Sortieren von Daten

Die bisher angelegten Daten können Sie unter Adabas für Sortierarbeiten nutzen. Sie können z.B. die Markennamen der Autos alphabetisch sortieren, und zwar in aufsteigender Form, also von A bis Z, oder in absteigender Form, also von Z bis A.
Für eine Sortierung müssen Sie als Erstes die Spalte anklicken, in der sich die Datensätze zum Sortieren befinden, also in diesem Fall die Spalte *Marke*. In der Symbolleiste der Tabelle finden Sie das Symbol für die aufsteigende Sortierung.

A Z

Abb. 13.14:
Mit diesem Symbol sortieren Sie eine Spalte vorwärts.

Klicken Sie auf das Symbol, und Adabas listet die Modelle nach dem ABC sortiert auf.

Marke
Ford
Ford
Ford
Ford
Opel
Opel
Opel

Abb. 13.15:
Die einzelnen Typen sind alphabetisch sortiert.

Die zweite Sortiermöglichkeit funktioniert gerade entgegengesetzt. Die Daten werden praktisch „von hinten nach vorne“ sortiert. Für diese Art der Sortierung finden Sie ebenfalls ein Symbol in der Symbolleiste der Tabelle.

Abb. 13.16:
Mit diesem Symbol sortieren Sie eine Spalte rückwärts.

Marke
VW
VW
Opel Kade
Opel
Opel
Opel
Ford

Abb. 13.17:
Das Ergebnis der Sortierung rückwärts

13.2.2 Filtern von Daten

Mit der Hilfe dieser Funktion können Sie z.B. alle Autos der Marke Ford anzeigen lassen. Klicken Sie in der Spalte *Marke* auf einen beliebigen Datensatz, der den Namen *Ford* enthält, und drücken Sie anschließend das Symbol für die automatische Filterung; Sie finden es über der Menüleiste direkt über der Tabelle.

Abb. 13.18:
Über dieses Symbol starten Sie die automatische Filterung.

Jetzt sehen Sie nur noch die Autos der Marke Ford in Ihrer Tabelle am Bildschirm.

	Marke	Typ	Baujahr	HU	PS	km	Preis
▶	Ford	Escort	1990	03/2004	55	121.00	2.300.-
	Ford	Mondeo	1994	1/2004	90	88.000	8.500.-
	Ford	Escort	1992	11/2004	105	89.000	7.500.-
	Ford	Mondeo	1993	04/2004	90	88.000	7.500.-

Abb. 13.19:
Die Filterfunktion hat alle Autos der Marke Ford herausgesucht.

Doch Sie können noch genauer filtern, etwa nur alle *Ford Escort* „herauspicken". Klicken Sie dazu in der Spalte *Typ* auf einen Eintrag mit dem Namen *Escort* und dann auf das Symbol für die automatische Filterung. Nun stehen nur noch alle Autos des Typs *Ford Escort* in Ihrer Tabelle.

	Marke	Typ	Baujahr	HU	PS	km	Preis
▶	Ford	Escort	1990	03/2004	55	121.00	2.300.-
	Ford	Escort	1992	11/2004	105	89.000	7.500.-

Abb. 13.20:
Die Filterfunktion hat alle Einträge eines Typs herausgepickt.

Um die Filterung wieder aufzuheben, betätigen Sie das Symbol für die Aufhebung von Sortierungen in der Tabellen-Symbolleiste (siehe Abb. 13.21).

Abb. 13.21:
Mit diesem Symbol machen Sie die Sortierung wieder rückgängig.

13.3 Hinzufügen von Feldern

Falls Sie nach dem Erstellen Ihrer Autodatenbank weitere Felder benötigen, etwa um nachträglich die Farbe der einzelnen Fahrzeuge einzugeben, ist dies kein Problem. Fügen Sie Ihrer Tabelle einfach ein weiteres Feld hinzu.

1. Starten Sie über den Explorer die Tabelle, an die Sie ein weiteres Feld anhängen wollen, in diesem Fall also die Tabelle *autoeins*. Klicken Sie mit der rechten Maustaste im Verzeichnisbaum des Explorers unter dem Verzeichnis *autoeins/Tabellen* auf *autoliste* und anschließend im Kontextmenü auf den Eintrag *Tabelle bearbeiten*. Ihre Tabelle wird nun wieder angezeigt.

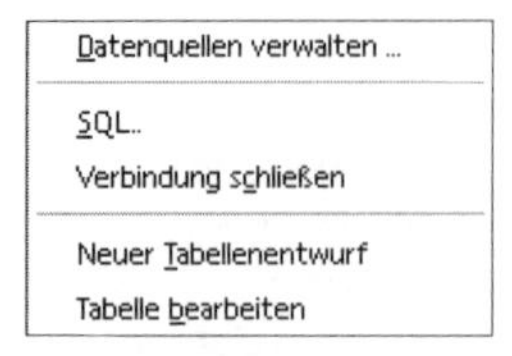

Abb. 13.22:
Rufen Sie eine Tabelle für eine Erweiterung auf.

2. Sie sehen jetzt die zuvor entworfene Tabelle vor sich. Setzen Sie den Mauszeiger in die erste leere Zeile nach den Einträgen, und schreiben Sie „Farbe“ hinein. Speichern Sie den neuen Entwurf ab, und schließen Sie dieses Fenster.

Feldname	Feldtyp
Marke	Text [VARCHAR]
Typ	Text [VARCHAR]
Baujahr	Text [VARCHAR]
HU	Text [VARCHAR]
PS	Text [VARCHAR]
km	Text [VARCHAR]
Preis	Text [VARCHAR]
Farbe	Text [VARCHAR]

Abb. 13.23:
Die Tabelle wurde um eine Position erweitert.

3. Bevor Sie Ihren neuen Tabellenentwurf wieder schließen können, werden Sie zum Abspeichern aufgefordert, was Sie natürlich tun.

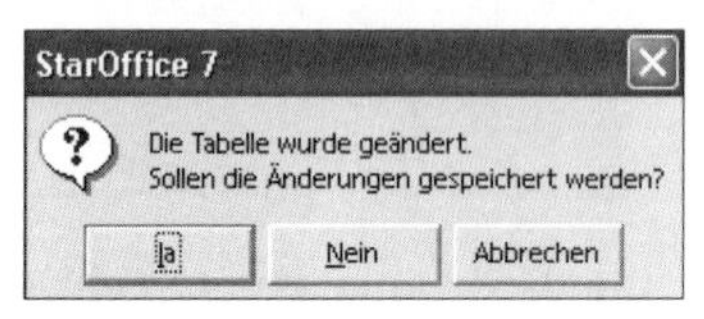

Abb. 13.24:
Abspeichern ist notwendig.

4. Öffnen Sie wieder Ihre Tabelle *autoliste*, und geben Sie die Farben der Autos ein.

Marke	Typ	Baujahr	HU	PS	km	Preis	Farbe
Opel	Vectra	1995	12/2004	115	28.000	9.500.-	rot
Ford	Escort	1992	11/2004	105	89.000	7.500.-	rot
Opel Kade	1989	1989	2/2005	90	144.00	1.700.-	grün
VW	Golf	1989	10/2004	90	96.000	5.500.-	gelb
Ford	Mondeo	1993	04/2004	90	88.000	7.500.-	blau
Opel	Astra	1996	4/2004	115	32.000	9.500.-	grün

Abb. 13.25:
Das Kriterium Farbe ist angelegt.

13.4 Feldtypen

13.4.1 Die verschiedenen Feldtypen

Die Felder, die bisher in Ihrer Tabelle stehen, sind alle vom gleichen Feldtyp, dem Typ *Text*. Auch die Beispielfelder *Baujahr*, *HU*, *PS*, *km* und *Preis* haben diesen Feldtyp erhalten, obwohl sie ja eigentlich nur Zahlen enthalten und keinen Text. Um jeder Spalte in einer Tabelle den richtigen Feldtyp zuzuteilen, bietet Adabas unterschiedliche Feldtypen an. Hier sind die Wichtigsten:

Feldtyp	Funktion
Text	Dies ist die Standardeinstellung. Sie können in dieses Feld bis zu 254 Zeichen eingeben.
Text(fix)	Im Prinzip das Gleiche wie Text, jedoch legen Sie hier die Länge der einzugebenden Buchstaben fest.
Zahl	In diesem Feld kann nur die Eingabe von Zahlen erfolgen.
Datum/Zeit	In dieses Feld können Sie ein Datum und eine Uhrzeit eingeben.
Datum	Dieses Feld ist nur für Datumseingaben gedacht.
Zeit	Dieses Feld ist nur für die Eingaben von Uhrzeiten zuständig.
Ja/Nein	Hier handelt es sich um ein logisches Feld, das nur die Werte *Ja* oder *Nein* akzeptiert.
Währung	In diesem Feld werden Zahlenwerte einer bestimmten Währung abgespeichert.
Memo	Dieses Feld dient dem Eingeben von Hinweisen zu Datensätzen.
Decimal	In diesem Feld können Zahlen mit Kommastellen eingegeben werden. Die Kommastellen werden vorher festgelegt.

13.4.2 Feldtypen verändern

Rufen Sie wieder über *Tabelle/autoliste*/rechte Maustaste/*Tabelle bearbeiten* Ihr Tabellengerüst auf, um einige Feldtypen zu verändern. Setzen Sie den Mauszeiger in die Zelle, in der Sie den Feldtyp ändern wollen. Am Rand der Zelle zeigt sich ein kleiner Pfeil. Wenn Sie ihn anklicken, öffnet sich ein Menü, das die verschiedenen Feldtypen enthält. Klicken Sie den gewünschten Typ an, und dieser ersetzt den vorhergehenden Eintrag in der Zelle. Ändern Sie zur Übung einige Feldtypen um: z.B. *PS*, *km* und *Preis* in *Dezimal*, *HU* in *Datum* usw.

Feldname	Feldtyp
Marke	Text [VARCHAR]
Typ	Text [VARCHAR]
Baujahr	Text [VARCHAR]
HU	Memo [LONGVARCHAR]
PS	Text (fix) [CHAR]
km	Dezimal [DECIMAL]
Preis	Text [VARCHAR]
Farbe	Datum [DATE]

Abb. 13.26:
Suchen Sie sich einen neuen Feldtyp aus.

Feldname	Feldtyp
Marke	Text [VARCHAR]
Typ	Text [VARCHAR]
Baujahr	Text [VARCHAR]
HU	Datum [DATE]
PS	Dezimal [DECIMAL]
km	Dezimal [DECIMAL]
Preis	Dezimal [DECIMAL]
Farbe	Text [VARCHAR]

Abb. 13.27:
Fast alle Feldtypen wurden geändert.

Dies sollte nur zur Veranschaulichung dienen. Speichern Sie also nicht ab, um Ihre Tabelle im ursprünglichen Zustand zu behalten.

14. Formulare und Berichte

Mit der Hilfe eines Formulars lässt sich der Inhalt eine Tabelle viel besser darstellen. Es wird jeweils nur ein Datensatz aus der Tabelle angezeigt.
Berichte können überaus hilfreich sein, um eine Tabelle nach bestimmten Kriterien zu durchsuchen.

14.1 Das Erstellen eines Formulars

Um ein Formular anzulegen, müssen Sie im ersten Schritt eine neue Datenbank mit einer Tabelle erzeugen.

1. Rufen Sie über *Datei/AutoPilot/Formulare* das gleichnamige Dialogfenster auf. Das Dialogfenster *AutoPilot Formular – Datenbankauswahl* startet.

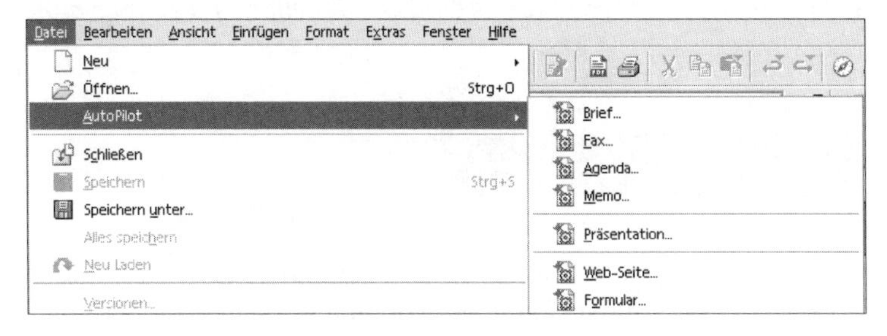

Abb. 14.1: Starten Sie den AutoPiloten für das Anlegen eines neuen Formulars.

2. Suchen Sie zuerst aus der Liste *Datenquelle* die Datei aus, die Sie für das Formular verwenden wollen (s. Abb. 14.2).

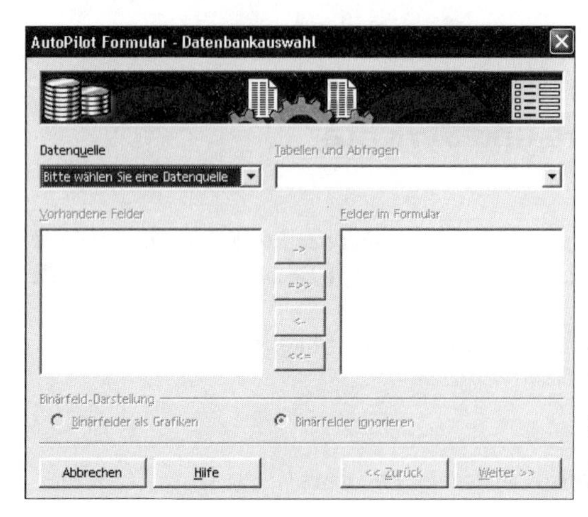

Abb. 14.2: Verwenden Sie dieses Formular für Feldnamen.

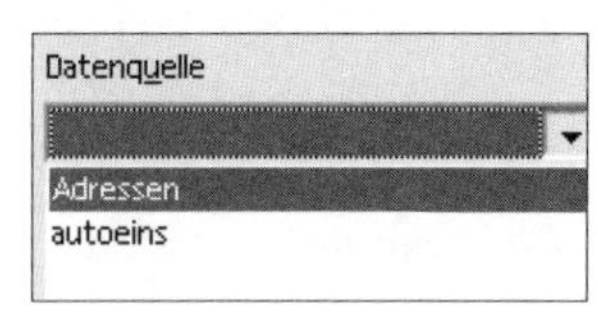

Abb. 14.3: Suchen Sie die Datenquelle aus.

3. Anschließend wählen Sie aus der Liste *Tabellen und Abfragen* die gewünschte Tabelle aus.

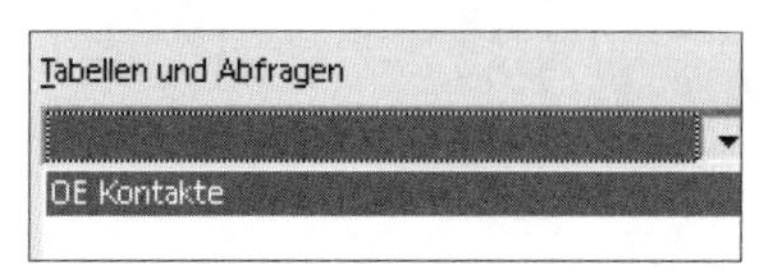

Abb. 14.4: Suchen Sie die Tabelle aus.

4. Nun weisen Sie die Feldnamen zu oder entfernen sie. Im linken Fenster des Formulars finden Sie vorhandene Felder, die Sie in Ihr Formular übernehmen können. Wenn Sie einen der Feldnamen anklicken, wird das obere Kästchen rechts neben dem Fenster mit den Feldnamen aktiv. Durch Klick darauf übernehmen Sie den jeweiligen Feldnamen in das Formular. Diese Übernahme wird Ihnen im Fenster *Felder im Formular* angezeigt.

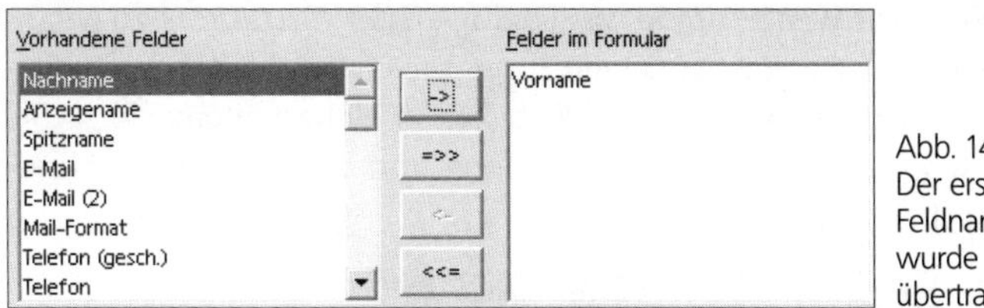

Abb. 14.5: Der erste Feldname wurde übertragen.

5. Ist ein Feldname übertragen, so wird er automatisch aus der Liste *Vorhandene Felder* entfernt. Weisen Sie weitere Feldnamen zu. Wenn Sie alle Feldnamen zugewiesen haben, sollte das Ergebnis etwa wie in Abbildung 14.6 aussehen.

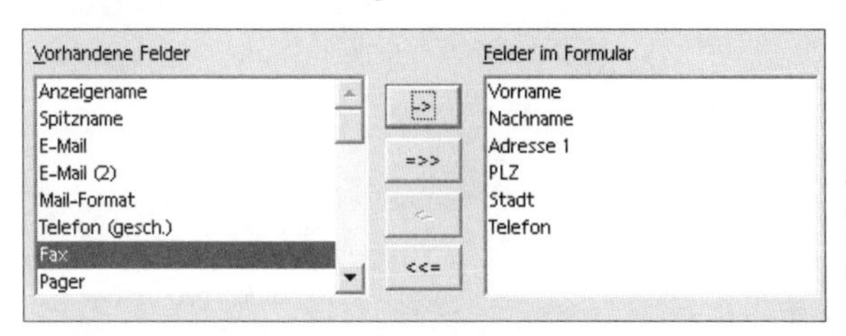

Abb. 14.6: Alle benötigten Feldnamen wurden zugewiesen.

Sie können falsch übertragene Feldnamen auch wieder zurückschieben. Dazu klicken Sie den Feldnamen in dem Fenster *Felder im Formular* an. Sofort wird links daneben ein weiteres Kästchen aktiv mit Pfeil nach links. Durch Klick auf dieses Kästchen schieben Sie den Feldnamen wieder in das Fenster *Vorhandene Feldnamen* zurück. Das Kästchen mit dem Doppelpfeil nach links schiebt übrigens alle Feldnamen aus *Felder im Formular* wieder in *Vorhandene Felder* zurück. Das Kästchen mit dem Doppelpfeil nach rechts hat genau die umgekehrte Funktion.

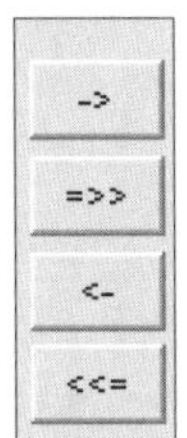

Abb. 14.7: Alle Zuweisungskästchen im Überblick

Klicken Sie auf *Weiter*, um in das Dialogfenster *Gestaltung* zu gelangen. Hier legen Sie das Aussehen Ihrer Tabelle fest, z.B. wie die Datenbankfelder angeordnet werden sollen, welche Seitenvorlage Sie verwenden, die Art der Feldumrandung und wie das Hintergrundbild aussehen soll.

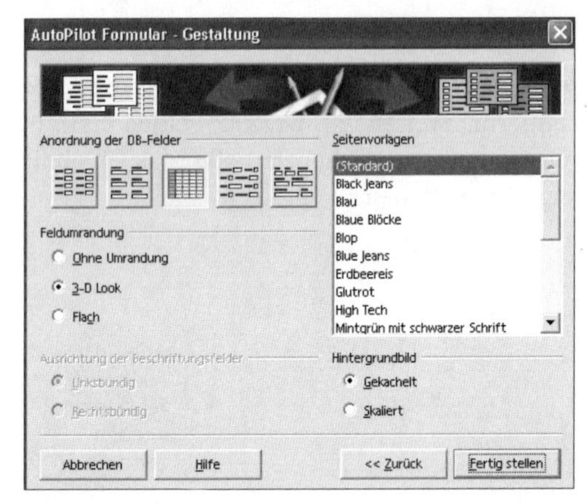

Abb. 14.8: Legen Sie hier die Einstellungen für die Tabelle fest.

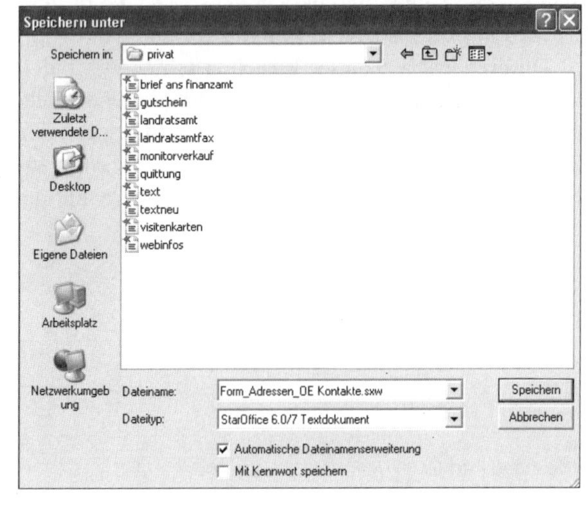

Abb. 14.9: Speichern nicht vergessen

Belassen Sie alle Einstellungen, wie sie sind, und bestätigen Sie mit *Fertig stellen*.
Nach dem Klick auf *Speichern* öffnet sich das neue Formulare am Bildschirm.

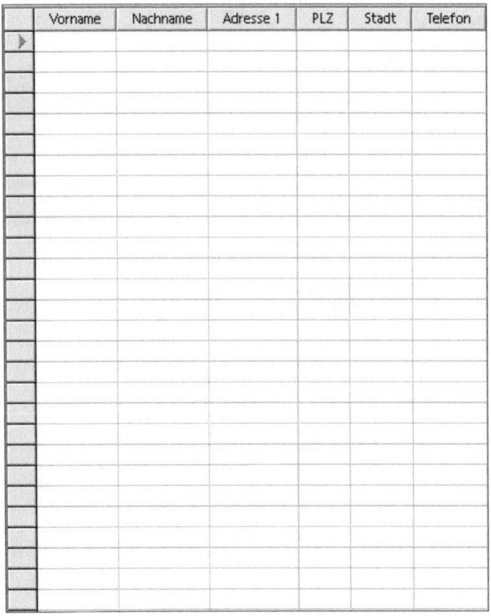

Vorname	Nachname	Adresse 1	PLZ	Stadt	Telefon

Abb. 14.10:
Die Felder des Formulars stehen für die Eingabe bereit.

14.2 Einen Bericht erstellen

Ein Bericht dient der Darstellung eines Ergebnisses. Zum Erstellen eines Berichts bedienen Sie sich am besten wieder des AutoPiloten. Starten Sie einen Bericht über *Datei/AutoPilot/Bericht*.

1. Der Dialogmodus *Bericht* beginnt mit dem Dialogfenster *Datenbankauswahl*. Für unser Beispiel verwenden wir die Datenquelle *autoeins* und die Tabelle *autoliste*. Suchen Sie zuerst unter *Datenquelle* diese Datenquelle und dann unter *Tabellen und Abfragen* ebenfalls die genannte Tabelle aus.

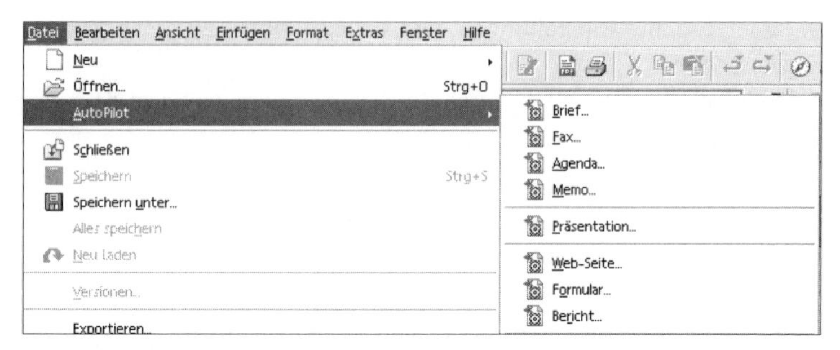

Abb. 14.11: Begeben Sie sich auf den Weg zum Bericht.

2. Übertragen Sie die Felder *Baujahr*, *Marke* und *Typ* von *Vorhandene Felder* zu *Felder im Formular.*

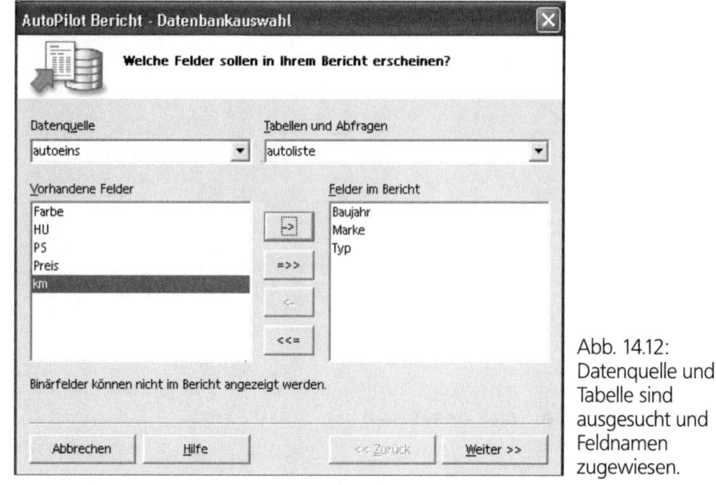

Abb. 14.12: Datenquelle und Tabelle sind ausgesucht und Feldnamen zugewiesen.

3. Ein Klick auf *Weiter* bringt Sie in das Dialogfenster *Felder beschriften*. Da Sie die Beschriftung bereits festgelegt haben, können Sie auf *Weiter* klicken.
4. Im nächsten Schritt öffnet sich das Dialogfenster *Gruppierungen*. Bestätigen Sie auch hier mit *Weiter.*

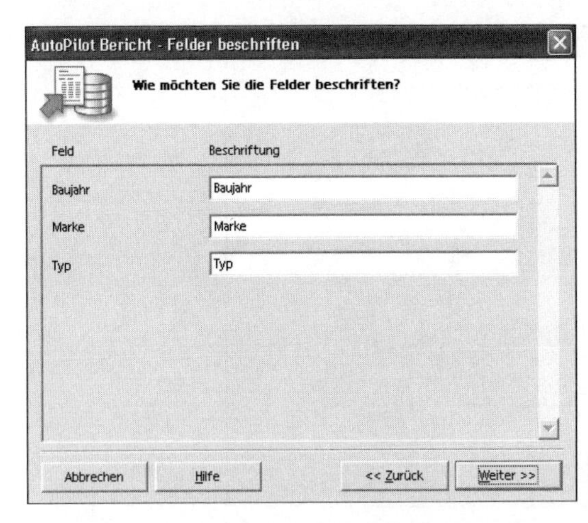

Abb. 14.13: Ein weiteres Dialogfenster im Berichtsmodus

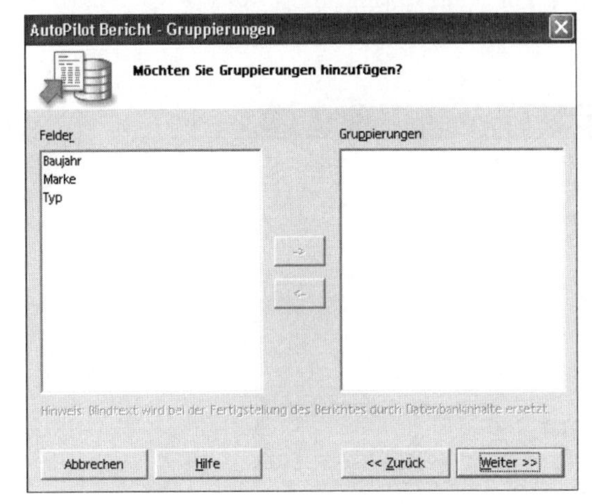

Abb. 14.14: Das Dialogfenster „Gruppierungen"

5. Im nächsten Fenster geben Sie an, wie Sie die Daten sortieren möchten.

AutoPilot Bericht - Sortieroptionen
Nach welchen Feldern wollen Sie die Daten sortieren?
Sortieren nach
Baujahr
Aufsteigend
Absteigend
Anschließend nach
-undefiniert-
Aufsteigend
Absteigend
Anschließend nach
-undefiniert-
Aufsteigend
Absteigend
Anschließend nach
-undefiniert-
Aufsteigend
Absteigend
Abbrechen
Hilfe
<< Zurück
Weiter >>

Abb. 14.15: Die Sortierfunktion

6. Ein weiterer Klick auf *Weiter* bringt Sie in das Fenster *Layout*. Hier legen Sie das Layout der Daten und der Kopf- und Fußzeilen fest.

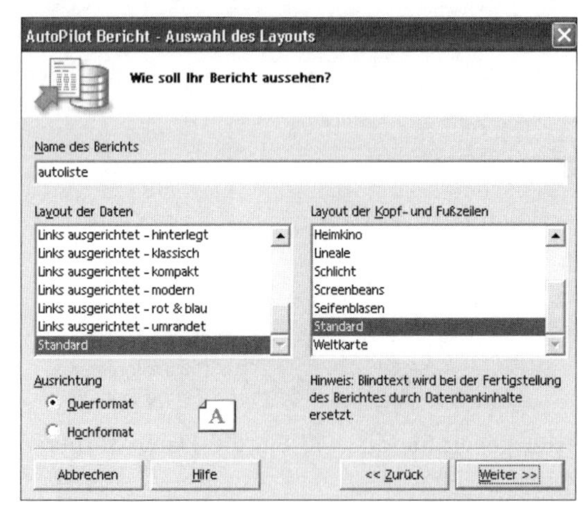
AutoPilot Bericht - Auswahl des Layouts
Wie soll Ihr Bericht aussehen?
Name des Berichts
autoliste
Layout der Daten
Links ausgerichtet - hinterlegt
Links ausgerichtet - klassisch
Links ausgerichtet - kompakt
Links ausgerichtet - modern
Links ausgerichtet - rot & blau
Links ausgerichtet - umrandet
Standard
Layout der Kopf- und Fußzeilen
Heimkino
Lineale
Schlicht
Screenbeans
Seifenblasen
Standard
Weltkarte
Ausrichtung
Querformat
Hochformat
Hinweis: Blindtext wird bei der Fertigstellung des Berichtes durch Datenbankinhalte ersetzt.
Abbrechen
Hilfe
<< Zurück
Weiter >>

Abb. 14.16: Legen Sie das Layout fest.

7. Ein letzter Klick auf *Weiter* bringt Sie in das Speicherfenster. Klicken Sie hier auf *Fertig stellen*.

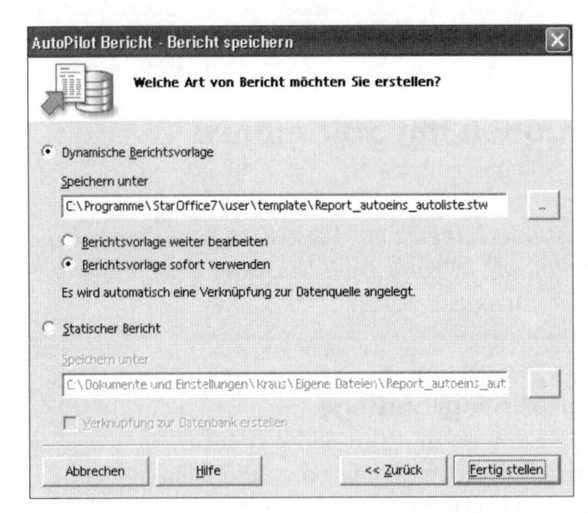

Abb. 14.17: Das letzte Dialogfenster des Berichtsmodus

Der fertige Bericht öffnet sich. Oben links im Bericht werden Ihnen die Daten zu diesem Bericht und weiter unten die Tabelle mit den ausgesuchten Feldtypen angezeigt. Speichern Sie den Bericht in Ihrem Ordner *privat* ab.

Titel: autoliste
Autor: Uwe Kraus
Datum: 11.11.03

Baujahr	*Marke*	*Typ*
1990	Ford	Escort
1993	Opel	Astra
1994	VW	Golf
1994	Ford	Mondeo
1995	Opel	Vectra
1992	Ford	Escort
1989	Opel	Kadett
1989	VW	Golf
1993	Ford	Mondeo
1996	Opel	Astra

Abb. 14.18: Der Bericht ist fertig.

15. Präsentationen mit StarImpress

Eine Präsentation ist sehr hilfreich zur Vorstellung von Produkten. Sie können die Vorführung in Form einer Diaschau am Computer ablaufen lassen oder auch ausdrucken.

15.1 Die Präsentationsgrundlage

Als Anschauungsmaterial verwenden wir die Beschreibung über die Module des Programms StarOffice 7. Der Einfachheit halber bedienen wir uns hier auch wieder der Hilfe des AutoPiloten.

1. Starten Sie den AutoPiloten über den Desktop mit *Start/Programme/StarOffice7/Präsentation* oder direkt im Arbeitsbereich von StarOffice 7 über *Datei/AutoPilot/Präsentation.*

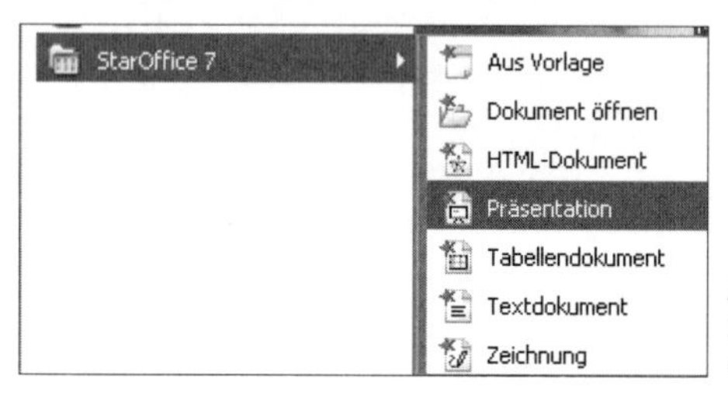

Abb. 15.1:
Starten Sie den AutoPiloten für eine Präsentation.

2. Der AutoPilot startet mit dem ersten Fenster zur Erstellung der Präsentation. Klicken Sie die Option *Leere Präsentation* an, falls diese nicht schon aktiviert ist (siehe Abb. 15.2). Bestätigen Sie mit *Weiter.*
3. Im nächsten Schritt wählen Sie einen Präsentationshintergrund aus. Unter dem Feld mit dem Eintrag *Präsentationshintergründe* finden Sie eine Auswahl. Wählen Sie *Notizblock*. Der ausgewählte Hintergrund wird Ihnen jetzt im rechten Bereich in einem Fenster

angezeigt – allerdings nur, wenn die Option *Vorschau* mit einem Haken markiert ist.

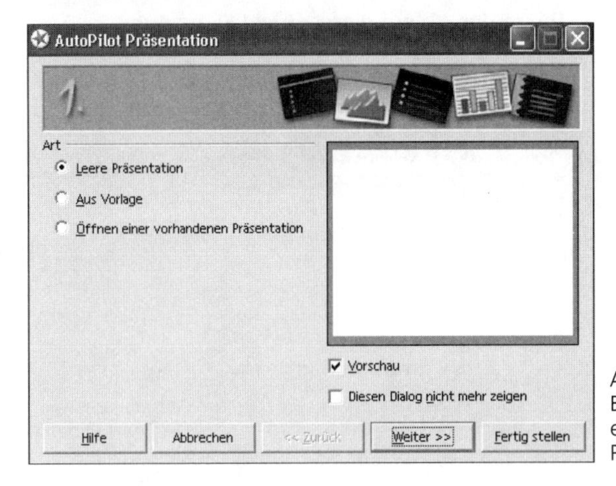

Abb. 15.2: Bereiten Sie eine neue Präsentation vor.

4. Im Bereich *Ausgabemedium* suchen Sie jetzt das Medium aus, mit dem Sie Ihre Präsentation vorführen wollen.

Abb. 15.3: Der Hintergrund soll die Form eines Notizblocks haben.

5. Im nächsten Fenster haben Sie die Möglichkeit, einen Effekt sowie die Geschwindigkeit für den Ablauf der Präsentation festzule-

gen. In der Auswahlliste *Effekte* finden Sie eine Menge interessanter Effekte. Klicken Sie auf den Effekt *Rollen von links*. In der Vorschau wird Ihnen der Ablauf dieses Effekts vorgeführt.

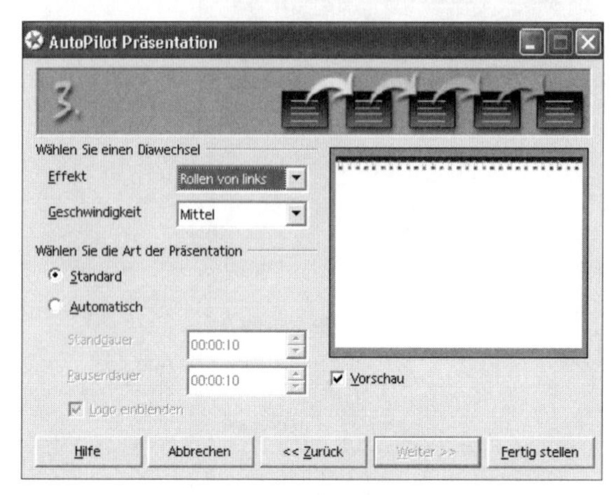

Abb. 15.4:
Der Effekt und die Geschwindigkeit sind festgelegt.

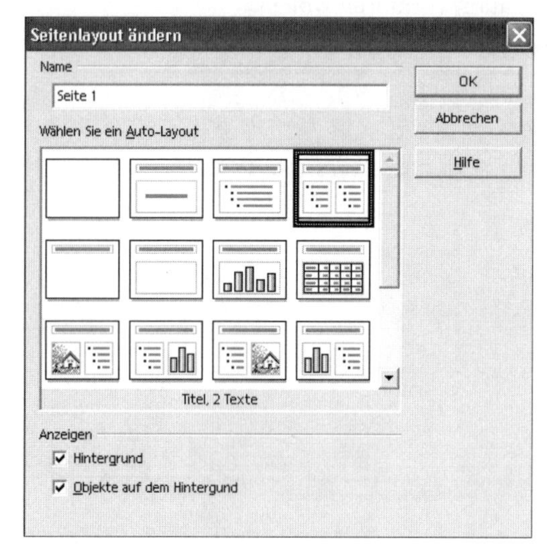

Abb. 15.5:
Wie soll das Layout der Seite aussehen?

6. Wählen Sie jetzt noch eine Geschwindigkeit für den Ablauf der Präsentation aus der Liste *Geschwindigkeit* aus, oder belassen Sie die eingestellte Auswahl. Die Art der Präsentation können Sie auf der Option *Standard* belassen (s. Abb. 15.4).
7. Mit einem Klick auf *Fertig stellen* springen Sie in das Fenster *Seitenlayout ändern*. Wählen Sie hier ein Layout für Ihre Seiten aus. Vergeben Sie einen Namen, oder übernehmen Sie den vorgeschlagenen, und bestätigen Sie mit *OK* (s. Abb. 15.5).

15.2 Die Präsentation mit Daten füllen

Ihre ausgesuchte Vorlage wird am Monitor angezeigt. Die Seite ist in drei Teile gegliedert.

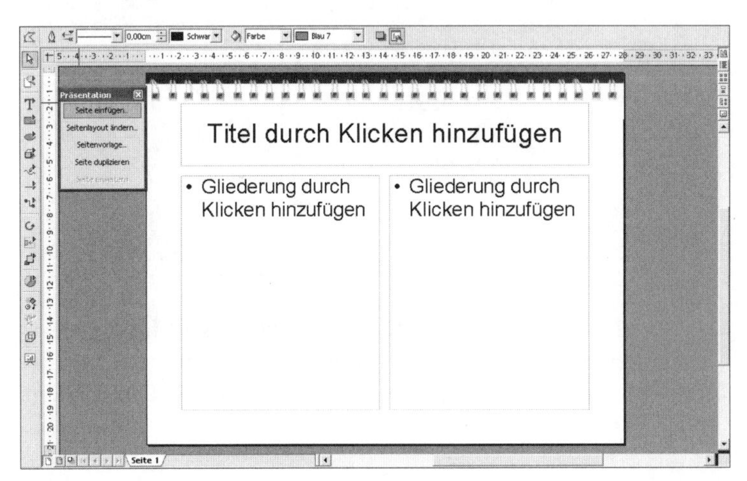

Abb. 15.6: Die erste Seite der Präsentation

1. Klicken Sie nun in den oberen Rahmen mit dem Text *Titel durch Klicken hinzufügen*. Der Text verschwindet, und der Cursor blinkt. Geben Sie die Überschrift ein, hier: „StarOffice 7“.
2. Klicken Sie jetzt in den unteren linken Rahmen. Auch hier verschwindet der Text. Geben Sie z.B. ein:

```
Überblick über die Module StarWriter

von Uwe Kraus
```

3. Klicken Sie dann in den rechten Rahmen und geben Sie ein:

```
Rechtschreibung

Silbentrennung

Thesaurus

Visitenkarten

Etiketten
```

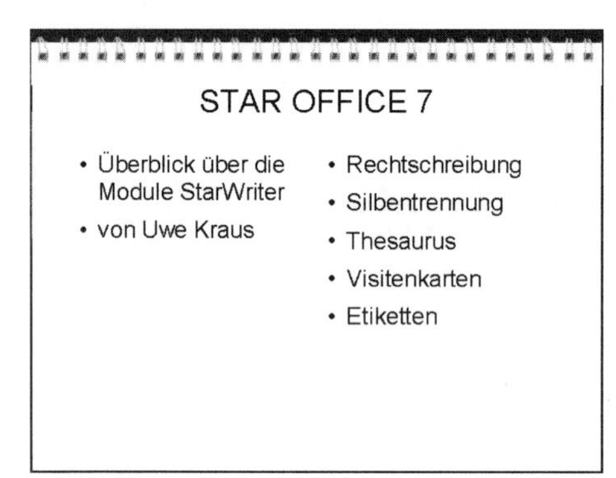

Abb. 15.7:
Die erste Doppelseite ist mit den neuen Daten gefüllt.

4. Legen Sie mit *Neue Seite einfügen* eine zweite Seite für diese Präsentation an. Verwenden Sie das Fenster, das links neben Ihrer Präsentation eingeblendet wird, oder gehen Sie über das Menü mit *Einfügen/Seite*.

Abb. 15.8:
Erzeugen Sie eine neue Seite.

5. Vergeben Sie den Namen *seite2* oder einen beliebigen anderen. Die neue Seite zeigt sich jetzt am Bildschirm. Am unteren Rand ist jetzt eine weitere „Lasche“ mit dem Eintrag *seite2* angelegt.
6. Geben Sie in das obere Feld wieder *StarWriter 7* ein und im linken Feld:

```
Überblick über die Module von StarCalc
von Uwe Kraus
```

Im rechten Feld geben Sie dann ein:

```
Kalkulationen
Diagramme
```

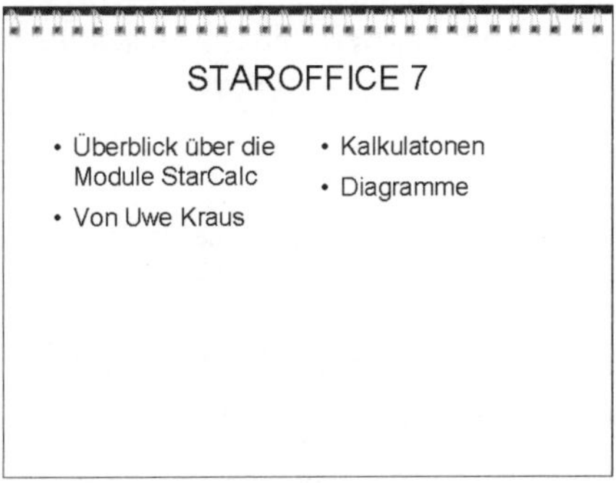

STAROFFICE 7

- Überblick über die Module StarCalc
- Von Uwe Kraus

- Kalkulatonen
- Diagramme

Abb. 15.9:
Auch die zweite Seite wurde mit Daten gefüllt.

7. Legen Sie noch eine dritte Seite an, geben Sie wieder als Überschrift *StarOffice 7* ein. Tippen Sie dann in das linke Feld:

```
Überblick über die Module Adabas
von Uwe Kraus
```

und in das rechte Feld:

```
Datenbanken
Tabellen
Abfragen
Berichte
Formulare
```

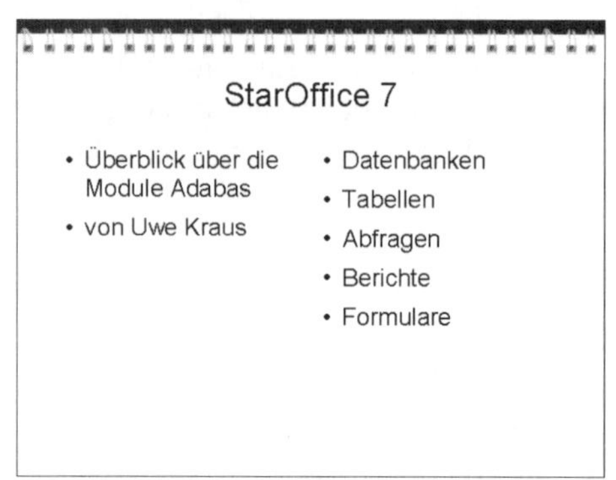

Abb. 15.10:
Die dritte Seite mit Daten

Für die Veranschaulichung des weiteren Ablaufs der Präsentation sollen uns diese drei Seiten genügen. Speichern Sie die Präsentation unter dem Namen *StarOffice 7* ab.

15.3 Ablauf der Präsentation

15.3.1 Manueller Ablauf

Nun ist es soweit, Sie sehen sich das Ergebnis Ihrer Arbeit an. Wählen Sie dazu im Menü *Bildschirmpräsentation* den Befehl *Bildschirmpräsentation*.

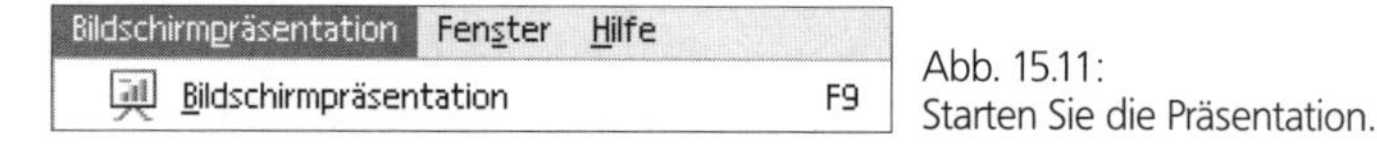

Abb. 15.11:
Starten Sie die Präsentation.

Das erste Dia zeigt sich in voller Monitorgröße. Durch Klick mit der linken Maustaste bewegen Sie sich jeweils zum nächsten Dia. Nach dem letzten Dia erscheint die Aufforderung zu klicken, um die Präsentation zu beenden.

Bitte klicken Sie, um die Präsentation zu beenden...

Abb. 15.12:
Die Präsentation ist zu Ende.

15.3.2 Automatischer Ablauf

Sie können Ihre Präsentation auch ablaufen lassen, ohne bei jedem neuen Dia die Maus zu betätigen.

1. Zu diesem Zweck müssen Sie sich erst alle Dias auf einmal anzeigen lassen. Rufen Sie im Menü *Ansicht/Arbeitsansicht/Dias* auf.

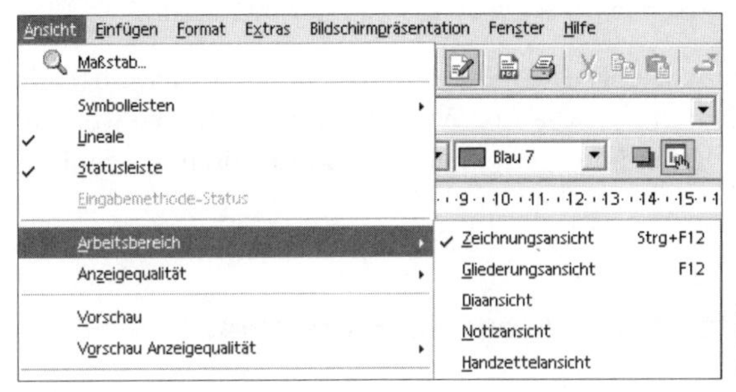

Abb. 15.13: Rufen Sie die Diaansicht auf...

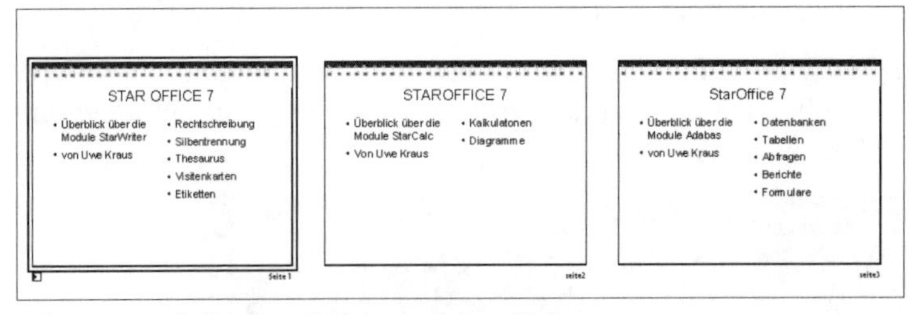

Abb. 15.14: ...und Sie sehen alle Seiten auf einen Blick.

2. Ziehen Sie mit gedrückt gehaltener linker Maustaste rund um die vier Dias einen Rahmen auf.
3. Klicken Sie in der Symbolleiste über den Dias neben dem Fenster *Wechsel* den kleinen Pfeil an. Eine Liste klappt auf. Wählen Sie den Eintrag *Automatisch* aus.

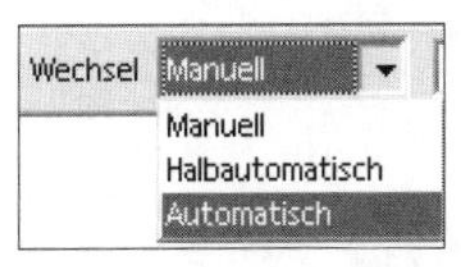

Abb. 15.15: Legen Sie die Art der Präsentation fest.

4. Neben Ihrem ausgewählten Eintrag erscheint nun ein weiteres Feld mit der Zeitangabe *00:00:01*. Dies bedeutet, dass nach einer Sekunde das nächste Dia eingeblendet wird – in der Regel etwas zu kurz. Stellen Sie daher mit Hilfe der kleinen Pfeiltaste, die nach oben zeigt, auf 10 Sekunden um.

Abb. 15.16:
Zeitspanne von einem Dia zum nächsten: 10 Sekunden.

5. Starten Sie nun wieder Ihre Präsentation, aber diesmal über die Tastenkombination [Strg]+[F2]. Wie Sie gleich feststellen werden, zeigt sich alle 10 Sekunden ein neues Dia. Zum Abschluss der Präsentation müssen Sie nochmals klicken.

15.4 Präsentationen automatisch erstellen

StarOffice 7 enthält auch Vorlagen für Präsentationen. Starten Sie wieder den AutoPiloten über *Datei/AutoPilot/Präsentation*.

1. Wählen Sie im Dialogfenster unter *Art* die Option *Aus Vorlage*. Scrollen Sie dann zu der Vorlage *Vorstellung einer Neuheit*, um diese zu aktivieren.

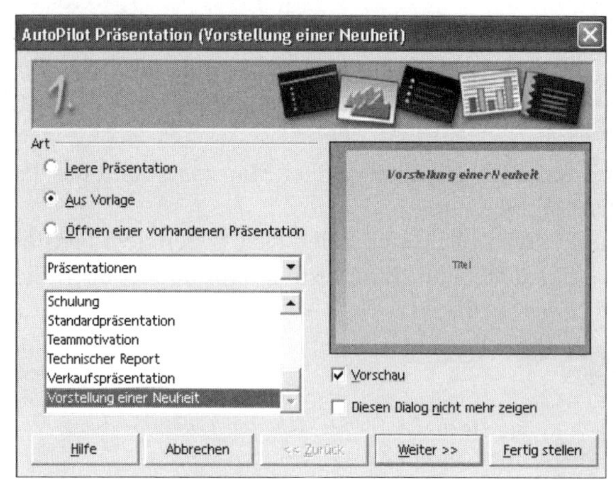

Abb. 15.17:
Eine Präsentation soll aus einer Vorlage erstellt werden.

2. Im Vorschaufenster rechts wird Ihnen die Präsentation angezeigt – aber nur, wenn das Kontrollkästchen *Vorschau* aktiviert ist. Bestätigen Sie mit *Weiter.* Wählen Sie im zweiten Fenster die Seitenvorlage *Information* und bestätigen Sie wieder mit *Weiter.*

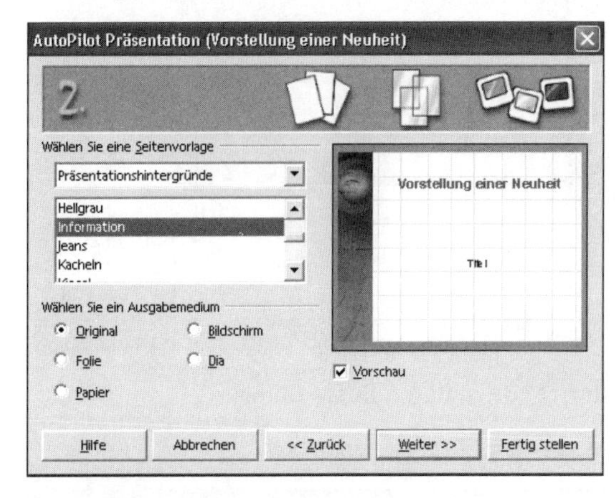

Abb. 15.18: Wählen Sie die gewünschte Vorlage aus...

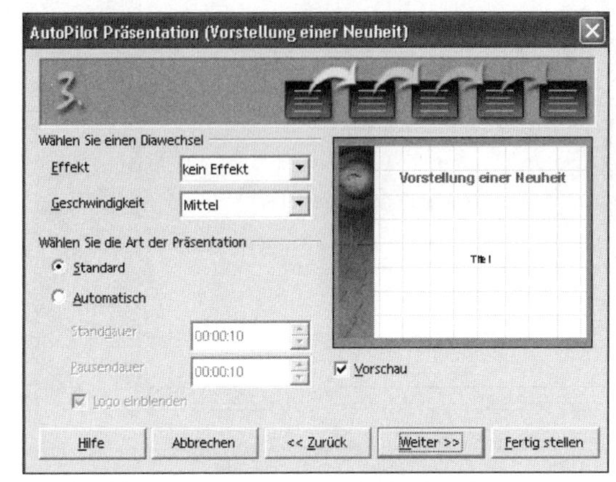

Abb. 15.19: ...und Animationen, falls gewünscht.

Bestätigen Sie auch diese Fenster mit *Weiter* und vergeben Sie im letzten Fenster einen Namen für diese Präsentation oder verwenden Sie den vorgeschlagenen.

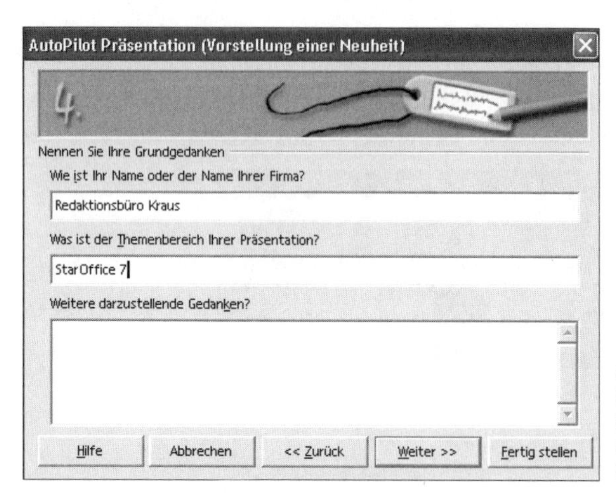

Abb. 15.20: Das letzte Fenster zeigt den Namen der Präsentation an.

Die Präsentation startet zur weiteren Bearbeitung.

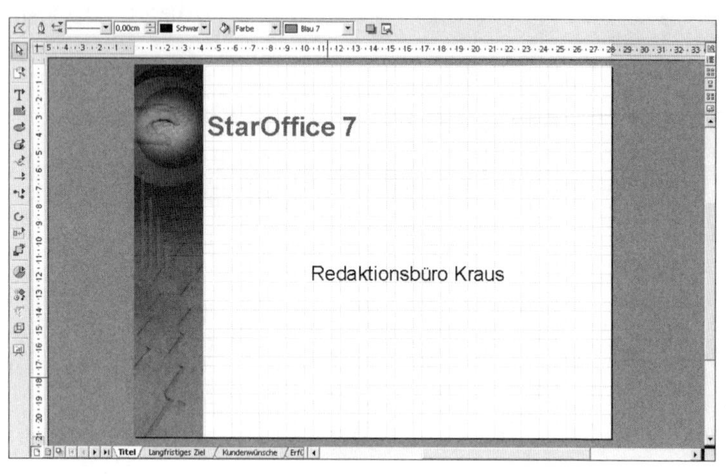

Abb. 15.21: Die Präsentation mit mehreren Seiten ist erstellt.

Sie müssen jetzt noch die Texte auf den verschiedenen Seiten eintragen; dann ist diese Präsentation fertig.

16. Das Zeichenprogramm StarOfficeDraw

Mit StarDraw können Sie Zeichnungen und dreidimensionale Texte erstellen.

16.1 Eine Zeichnung erstellen

Starten Sie StarDraw über den Menübefehl *Datei/Neu/Zeichnung*. Die Arbeitsoberfläche von StarDraw zeigt sich. Sie finden standardmäßig ein DIN-A4-Blatt zur Bearbeitung vor.

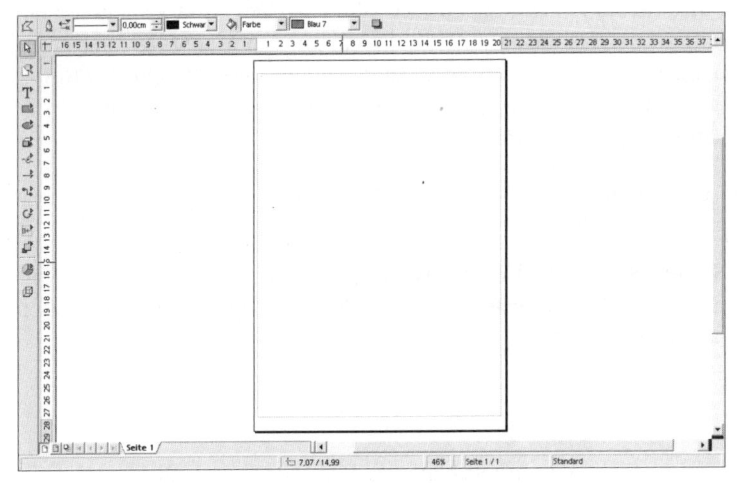

Abb. 16.1: Der Arbeitsbereich von StarDraw

Am linken Rand sehen Sie die Objektleiste. Nehmen wir an, Sie wollen für Ihr Dokument mit den Autoangeboten eine kleine Zeichnung anfertigen, die Skizze eines Fahrzeugs.

Dazu benötigen Sie verschiedene Optionen von StarDraw. Diese finden Sie in einer Optionsleiste, die Sie über das Menü *Ansicht/ Symbolleisten/Optionsleiste* einblenden.

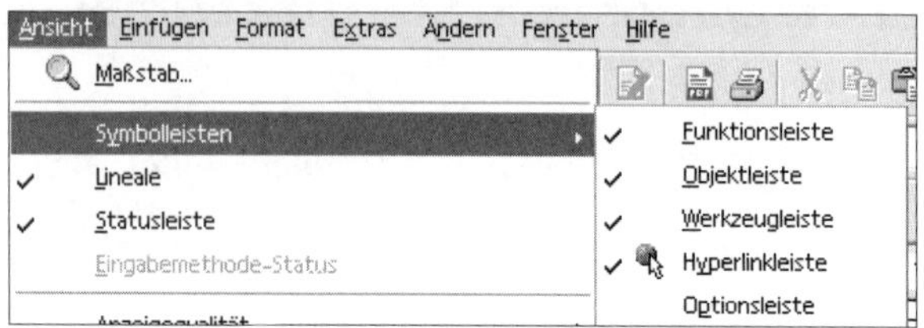

Abb. 16.2: Starten Sie die Optionsleiste.

Die Optionsleiste fügt sich am unteren Bildschirmrand ein.

Abb. 16.3: Die Optionsleiste von StarDraw

Ein weiteres Hilfsmittel, das Sie zum Erstellen Ihrer Zeichnung benötigen, ist das Raster. Es ist hilfreich, um den Mauszeiger gezielt zu platzieren oder gerade Linien zu zeichnen. Sie blenden das Raster über das gleichnamige Symbol in der Optionsleiste ein. Es ist das vierte Symbol von links.

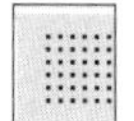

Abb. 16.4:
Mit diesem Symbol aktivieren Sie das Raster.

Starten Sie nun den Zeichenvorgang, indem Sie das Werkzeug *Kurven* in der Objektleiste anklicken. Der Mauszeiger verwandelt sich in eine Kurvenlinie.

Abb. 16.5:
Das Symbol zum Zeichnen von Kurven

Klicken Sie in das Arbeitsblatt mit dem Raster, und zeichnen Sie mit gedrückter, linker Maustaste eine Autoskizze.
In der Leiste über Ihrem Arbeitsbereich finden Sie einige Fenster vor, mit deren Hilfe Sie Ihre Linie verändern können.

- Im ersten Fenster können Sie eine andere Form für die Linie festlegen.

- Im zweiten Fenster können Sie die Breite der Linie bestimmen.
- Im dritten Fenster wählen Sie eine Farbe für die Linie aus.

Abb. 16.6:
Gestalten Sie Ihre Linie nach Belieben.

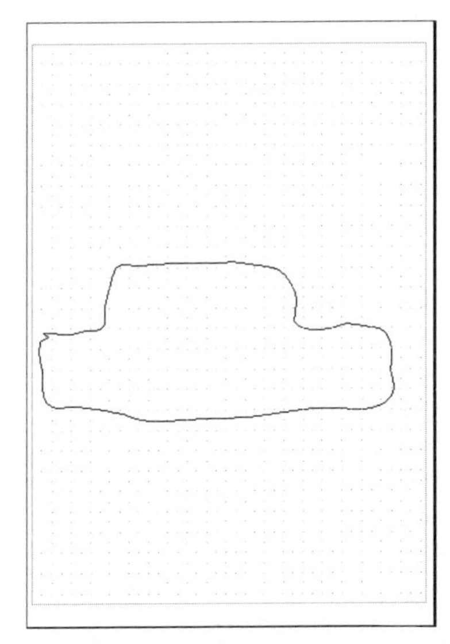
Abb. 16.7:
Ein erster Versuch mit dem Kurvenwerkzeug.

Es fehlen noch die Reifen. Diese können Sie mit Hilfe des Werkzeugs *Ellipse* „montieren“. Klicken Sie auf das gleichnamige Symbol in der Werkzeugleiste. Der Mauszeiger verwandelt sich in ein Plus-Zeichen mit einem Kreis darunter.

Abb. 16.8:
Aktivieren Sie das Symbol „Ellipse“.

Setzen Sie den Mauszeiger in Ihren Arbeitsbereich unter den Automriss, und ziehen Sie mit gedrückter, linker Maustaste die beiden Reifen auf.

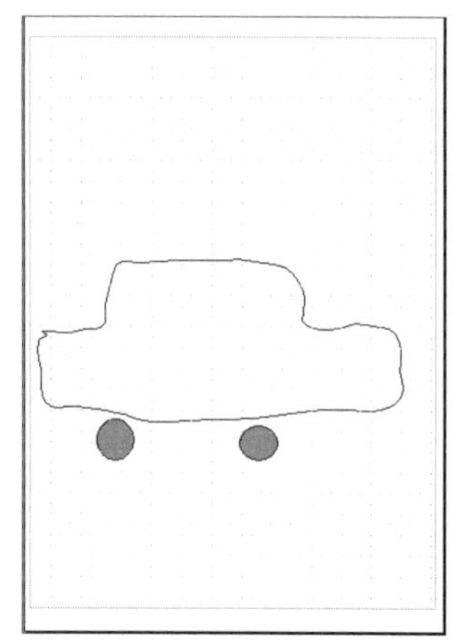

Abb. 16.9:
Die Autoskizze ist fertig.

16.2 Text in eine Zeichnung einfügen

Falls Sie in eine Zeichnung (wie hier das Auto) einen Text einfügen wollen, so bedienen Sie sich des Symbols *Text*. Es ist das Dritte von oben in der Werkzeugleiste.

Abb. 16.10:
Das Symbol für Text

Sobald Sie dieses Symbol aktiviert haben, ändert sich die Symbolleiste über Ihrem Arbeitsbereich. In dieser Leiste nehmen Sie alle Einstellungen vor, die den Text betreffen. So können Sie z.B. die Größe des Textes oder eine bestimmte Schriftart festlegen. Auch Fett- oder Kursivdruck oder das Unterstreichen eines Wortes ist kein Problem.
Außerdem haben Sie die Möglichkeit, eine Farbe für den Text zu bestimmen oder festzulegen, ob der Text linksbündig, zentriert oder im Blocksatz stehen soll. Wählen Sie z.B. Schriftgröße 44 und Fettdruck.

Abb. 16.11:
Gestalten Sie Ihren Schriftzug nach Belieben.

Klicken Sie in die Skizze hinein. Ein Textfeld erscheint, das aus einigen kleinen Quadraten besteht. Tippen Sie den Text „carshop“ ein, und speichern Sie die Arbeit ab.

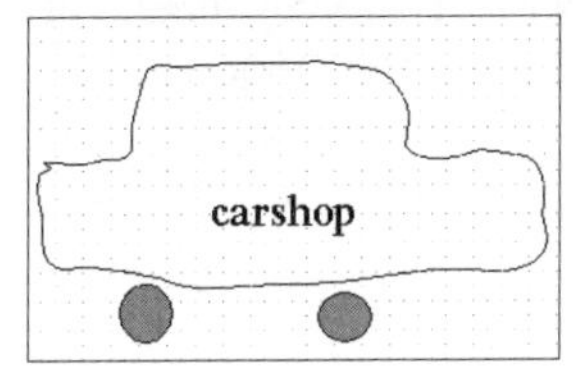

Abb. 16.12:
Das Auto ist mit einem Text versehen.

16.3 Dreidimensionale Texte

Einen besonderen Schrifteffekt erzielen Sie mit dreidimensionalen Texten. Markieren Sie den Text *carshop*, und betätigen Sie die rechte Maustaste. Ein Menü klappt auf. Wählen Sie daraus *Umwandeln/In 3D*.

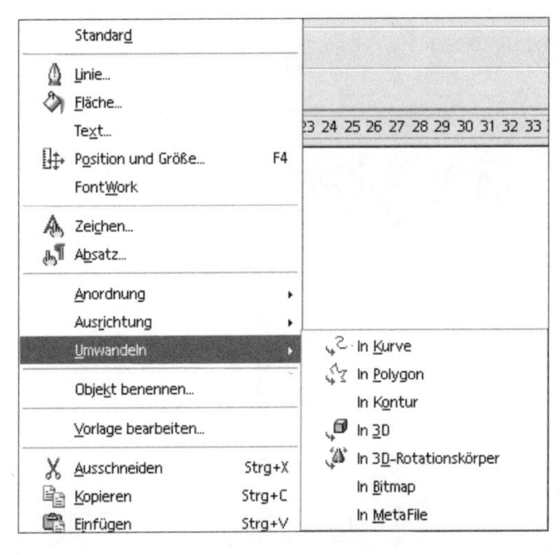

Abb. 16.13:
Rufen Sie die 3D-Funktion auf.

Der Text wird in ein dreidimensionales Schriftbild umgewandelt.

Abb. 16.14:
Ein dreidimensionaler Text ist entstanden.

Besonders schön sieht der 3D-Effekt jedoch nicht aus. Um den Schriftzug zu optimieren, klicken Sie das Wort *carshop* nochmals mit der rechten Maustaste an und wählen diesmal die Option *Fläche*.

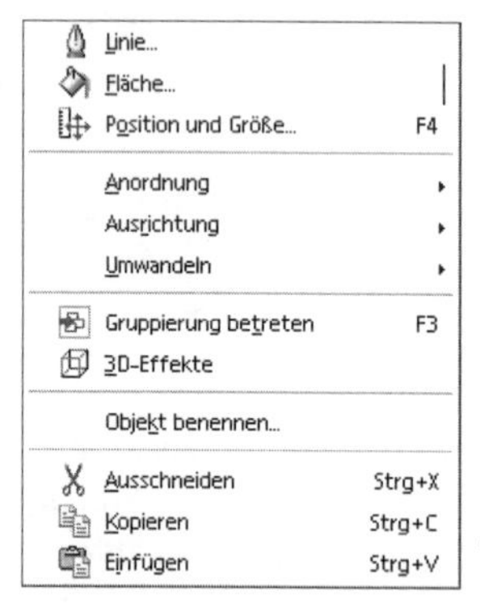

Abb. 16.15:
Der Weg zur Verfeinerung des 3D-Objekts

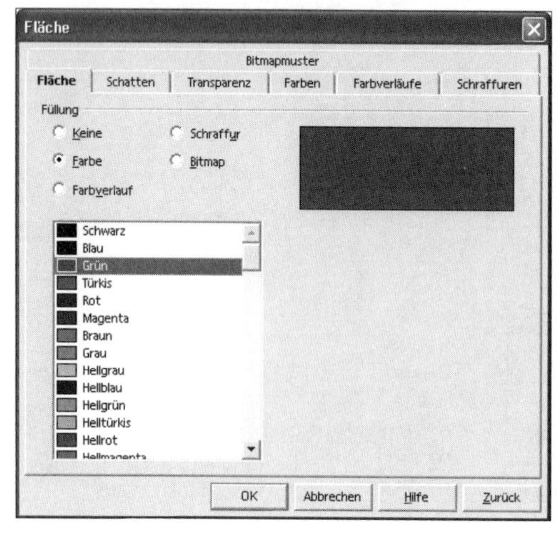

Abb. 16.16:
Suchen Sie eine Farbe aus.

Das Dialogfenster *Fläche* öffnet sich.Wählen Sie hier z.B. die Farbe *Grün* aus, und bestätigen Sie mit *OK* (s. Abb. 16.16). Die ausgewählte Farbe wird dem Text zugewiesen. Jetzt sieht der Schriftzug schon bedeutend besser aus.

Abb. 16.17:
Das verbesserte Schriftbild (im Original grün)

16.4 FontWork

Ein weiteres interessantes Modul zur Gestaltung von Wurfzetteln, Einladungen oder Prospekten, etwa mit Spezialschriften, ist *FontWork*. Als Beispiel soll hier kurz eine Überschrift angelegt werden.

Abb. 16.18:
Starten Sie über das Menü...

1. Legen Sie über *Datei/Neu* ein neues Dokument an, klicken Sie das Textsymbol in der Werkzeugleiste an, ziehen Sie mit gedrückt

gehaltener, linker Maustaste einen Rahmen auf und geben Sie den Text ein: „Monitor-Verkauf“

2. Markieren Sie diesen Text, und starten Sie über die Menüleiste *Format/FontWork*. Ein Fenster mit verschiedenen Symbolen baut sich auf.

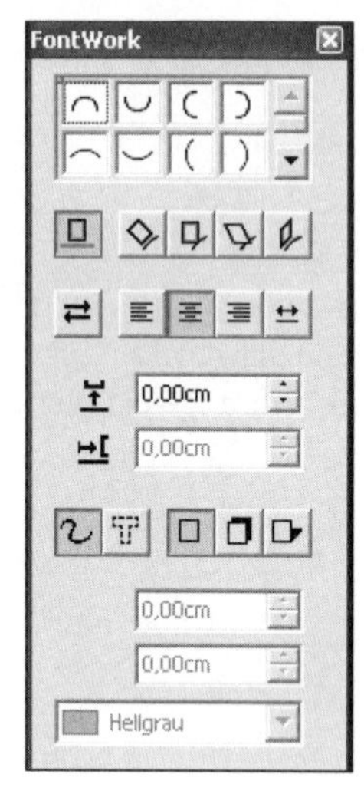

Abb. 16.19:
...die Auswahl von FontWork.

3. Im oberen Teil dieses Fensters finden Sie eine Auswahl von Halbkreisen. Klicken Sie den ersten in der oberen Reihe ganz links an. Somit haben Sie die Form Ihrer Überschrift festgelegt.

Abb. 16.20:
Diese Zeichen erzeugen unterschiedliche Darstellungen der Schrift.

Abb. 16.21:
Darstellung des Textes als Halbkreis

4. Um das Ganze noch ein wenig zu verfeinern, kann der Schrift auch ein Schatten zugefügt werden. Markieren Sie dazu die gesamte Schrift, und klicken Sie in FontWork im unteren Bereich das äußerste der drei Symbole an, die sich auf Schatten beziehen. Ihr Text wird nun mit einem gekippten Schatten hinterlegt.

Abb. 16.22:
Symbole für den Schatteneffekt.

Abb. 16.23:
Das Ergebnis ist eine mit Schatten hinterlegte Schrift.

5. Speichern Sie alles in Ihrem Ordner *privat* unter *spezialschrift* ab.

17. StarOffice und das Internet

StarOffice bietet Ihnen auch verschiedene Möglichkeiten für den Aufbau einer Internet-Präsenz.

17.1 Web-Seiten erstellen

In StarOffice können Sie mit Hilfe des AutoPiloten eine eigene Web-Seite gestalten und online stellen.

1. Starten Sie ein HTML-Formular über *Datei/AutoPilot/Web-Seite*. Das Dialogfenster *AutoPilot Web-Seite* öffnet sich. Hier können Sie verschiedene Vorlagen und unterschiedliche Stile für Ihre Web-Seite auswählen. Wählen Sie z.B. die Vorlage *Fotoalbum*, und belassen Sie es bei dem Stil *Standard*.

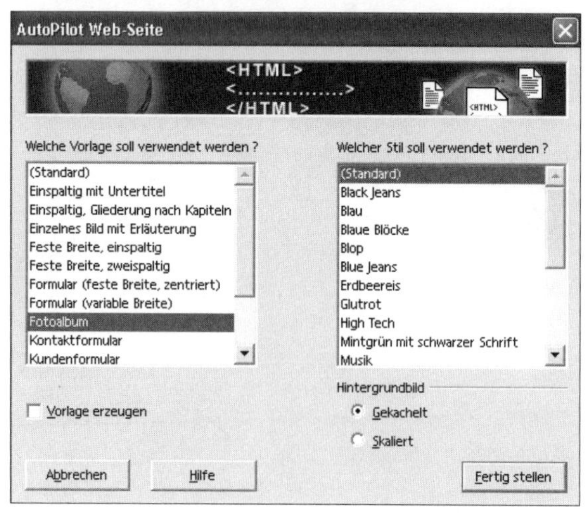

Abb. 17.1: Wählen Sie Vorlage und Stil aus.

2. Bestätigen Sie mit *Fertig stellen*, um das Grundgerüst der Web-Seite anzeigen zu lassen.

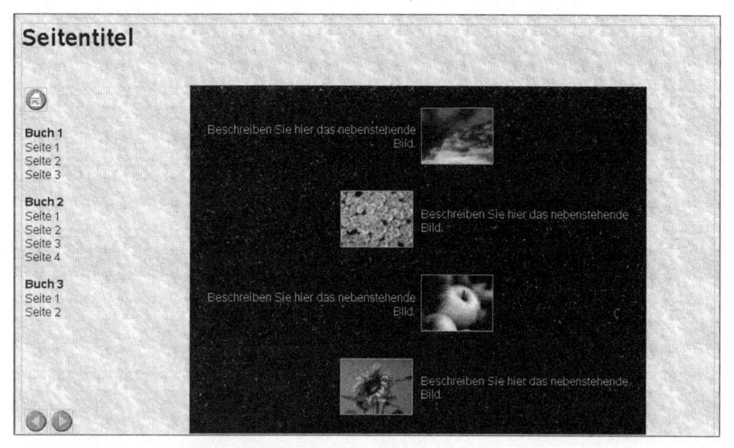

Abb. 17.2: Der Rohbau der Web-Seite

3. Löschen Sie die Texte zu *Buch 2* und *Buch 3* komplett. Geben Sie als Überschrift z.B. „Unsere Familie“ ein und statt *Buch 1* den Text „Über uns“. Tippen Sie statt *Seite 1* und *Seite 2* Ihre eigenen Texte (in diesem Beispiel „Manuel“ bzw. „Klaudia“) ein. Löschen Sie den Eintrag *Seite 3*.

Abb. 17.3: Geben Sie Ihre Texte ein.

4. Markieren Sie den Eintrag *Manuel*, und klicken Sie in der Hyperlink-Leiste ganz rechts auf *Hyperlink-Dialog*. Falls die Hyperlink-Leiste nicht aktiv ist, starten Sie diese über *Ansicht/Symbolleisten/Hyperlinkleiste*.

Abb. 17.4:
Dieses Symbol startet den Hyperlink-Dialog.

5. Das Dialogfenster *Hyperlink-Dialog* öffnet sich. In der Liste links muss *Dokument* aktiv sein. Klicken Sie auf den Ordner *Datei öffnen* rechts oben, und suchen Sie aus der Verzeichnisstruktur die Datei aus, zu der verlinkt werden soll. Diese Datei müssen Sie natürlich zuvor ebenfalls erstellt haben. Wenn Sie die Datei ausgesucht haben, klicken Sie auf *Übernehmen*.

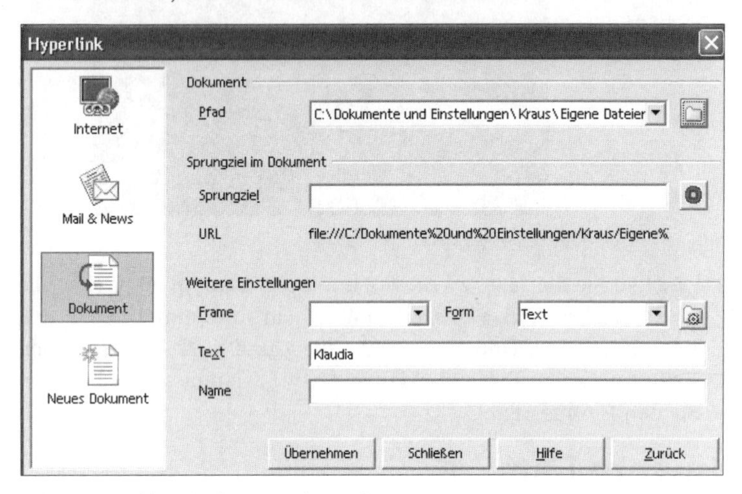

Abb. 17.5: Wählen Sie die passende Datei aus.

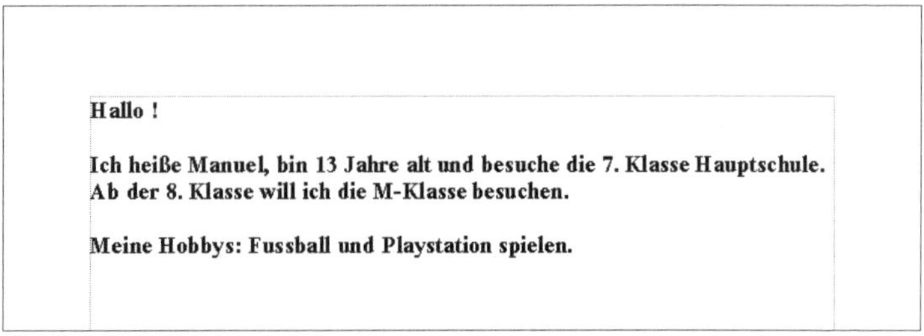

Hallo !

Ich heiße Manuel, bin 13 Jahre alt und besuche die 7. Klasse Hauptschule.
Ab der 8. Klasse will ich die M-Klasse besuchen.

Meine Hobbys: Fussball und Playstation spielen.

Abb. 17.6: Die Infoseite über „Manuel"

6. Das Wort *Manuel* wird nun eingefärbt. Wenn Sie jetzt auf dieses Wort klicken, dann springen Sie automatisch zu der Seite mit den Infos. Vollziehen Sie jetzt nochmals die gleichen Schritte mit dem Eintrag *Klaudia*. Auch hier erzeugen Sie damit eine Verlinkung, diesmal zu der Infoseite über *Klaudia*.

17.2 Grafiken in Web-Seiten einfügen

Im rechten Teil Ihrer Web-Seite finden Sie einen Bereich mit Fotos. Diese vier Platzhalter sollen nun mit Text versehen und durch andere Fotos ersetzt werden.

1. Führen Sie einen Doppelklick auf das erste Foto aus, um das Dialogfenster *Grafik* zu öffnen. Das Register *Grafik* muss geöffnet sein.
2. Klicken Sie auf das Symbol neben dem Fenster *Dateiname*, um Ihr Foto aus dem Verzeichnis Ihres PCs auszusuchen. Das Foto wird Ihnen als Vorschau angezeigt. Bestätigen Sie mit *OK*, um das Foto in die Web-Seite zu übernehmen.

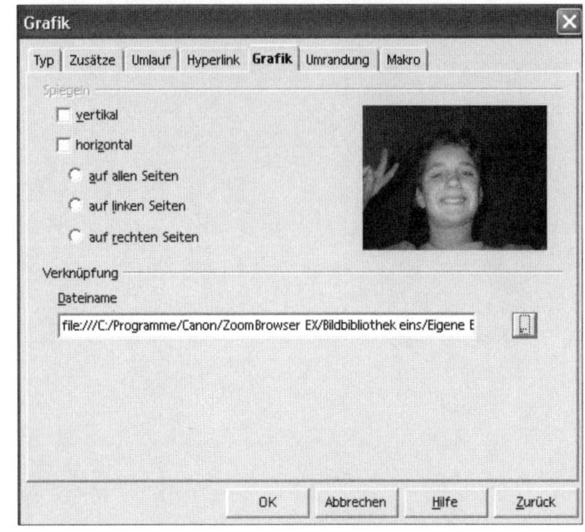

Abb. 17.7: Auswahl des Fotos

3. Ersetzen Sie auf die gleiche Weise auch die anderen drei Fotos durch eigene Bilder, und geben Sie passende Texte zu den Fotos ein, und speichern Sie die Daten ab.

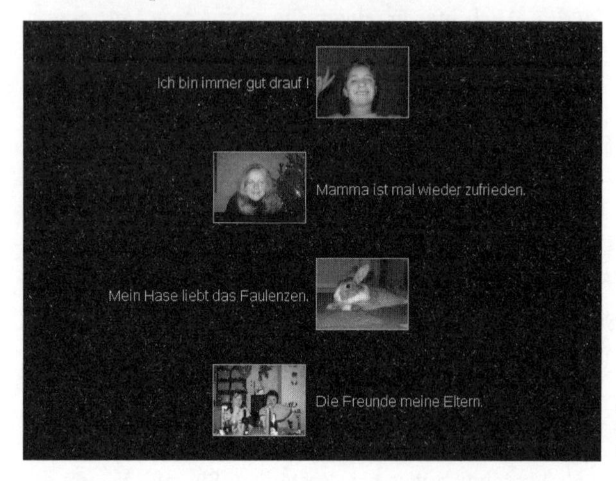

Abb. 17.8: Die Galerie ist vollständig.

Hinweis:
Im nachfolgenden Workshop in Kapitel 18 wird noch genauer auf Web-Seiten eingegangen.

18. StarOffice-Workshop

Zum Abschluss des Buches soll das Gelernte nochmals vertieft werden und zwar mit Hilfe eines durchgehenden praktischen Beispiels.

Für das Beispiel wird angenommen, Sie tragen sich mit dem Gedanken, eine Firma zu gründen. Da Sie selbst Briefmarkensammler sind, entscheiden Sie sich für einen Briefmarkenversand und für ein Ladengeschäft.

18.1 Workshop mit StarWriter

Für Ihre Firma benötigen Sie etliche Dokumente, die Sie in StarOffice bereits vorgefertigt finden. Sie wollen ein Einladungsschreiben zur Eröffnung an Ihre Bekannten versenden, einen Prospekt entwerfen und ein Brief- sowie Rechnungsformular erstellen. Diese Dokumente erstellen Sie unter StarWriter. In weiteren Workshops zu StarCalc und StarImpress (Abschnitt 18.2) werden Sie noch weitere Vorlagen erstellen und im letzten Workshop (Kap. 19) eine perfekte Internet-Seite erzeugen.

18.1.1 Die Einladung

Ihre Firma soll den Namen „Marke und Album“ tragen. Entwerfen Sie im ersten Schritt die Einladungskarte.

1. Starten Sie StarWriter, und öffnen Sie über das Menü mit *Datei/ Neu/Vorlagen und Dokumente* das gleichnamige Dialogfenster.
2. Klicken Sie im linken Bereich den Ordner *Beispiel* an, und suchen Sie aus der Auswahlliste den Namen *Einladung*.

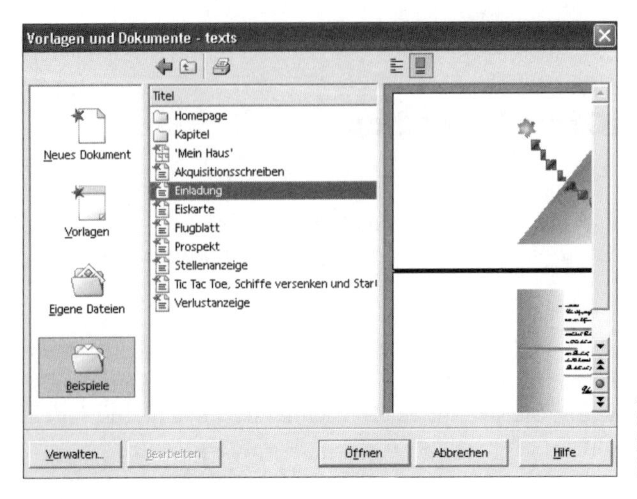

Abb. 18.1: Öffnen Sie die Einladung.

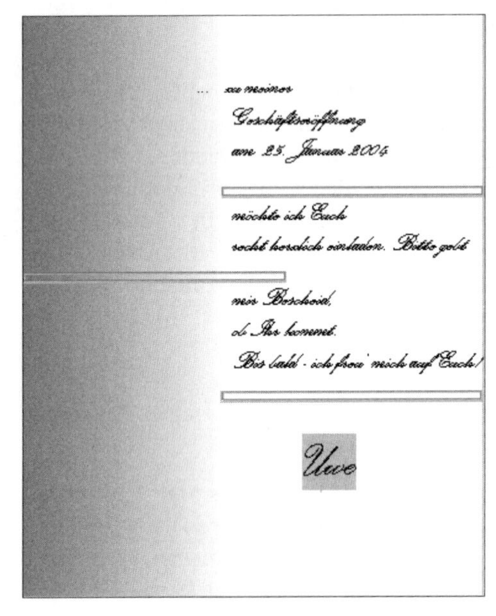

Abb. 18.2: Der Einladungstext

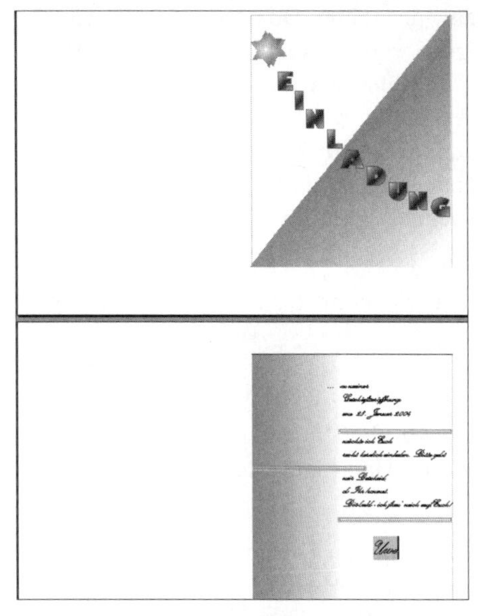

Abb. 18.3:
Komplette Einladung

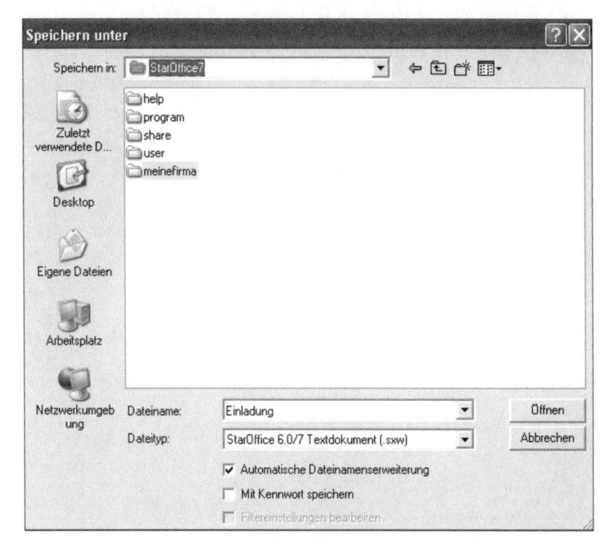

Abb. 18.4:
Wählen Sie von Anfang an den richtigen Speicherweg.

3. Doppelklicken Sie darauf, um dieses Dokument zu öffnen. Die Einladung besteht aus zwei Seiten. Auf der Titelseite steht das Wort *Einladung*, und auf der Rückseite können Sie Ihren Text eingeben. Tippen Sie den Text ein (s. Abb. 18.2 und 18.3).
4. Speichern Sie die Einladung. Legen Sie am besten einen neuen Ordner, etwa mit dem Namen *meinefirma*, an. In diesem Ordner speichern Sie alle Dokumente, die zu Ihrer Firma gehören (s. Abb. 18.3).

Die Einladung ist erledigt, und Sie können sich nun Ihrem Prospekt zuwenden.

18.1.2 Der Prospekt

Ein Prospekt über ein erstes Angebot Ihrer Firma ist dringend notwendig, sei es zur Verteilung an Haushalte oder zum Versenden an Interessenten.

1. Öffnen Sie eine Prospektvorlage im Dialogfenster *Vorlagen und Dokumente* im Ordner *Beispiele/Prospekt*.
2. Die Prospektvorlage öffnet sich. Oben links finden Sie einen Rahmen mit dem Eintrag *Ornament*. Klicken Sie diesen Rahmen an, und entfernen Sie ihn mit Hilfe der [Entf]-Taste.

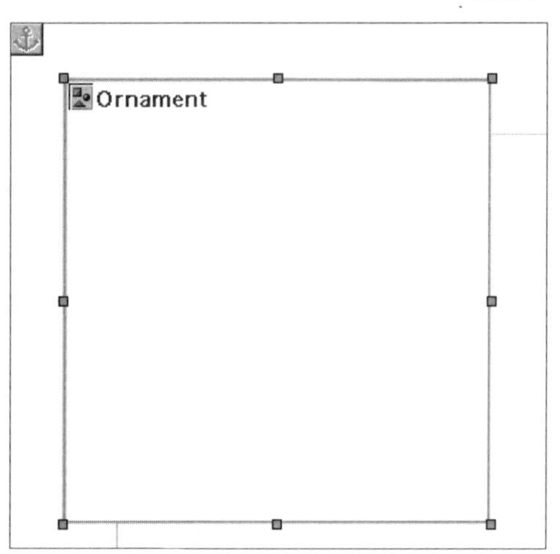

Abb. 18.5:
Entfernung des Rahmens

3. Nachdem Sie den Rahmen entfernt haben, zeigt sich eine Beispielüberschrift. Ersetzen Sie diese durch Ihren Firmennamen *Marke und Album*. Als Zusatz fügen Sie einen Werbetext ein.
4. Schalten Sie ein paar Leerzeilen, und tippen Sie die Adresse ein.
5. Weisen Sie Fettdruck zu, und wählen Sie die Schriftgröße so, dass die Zeile komplett ausgefüllt ist, also etwa Schriftgröße 18.
6. Markieren Sie die komplette Adresszeile, und zentrieren Sie diese.

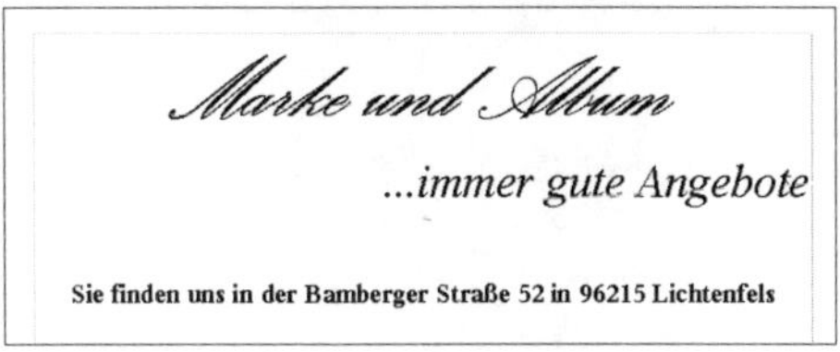

Marke und Album

...immer gute Angebote

Sie finden uns in der Bamberger Straße 52 in 96215 Lichtenfels

Abb. 18.6: Die erste Seite des Prospekts

7. Gehen Sie auf die zweite Seite des Prospekts. Den oberen Abschnitt ersetzen Sie durch Ihren eigenen Text. Eventuell müssen Sie auch das Datum ändern. Auch den Firmennamen müssen Sie wieder eingeben.

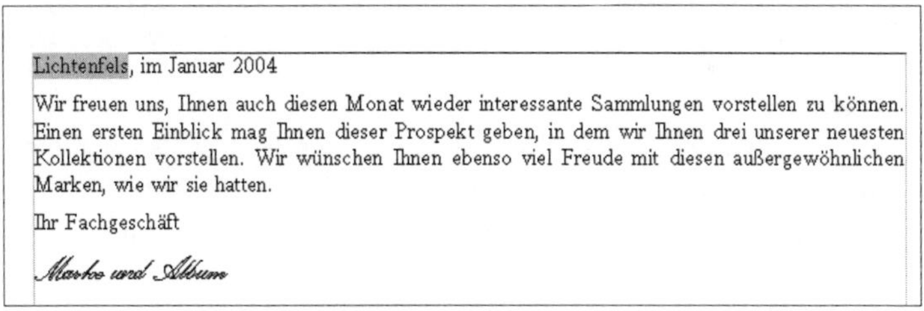

Lichtenfels, im Januar 2004

Wir freuen uns, Ihnen auch diesen Monat wieder interessante Sammlungen vorstellen zu können. Einen ersten Einblick mag Ihnen dieser Prospekt geben, in dem wir Ihnen drei unserer neuesten Kollektionen vorstellen. Wir wünschen Ihnen ebenso viel Freude mit diesen außergewöhnlichen Marken, wie wir sie hatten.

Ihr Fachgeschäft

Marke und Album

Abb. 18.7: Der vorhandene Text wurde ersetzt.

8. Nun geht es an die Vorstellung der Artikel. Löschen Sie die erste Überschrift, und geben Sie stattdessen ein: „Berlin-Sammlung postfrisch 1949-1990 komplett". Ersetzen Sie auch den Text unter der ersten Überschrift durch eigenen Text.

Berlin-Sammlung 1949-1990, postfrisch, komplett

Eine wunderschöne Sammlung im Einsteckalbum, alle Marken im Topzustand.

Abb. 18.8: Ein komplett neuer Text

9. Entfernen Sie die Grafik unter dem Text, öffnen Sie über *Einfügen/Grafik* das Verzeichnis Ihres Computers und suchen Sie die Grafik Ihrer Wahl aus.

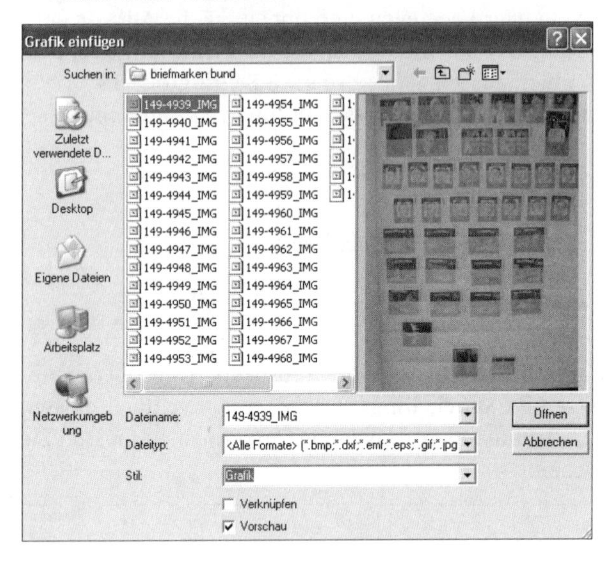

Abb. 18.9: Eine Grafik wird zur Übernahme in den Prospekt ausgesucht.

Hinweis:
Sollte die Grafik in Ihrem Prospekt nicht zu sehen sein, so liegt dies möglicherweise daran, dass die Grafikanzeige ausgeschaltet ist (über das Symbol *Grafik Ein/Aus* in der Werkzeugleiste am linken Bildschirmrand).

Abb. 18.10:
Schalten Sie über dieses Symbol die Grafikansicht an.

10. Die Grafik ist etwas zu groß geraten. Verkleinern Sie sie deshalb durch Ziehen an den grünen Eckpunkten etwa auf die Hälfte ihrer Größe. Ändern Sie dann noch den Text unter dem Bild.

11. Löschen Sie jetzt das zweite Bild, und fügen Sie hier ebenfalls ein eigenes ein. Geben Sie die Artikelbezeichnung und den Preis an. Führen Sie die gleichen Schritte auch mit den Bildern 3, 4, 5 und 6 durch.

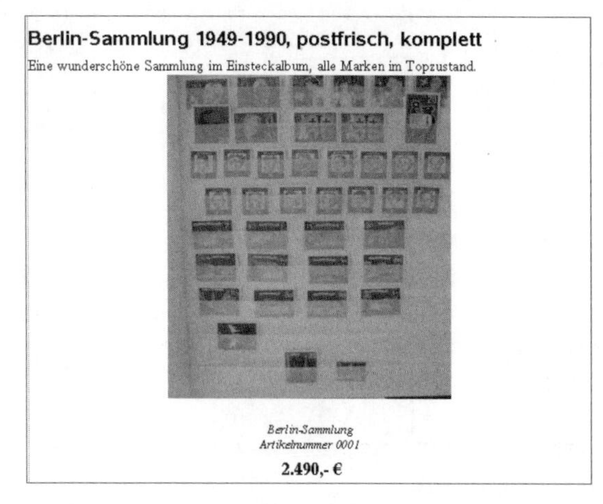

Abb. 18.11: Das komplette Angebot

In den Abbildungen 18.12 und 18.13 erhalten Sie nochmals eine Übersicht über die einzelnen Seiten. Diese Übersicht können Sie sich selbst über *Datei/Seitenansicht/Seitendruck* anzeigen lassen.

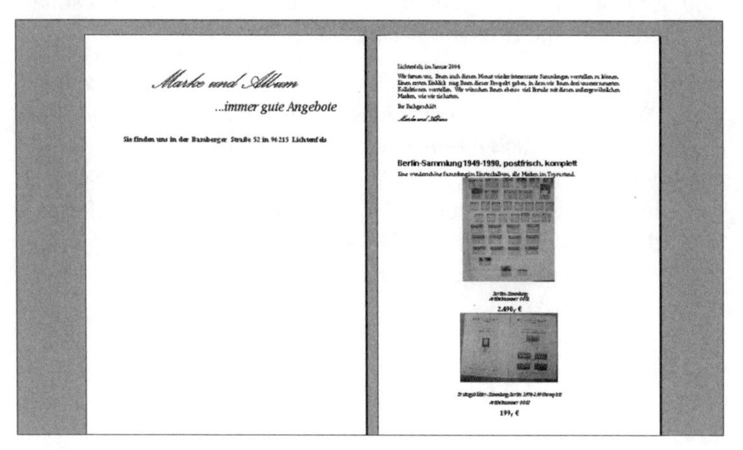

Abb. 18.12: Die ersten beiden Seiten des Prospekts

Speichern Sie den Prospekt wieder in Ihrem Ordner *meinefirma* unter dem Namen *prospekt* ab.

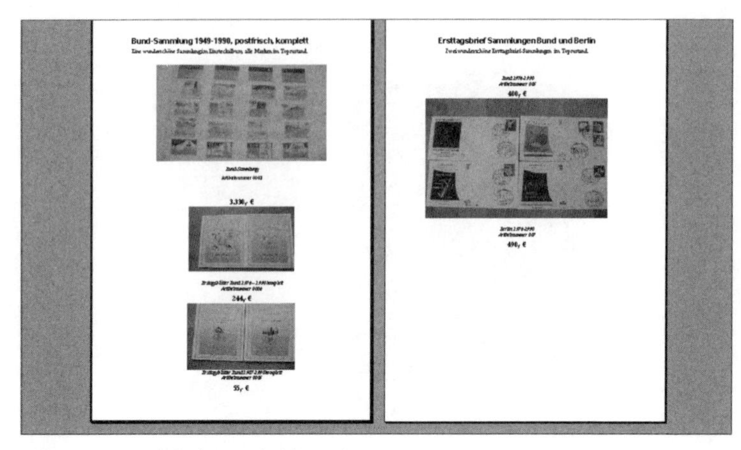

Abb. 18.13: ...und die letzten beiden Seiten

18.1.3 Brief und Rechnung

Zwei weitere wichtige Dokumente, die Sie für Ihre Firma benötigen, sind der Brief und die Rechnung, die nun vorbereitet werden sollen. Als Erstes wird die Briefvorlage erstellt:

1. Rufen Sie wieder das Dialogfenster *Vorlagen und Dokumente* auf, und wählen Sie unter den Vorlagen aus der Sparte *Geschäftliche Korrespondenz* die Option *Moderner Brief* aus.
2. Öffnen Sie die Vorlage, und ändern Sie den Briefkopf. Schauen Sie in Ihrem zuvor erstellten Prospekt nach, welche Schriftart Sie für das Firmenlogo verwendet haben, und stellen Sie die gleiche Schriftart für das Logo in Ihrem Briefkopf ein. Wählen Sie die Schriftgröße 28.

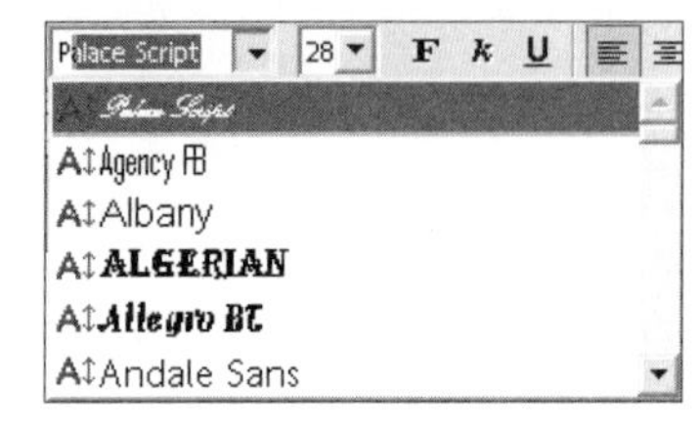

Abb. 18.14: Schriftart und Schriftgröße

3. Geben Sie den Zusatztext unter dem Firmenlogo ein. Die Adresse stimmt bereits; die können Sie belassen. Geben Sie Telefon und Faxnummer ein. Dann folgt noch die E-Mail-Adresse. Die Internet-Adresse wissen Sie möglicherweise im Moment noch nicht. Sie müssen dazu erst Ihre Web-Seite erstellen und einen Provider suchen, der Ihnen einen Domain-Namen dafür zuteilt.

Abb. 18.15:
Der Briefkopf ist fast komplett.

4. Ändern Sie noch in der Adresszeile den Firmennamen.

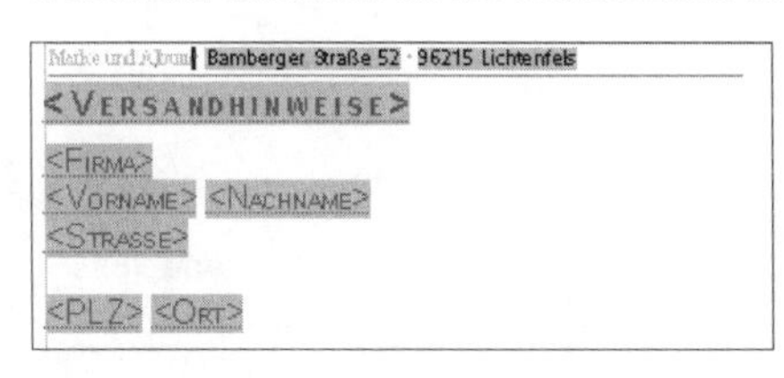

Abb. 18.16:
Auch die Adresszeile muss geändert werden.

5. Ändern Sie auch noch auf Seite 2 den Firmennamen, und geben Sie in die Fußzeile ebenfalls Ihren Firmenslogan ein. Zentrieren Sie den Slogan.
6. Speichern Sie die Briefvorlage wieder im Ordner *meinefirma*.

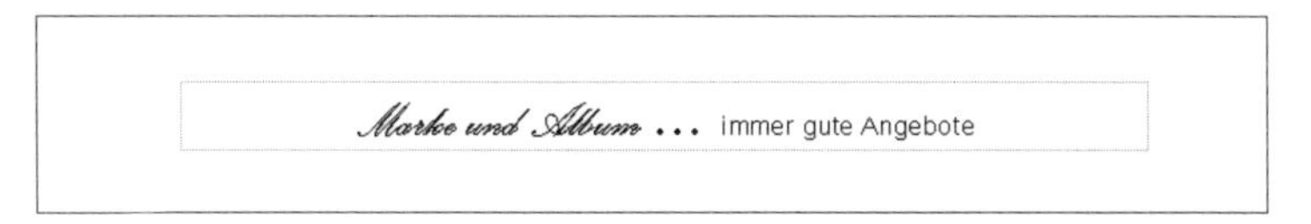

Abb. 18.17: Der Firmenslogan kann nicht oft genug erwähnt werden.

Im nächsten Schritt erstellen Sie das Rechnungsformular. Wählen Sie dazu im Dialogfenster *Vorlagen und Dokumente* aus der Auswahlliste *Sonstige geschäftliche Dokumente* den Eintrag *Moderne Rechnung (Warenverkauf)*, um das Rechnungsdokument zu öffnen.

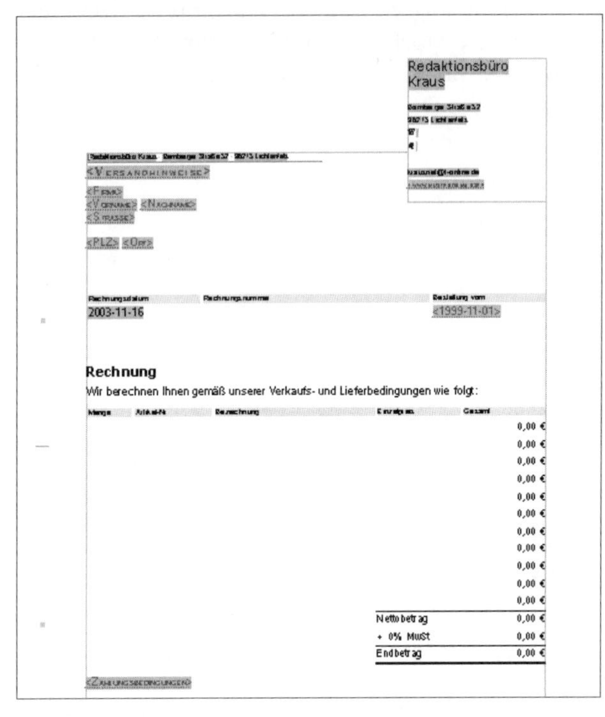
Redaktionsbüro Kraus
<Versandhinweise>
<Firma>
<Vorname> <Nachname>
<Strasse>
<PLZ> <Ort>
2003-11-16
<1999-11-01>

Rechnung

Wir berechnen Ihnen gemäß unserer Verkaufs- und Lieferbedingungen wie folgt:

Menge	Artikel-Nr.	Bezeichnung	Einzelpreis	Gesamt
				0,00 €
				0,00 €
				0,00 €
				0,00 €
				0,00 €
				0,00 €
				0,00 €
				0,00 €
				0,00 €
				0,00 €
				0,00 €
			Nettobetrag	0,00 €
			+ 0% MwSt	0,00 €
			Endbetrag	0,00 €

<Zahlungsbedingungen>

Abb. 18.18: Das Rechnungsformular

14 Tage 2% Skonto, 30 Tage netto

Geldbank Lichtenfels * Konto 999 88 * BLZ 777 555 66

Abb. 18.19: Zwei wichtige Einträge

Ändern Sie wieder den Briefkopf und die Adresszeile, und vergessen Sie nicht die Zahlungsbedingungen einzutippen. In die Fußzeile kommt die Bankverbindung (s. Abb. 18.19).

Hinweis:
In Abschnitt 18.2 wird nochmals auf das Rechnungsformular eingegangen.

18.1.4 Etiketten und Visitenkarten

Zwei weitere wichtige Dokumente für Ihre Firma sind Etiketten und Visitenkarten. Die Etiketten verwenden Sie als Auszeichnung für Ihre Artikel, bekleben diese also damit. Die Visitenkarten können Sie Ihren Kunden mitgeben oder auf Messen verteilen.

Etiketten erstellen

1. Rufen Sie über das Menü mit *Datei/Neu/Etiketten* das gleichnamige Dialogfenster auf. Entfernen Sie den Haken neben der Option *Adressen*, wählen Sie die Form der Etiketten aus, und bestätigen Sie mit *Neues Dokument*.

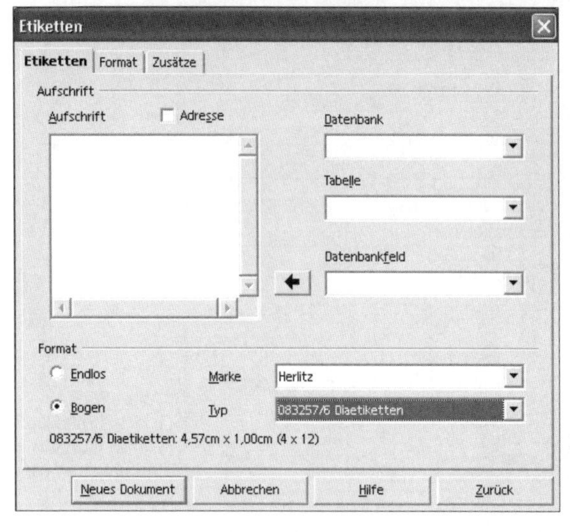

Abb. 18.20: Wählen Sie Etikettentyp und Größe aus.

2. Die Etikettenvorlage öffnet sich. Geben Sie in das erste Feld oben links den ersten Artikel mit Nummer und Bezeichnung ein.

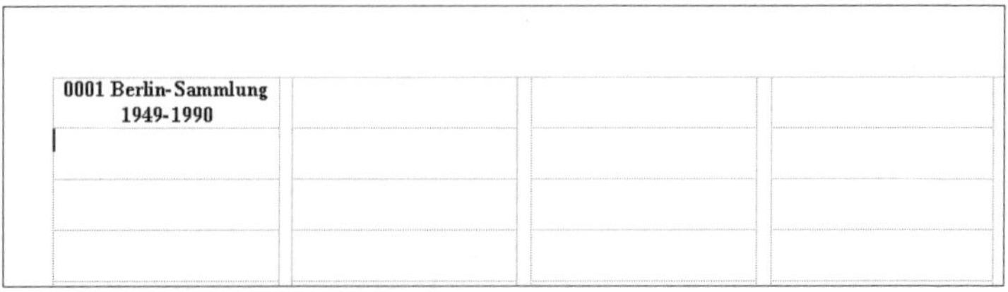

0001 Berlin-Sammlung
1949-1990

Abb. 18.21: Der erste Eintrag wurde eingegeben.

3. Fahren Sie fort, bis Sie alle Artikel in die Felder eingegeben haben. Speichern Sie das Dokument, und drucken Sie es aus, um die einzelnen Etiketten dann auf Ihre Artikel zu kleben.

Visitenkarten erstellen

1. Rufen Sie das Dialogfenster *Visitenkarten* über *Datei/Neu/Visitenkarten* auf.

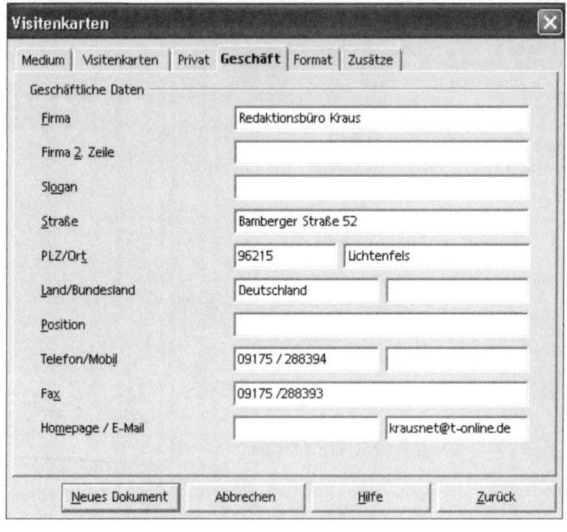

Abb. 18.22: Hier nehmen Sie die Einträge für Visitenkarten vor.

2. Wählen Sie die Marke und Größe der Karten aus, und wechseln Sie in das Register *Geschäft*.
3. Ändern Sie den Firmennamen, und geben Sie die Telefon- und Faxnummer ein (s. Abb. 18.22).
4. Wechseln Sie in das Register *Visitenkarten*, und wählen Sie die Option *Modern, mit Namen*.

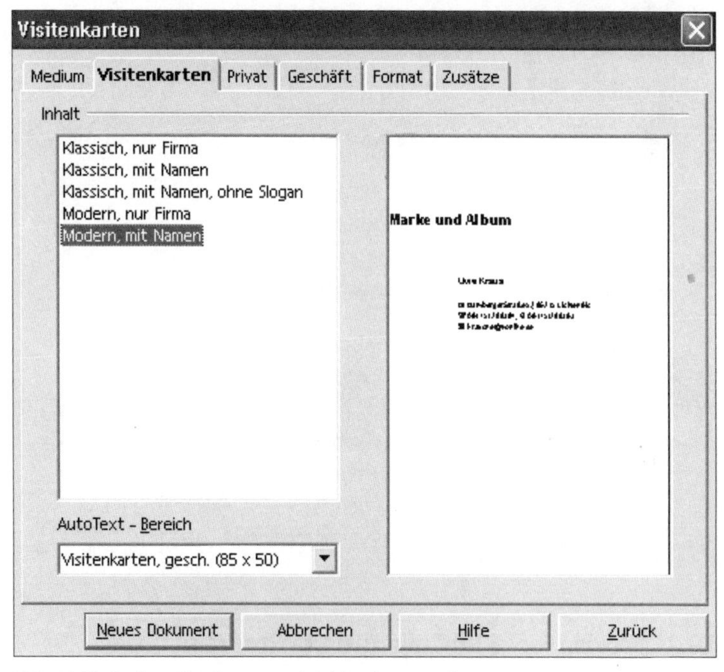

Abb. 18.23: Suchen Sie die passende Visitenkartenvorlage aus.

5. Bestätigen Sie mit *Neues Dokument*. Das Blatt mit den Visitenkarten öffnet sich. Die vorher erstellten Texte sind eingetragen. Sie müssen jetzt nur noch das Blatt auf das entsprechende Visitenkartenpapier ausdrucken und haben Ihre Visitenkarten zur Hand.
6. Speichern Sie das Dokument im Ordner *meinefirma* unter dem Namen *visitenkarten* ab.

Abb. 18.24: Zehn Visitenkarten auf einem Blatt

18.2 Workshop: StarCalc und StarImpress

StarOfficeCalc errechnet automatisch die Summen in Ihrer Rechnung. Außerdem können Sie eine Kalkulation für den Einkauf und Verkauf Ihrer Artikel erstellen und Tabellen mit Ihren Angeboten erzeugen.

18.2.1 Summen berechnen

Öffnen Sie nochmals Ihr Rechnungsformular. Wenn Sie mit der Maus über eine Summe fahren, wird eine Formel angezeigt. Der

Hauptteil Ihrer Rechnung ist also eine Tabelle, die Formeln zur Berechnung bestimmter Summen enthält.
Geben Sie in der erste Zeile einmal einen Artikel ein. Er wurde zweimal bestellt. Sobald Sie den Wert unter *Summe* anklicken, wird eine Berechnung durchgeführt. Gleichzeitig wird die Gesamtsumme am Ende der Rechnung eingefügt und die Mehrwertsteuer sowie die Endsumme errechnet.

Menge	Artikel-Nr.	Bezeichnung	Einzelpreis	Gesamt
2	4	Ersttagsblätter Bund 1974-1990	244,00 €	488,00 €

Abb. 18.25: Einzelne Posten...

Nettobetrag	488,00 €
+ 0% MwSt	78,08 €
Endbetrag	566,08 €

Abb. 18.26:
...und Gesamtsummen werden automatisch berechnet.

Schließen Sie die Rechnung wieder, und öffnen Sie StarCalc. Jetzt erstellen Sie eine Tabelle, die Ihre Einkaufspreise und Verkaufspreise für Briefmarken enthält.

1. Geben Sie also ein: in Zelle *A1* „Artikel", in Zelle *B1* „Einkauf", in Zelle *C1* „Aufschlag" und in Zelle *D1* „Verkauf".
2. Geben Sie jetzt in Zelle *A2* den Artikel ein, in *B2* den Einkaufspreis, in *C2* den Multiplikator (wenn Sie hier z.B. 2 verwenden, dann bedeutet das, dass Sie die Ware doppelt so teuer, wie Sie sie eingekauft haben, wieder verkaufen).
3. In Zelle *D2* geben Sie nichts ein. Diese Summe lassen Sie automatisch berechnen: Klicken Sie in die Zelle, und geben Sie über der Tabelle folgende Formel ein: *=B2*C2*.
   Sofort wird in der Zelle *D2* das Ergebnis angezeigt.

Abb. 18.27:
Lassen Sie StarCalc eine Summe berechnen.

Das Verfahren können Sie jetzt noch fortführen. Tippen Sie einmal in die Zelle *B2* die Zahl *10* ein, und klicken Sie anschließend in die Zelle *D2*. Sofort wird Ihnen wieder das neue Rechenergebnis angezeigt. Genauso funktioniert es, wenn Sie in der Zelle *C3* einen ande-

ren Multiplikator eintippen, z.B. 3; dann wird nach Klick in die Zelle *D3* wieder der neue Verkaufspreis angezeigt.

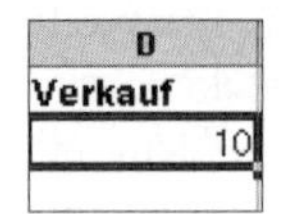

Abb. 18.28:
Verkaufspreise lassen sich leicht errechnen.

Speichern Sie Ihre Kalkulationstabelle im Ordner *meinefirma* ab.

Angebot erstellen

Nutzen Sie jetzt eine neue Tabelle für die Erstellung eines Angebots Ihrer Artikel. Geben Sie als Überschriften in den ersten fünf Spalten ein: „Jahrgang“, „Postfrisch“, „Preis Euro“, „gestempelt“, „Preis Euro“. Tippen Sie nun die einzelnen Texte und Preise ein. Speichern Sie dann die Tabelle im Ordner *meinefirma* unter dem Namen *angebotberlin* ab.
Diese Tabelle benötigen Sie später wieder in Ihrer Web-Seite.

	A	B	C	D	E
1	Jahrgang	Postfrisch	Preis Euro	Gestempelt	Preis Euro
2	1970	X	19		
3	1971	X	24		
4	1973	X	17		
5	1976	X	9		
6	1977	X	12		
7	1979	X	13		
8	1981	X	14		
9	1983	X	15		
10	1985	X	12		
11	1987			X	5
12	1990			X	6
13					

Abb. 18.29:
Die fertige Tabelle

18.2.2 Die Firma präsentieren

Fertigen Sie vor dem Erstellen Ihrer Präsentation eine Liste mit Stichwörtern bezüglich des Inhalts an. Starten Sie eine Präsentationsvorlage über *Datei/Neu/AutoPilot/Präsentation*. Der AutoPilot hilft Ihnen bei den Grundeinstellungen der Präsentation.

1. Aktivieren Sie im ersten Schritt das Optionsfeld *Aus Vorlage*.

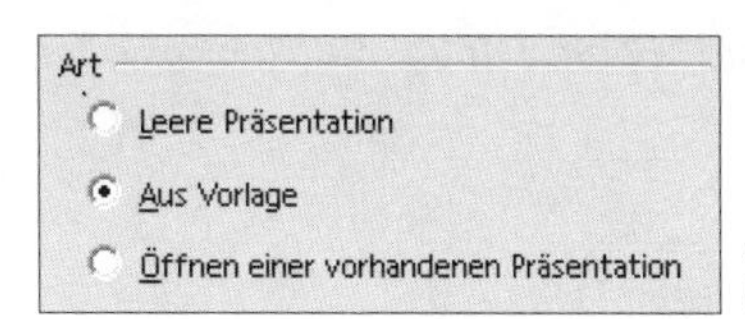

Abb. 18.30:
Legen Sie die Art der Präsentation fest.

2. Der AutoPilot zeigt eine Liste mit allen Vorlagen an. Wenn Sie die Zusammenstellung der einzelnen Folien einmal selber bestimmen wollen, dann wählen Sie aus der Liste den Eintrag *Präsentationshintergründe*. Eine ganze Reihe mit Hintergründen wird Ihnen jetzt unter dieser Liste angezeigt.

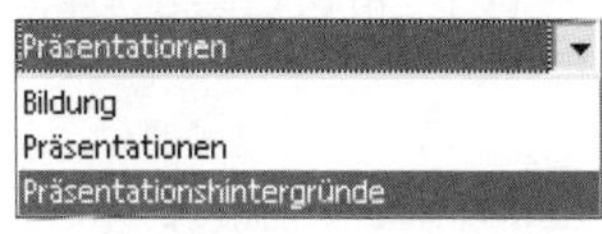

Abb. 18.31:
Wechseln Sie zu den Hintergründen.

3. Falls das Kontrollkästchen *Vorschau* nicht aktiviert ist, aktivieren Sie es jetzt, um sich die einzelnen Hintergründe vor der Übernahme anzuschauen.
4. Wählen Sie den Hintergrund *Abgerundete Flächen*.

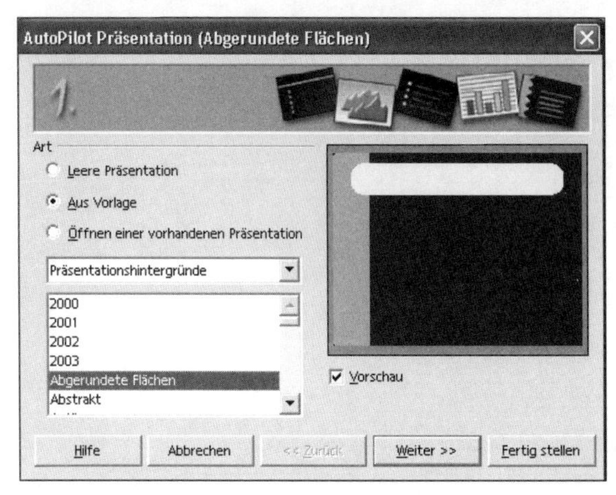

Abb. 18.32:
Wählen Sie den passenden Hintergrund aus.

5. Nach einem Klick auf *Weiter* bestimmen Sie auf der zweiten Seite des AutoPiloten das Medium, mit dem Sie Ihre Präsentation dar-

stellen wollen: entweder *Original*, *Folie*, *Papier*, *Bildschirm* oder *Dia*.

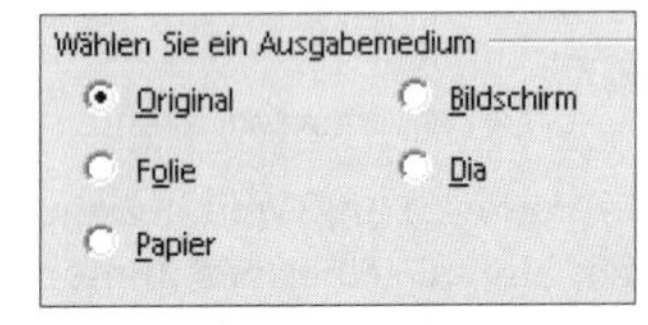

Abb. 18.33:
Suchen Sie das passende Medium aus.

6. Mit *Weiter* geht es auf die dritte Seite. Unter der Option *Wählen Sie einen Diawechsel* treffen Sie bei *Effekt* die Auswahl *Gegen den Uhrzeigersinn*. Dann wird der Wechsel der Bilder bei der späteren Präsentation besonders effektvoll.

Abb. 18.34:
Diese Auswahl garantiert eine besondere Präsentation.

7. Ein Klick auf *Weiter* bringt Sie in das vierte Fenster des AutoPiloten. Hier tragen Sie Ihren Firmennamen und das Thema der Präsentation ein.

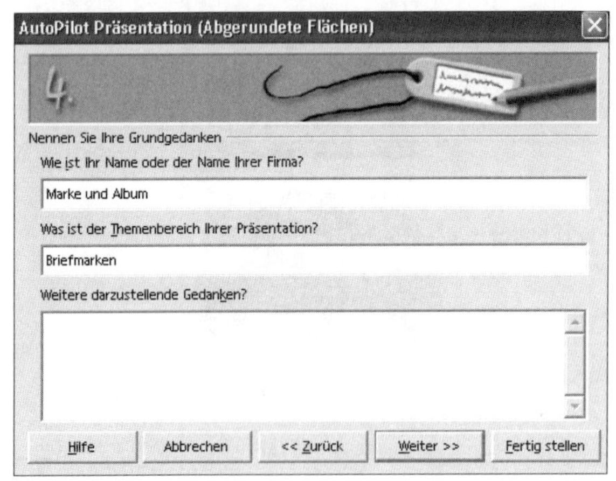

Abb. 18.35:
Geben Sie die geforderten Texte ein.

8. Klicken Sie auf *Weiter*, um in das letzte Fenster des AutoPiloten zu springen. Bestätigen Sie hier mit *Fertig stellen*.

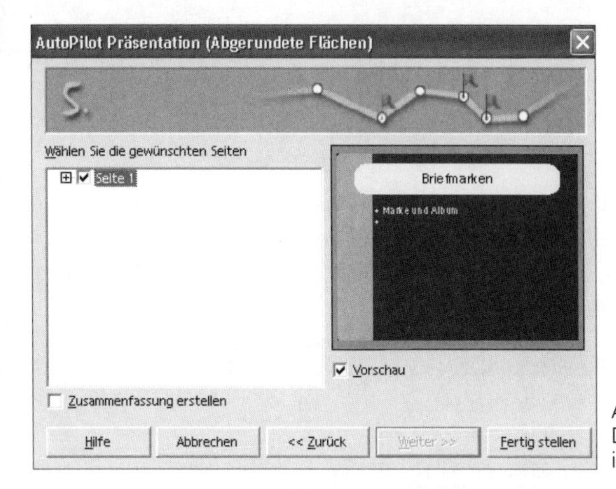

Abb. 18.36:
Die Präsentation ist fertig.

Die Präsentation baut sich auf. Natürlich sollte sie nicht nur aus einer Seite bestehen. Bevor Sie jedoch weitere Seiten erzeugen, benennen Sie zuerst diese erste Seite um. Klicken Sie mit der rechten Maustaste auf das Register *Seite 1* am unteren Bildschirmrand. Ein Kontextmenü öffnet sich. Wählen Sie *Seite umbenennen*. Im erscheinenden Dialogfenster geben Sie den neuen Seitennamen ein und bestätigen mit *OK*.

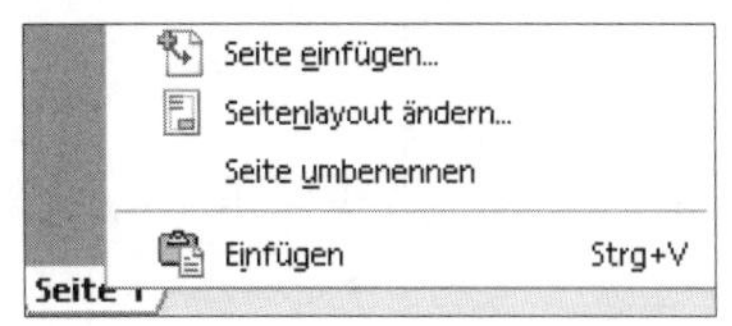

Abb. 18.37:
Der Name wird geändert.

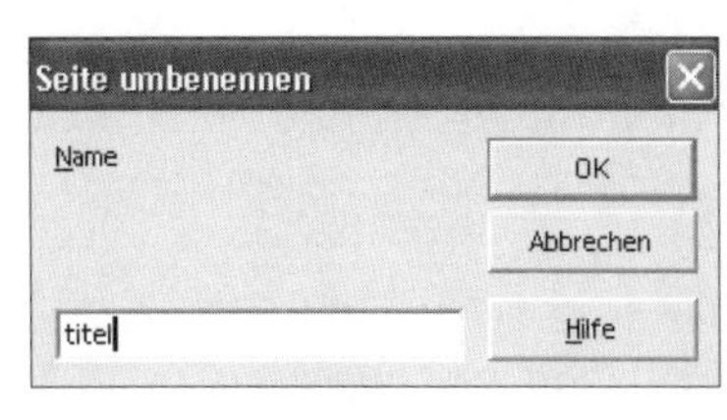

Abb. 18.38:
Ein neuer Seitenname ist zugewiesen.

Weitere Seiten können Sie über das Menü mit *Einfügen/Seite* erzeugen.

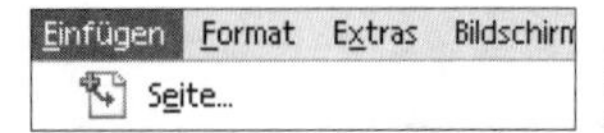

Abb. 18.39:
Erzeugen Sie eine weitere Seite.

In diesem Dialogfenster stehen etliche Layouts zur Verfügung.Wenn Sie das Kontrollkästchen *Hintergrund* und *Objekte auf dem Hintergrund* aktiviert lassen, dann weist StarImpress automatisch den vorher festgelegten Hinergrund zu.

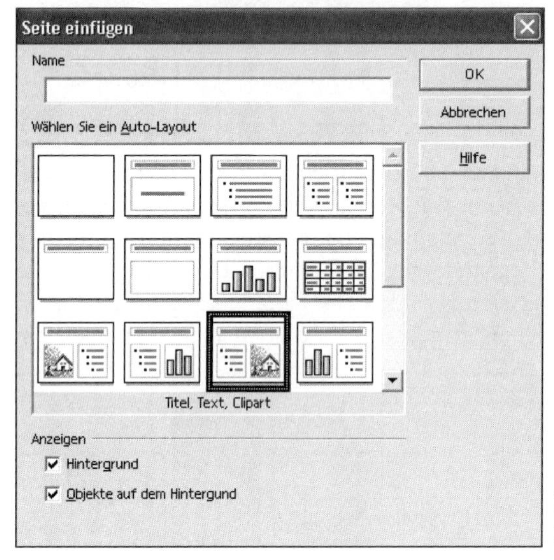

Abb. 18.40:
Wählen Sie ein Layout aus.

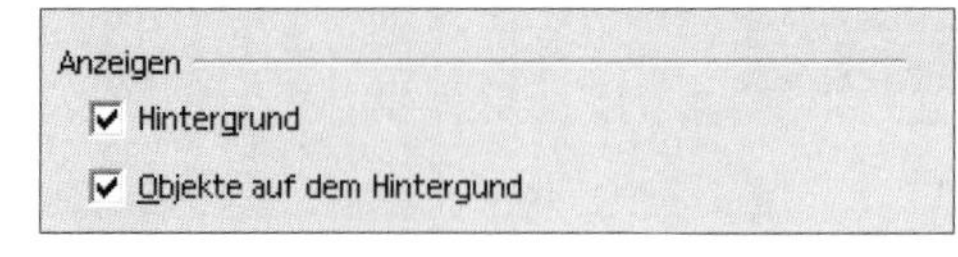

Abb. 18.41:
Diese Optionen sollten aktiviert bleiben.

Vergeben Sie noch einen Namen für diese Seite, und bestätigen Sie mit *OK*. Die zweite Seite Ihrer Präsentation wird angezeigt.

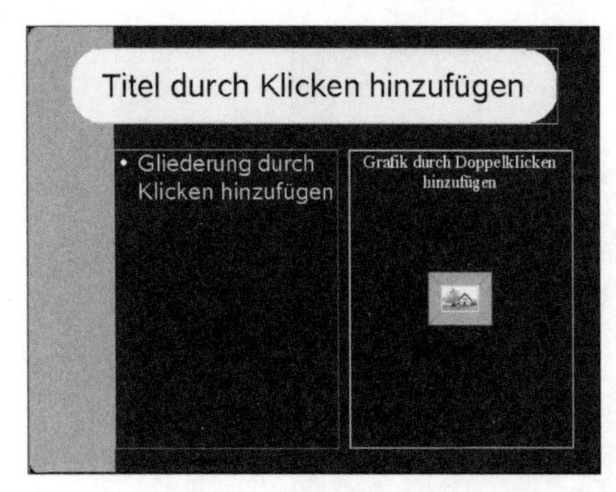

Abb. 18.42:
Eine zusätzliche Seite zur Präsentation

Füllen Sie nun die Folie mit Text. Klicken Sie zuerst in den oberen Rahmen, und geben Sie Ihren Text ein. Anschließend geben Sie in den rechten Rahmen den Text ein.
Im linken Rahmen führen Sie einen Doppelklick auf das vorhandene Bild aus und fügen aus Ihrem Verzeichnis das passende Bild ein. Übernehmen Sie es mit *Öffnen* in die Präsentation.

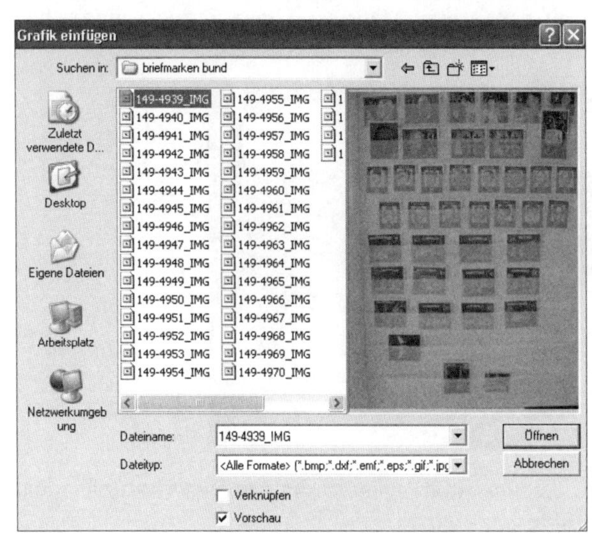

Abb. 18.43:
Suchen Sie das richtige Bild aus...

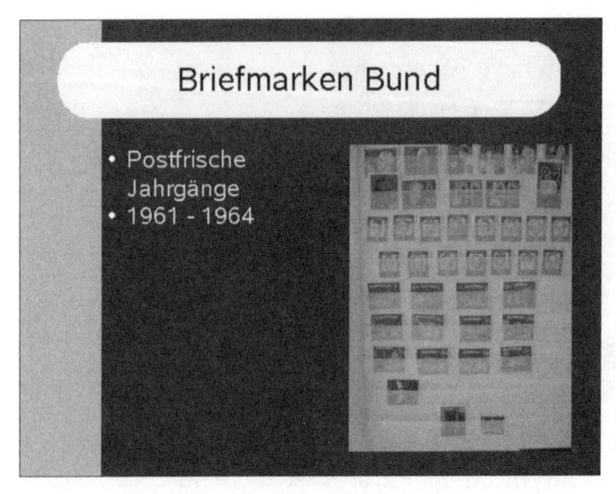

Abb. 18.44:
...und fügen Sie es in die Seite ein.

Erzeugen Sie weitere Seiten. Wenn Sie fertig sind, ist es Zeit für einen Probelauf. Drücken Sie die Tastenkombination [Strg]+[F2]. Die erste Folie wird in voller Bildschirmgröße angezeigt.
In die nächste Seite gelangen Sie jeweils mit Hilfe der linken Maustaste, zurück mit der rechten Maustaste. Beim Zurückgehen sehen Sie übrigens den zuvor festgelegten Effekt.

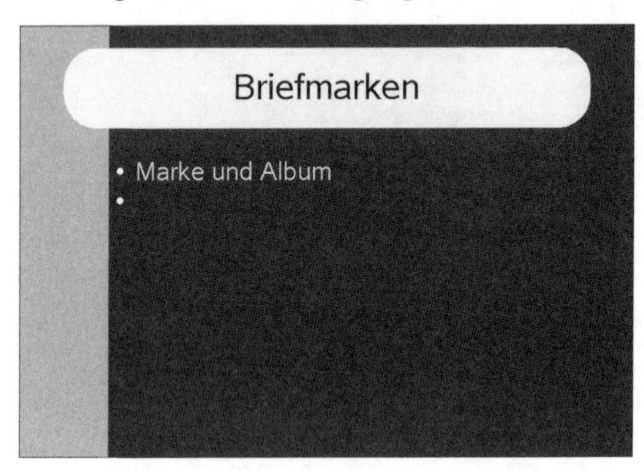

Abb. 18.45:
Die Präsentation beginnt.

Speichern Sie die Präsentation im Ordner *meinefirma* unter dem Namen *markenpräsentation* ab.

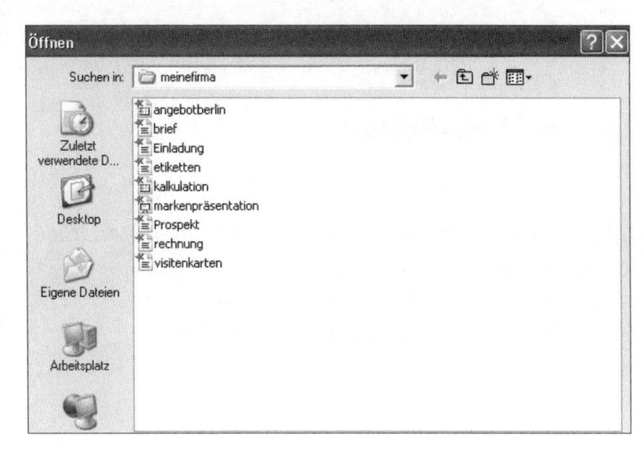

Abb. 18.46: Dateien im Firmenordner

19. Workshop: Web-Seiten

In diesem Kapitel erfahren Sie, wie Sie Web-Seiten unter StarOffice gestalten. Auch, wenn Sie schon Web-Seiten erstellt haben, empfiehlt es sich trotzdem, dieses Kapitel durchzuarbeiten. Vielleicht liefert es Ihnen einige interessante zusätzliche Informationen.

19.1 Aufbau und Verlinkung

19.1.1 Die Planung

Bevor Sie überhaupt Ihren PC einschalten, sollten Sie auf einem leeren Blatt die wichtigsten Punkte für Ihre Web-Seiten notieren. Orientieren Sie sich an den folgenden Fragen:

- Wer ist mein Publikum?
- Welche Inhalte soll ich aufnehmen?
- Wie möchte ich die Inhalte präsentieren?
- Was für Informationen will ich anbieten?
- Welche Alters-, Berufs- und Interessengruppen sollen angesprochen werden?
- Wie viele Seiten benötige ich?
- Wie viel Speicherplatz habe ich von meinem Provider zur Verfügung?
- Welche und wie viele Grafiken will ich in welchem Format einfügen?

Notieren Sie sich Stichwörter in Bezug auf Ihre Website. Für eine umfangreichere Website sollten Sie die Inhalte und die Verteilung der einzelnen Seiten schriftlich festhalten.
Sammeln Sie alles zum Thema Ihrer Website, was Sie bekommen können: Bilder, Texte, Grafiken. Logos, Werbe-Slogans usw.

Surfen Sie am besten vor dem Beginn Ihrer Website-Gestaltung so viel wie möglich im Internet und schauen Sie sich alle möglichen Seiten an. Das verschafft Ihnen Inspirationen für Ihre Homepage.

19.1.2 Die Web-Vorlagen

Um eine Web-Seite zu erzeugen, können Sie sich einer Web-Vorlage bedienen. StarOffice enthält etliche Vorlagen, die in verschiedenen Stilen dargestellt werden können. Das Erstellen ist ganz simpel:

1. Klicken Sie im Menü auf *Datei/AutoPilot/Web-Seite*, um das Dialogfenster *AutoPilot Web-Seite* zu starten.

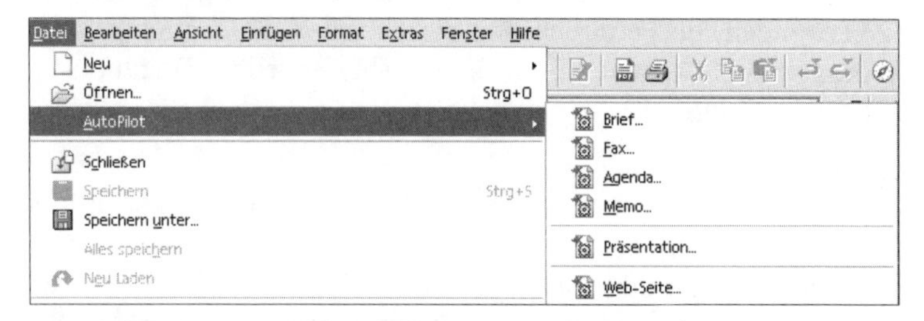

Abb. 19.1: Starten Sie den AutoPiloten.

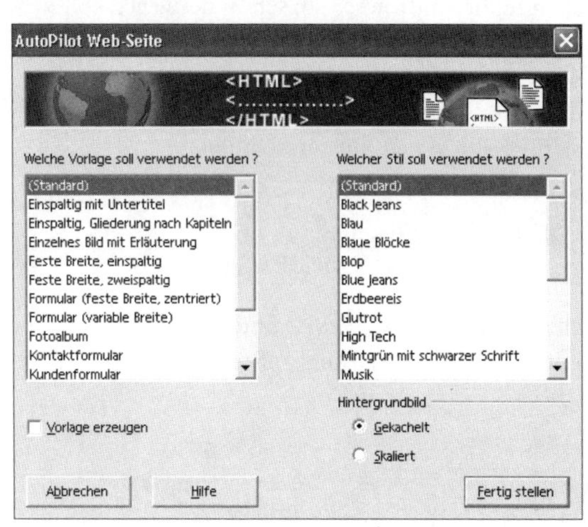

Abb. 19.2: Suchen Sie hier Vorlage und Stil aus.

2. Im linken Anzeigenfenster werden Ihnen die Vorlagen angezeigt, und im rechten Anzeigenfenster suchen Sie den Stil für Ihre Vorlage aus (s. Abb. 19.2). Belassen Sie für dieses Beispiel beides auf *Standard*, und bestätigen Sie mit *Fertig stellen*.

Innerhalb kürzester Zeit öffnet sich das Grundgerüst der neuen Website am Bildschirm. Dies ist gleichzeitig die Startseite für Ihre Website.

19.1.3 Texte

1. Geben Sie die Überschrift oben links in Schriftgröße *60* ein. Verwenden Sie Fettdruck und die Schriftart *Palace Script*, also die gleiche Schriftart wie in Ihren bisher erstellten Dokumenten für Ihre Firma.

Hinweis:
Verwenden Sie für Ihre Website einen Namen, der dem Kunden sofort signalisiert, um welches Thema es sich in Ihrer Site handelt. Auch eine kurze Erklärung zum Web-Inhalt sollte auf der Startseite nicht fehlen. Besucher, die Ihre Seite interessant finden, speichern diese als Lesezeichen in ihrem Browser ab; schon deswegen sollte der Name kurz gehalten sein. Banale Titel wie „Meine Homepage" sollten Sie vermeiden. Wichtig ist ein prägnanter Titel auch für die Verwendung in Suchmaschinen. Je einprägsamer der Titel, desto leichter findet man die Seite in den Suchmaschinen.

Abb. 19.3:
Die Überschrift steht.

2. Geben Sie jetzt anstelle von *Seite1*, *Seite2* und *Seite3* die Titel der Unterseiten, also die Texte „Briefmarken", „Ersttagsblätter", „Ersttagsbriefe" ein.

Abb. 19.4:
Die Seitennamen sind angegeben.

3. Ersetzen Sie jetzt die erste Textzeile durch „Zubehör“, die zweite Textzeile durch „Ankauf“ und die dritte Textzeile durch „Kontakt“.
4. Weisen Sie den Texten die Schriftgröße *16* zu. Für den ersten Text verwenden Sie die Schriftart *Arial*, für den zweiten *Times* und für den dritten *Verdana*.

Abgesehen von diesem Beispiel sollten Sie bei der Gestaltung der Web-Seiten folgende Regeln beachten:

- Sie sollten immer die mit Windows ausgelieferten Schriften für Ihre Web-Seiten verwenden, denn die hat eigentlich jeder Anwender auf seinem Rechner. Wenn Sie seltene Schriftarten benutzen, kann es im Extremfall passieren, dass ein Besucher Ihrer Website den Text nicht lesen kann.
- Aus gestalterischen Gründen sollten darüber hinaus in der Regel maximal zwei verschiedene Schriftarten pro Seite verwendet werden, sonst wirkt das Gesamtbild unübersichtlich.
- Benutzen Sie keine bunten Buchstaben. Dies erschwert die Lesbarkeit des Textes erheblich.
- Benutzen Sie große Überschriften, um sofort die Aufmerksamkeit des Besuchers zu wecken.
- Verwenden Sie keine langen Texte. Sie ermüden den Leser nur. Bevorzugen Sie stattdessen kleine Überschriften, die möglichst viel Information vermitteln.
- Zeigen Sie wichtige Begriffe durch Hervorhebung des Textes an.
- Verwenden Sie keine Schrift kleiner als 10 Punkt.

Abb. 19.5:
Ein übersichtlicher Aufbau ist wichtig.

Nachdem Sie alle Eingaben abgeschlossen haben, sollte Ihre Homepage etwa das Aussehen der Abbildung 19.5 haben.
Legen Sie einen neuen Ordner mit dem Titel *webmeinefirma* an, und speichern Sie die Seite mit dem Namen *start* ab.

19.1.4 Seiten hinzufügen

Ihre Website soll insgesamt vier Seiten haben, eine Startseite und drei weitere Seiten.

1. Speichern Sie die soeben erstellte Seite noch dreimal ab, und zwar unter den Namen *zubehör*, *ankauf* und *kontakt*. Durch diesen Speichervorgang stellen Sie sicher, dass alle Seiten Ihrer Website das gleiche Design haben, um dem Besucher ein einheitliches Bild zu bieten.

Abb. 19.6: Die zweite Seite Ihres Internet-Auftritts

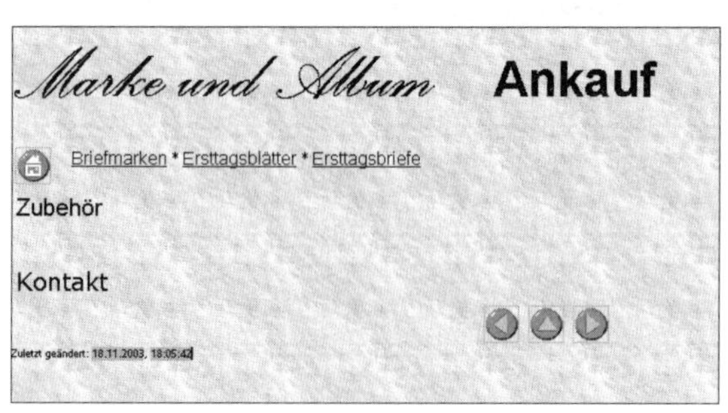

Abb. 19.7: Die dritte Seite

2. Rufen Sie jetzt die Seite *Zubehör* auf. Entfernen Sie das Wort *Zubehör*, denn Sie sind ja jetzt auf der Seite *Zubehör*. Geben Sie das Wort stattdessen neben der Überschrift in der Schriftgöße *32* und der Schrift *Arial* ein. Vergessen Sie nicht, wieder abzuspeichern.

Abb. 19.8: ...und die vierte Seite

3. Speichern Sie die Startseite nun noch jeweils einmal als *briefmarken*, *ersttagsblätter* und *ersttagsbriefe* ab.

19.1.5 Hyperlinks

Die neu erstellten Seiten können Sie zwar jetzt bearbeiten, haben aber noch keine Möglichkeit, von der Startseite zu den anderen Seiten und zurück zu gelangen. Sie müssen erst eine Verbindung zwischen den einzelnen Seiten herstellen – die so genannten *Hyperlinks* oder auch kurz *Links*. Ein Hyperlink kann ein Text, ein Button oder eine Grafik sein. Durch einen Klick auf diesen Hyperlink gelangt der Leser automatisch an eine andere Stelle oder zu einem anderen Dokument.

1. Um einen Hyperlink einzurichten, müssen Sie zuerst den Text markieren, der mit einem Link belegt werden soll. Rufen Sie also die Seite *start* auf, und markieren Sie den Text *Briefmarken*.
2. Klicken Sie in der Werkzeugleiste *Web* auf das Symbol *Hyperlink-Dialog*, um das Dialogfenster *Hyperlink* zu öffnen. Falls diese Werkzeugleiste nicht aktiv sein sollte, öffnen Sie diese über *Ansicht/Symbolleisten/Werkzeugleiste*.

Abb. 19.9:
Das Hyperlink-Symbol

3. Klicken Sie im Dialogfenster *Hyperlink* auf das Symbol oben rechts für *Datei öffnen*. Klicken Sie die Datei an, zu der Sie verlinken wollen, also in diesem Fall *briefmarken*.

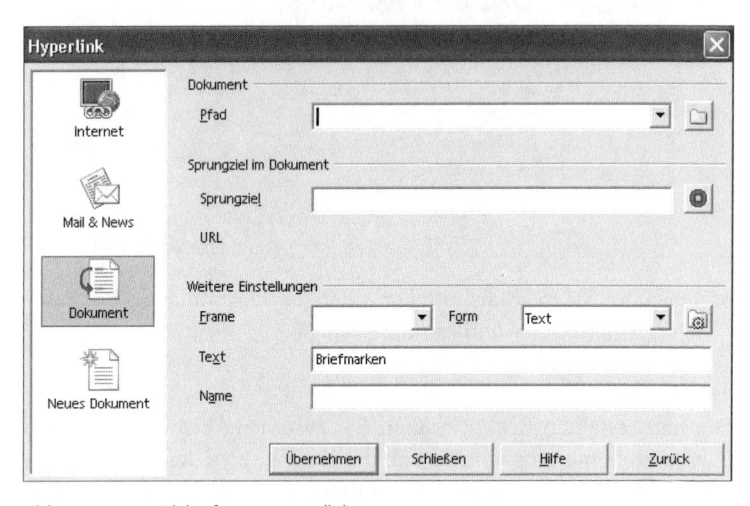

Abb. 19.10: Das Dialogfenster Hyperlink

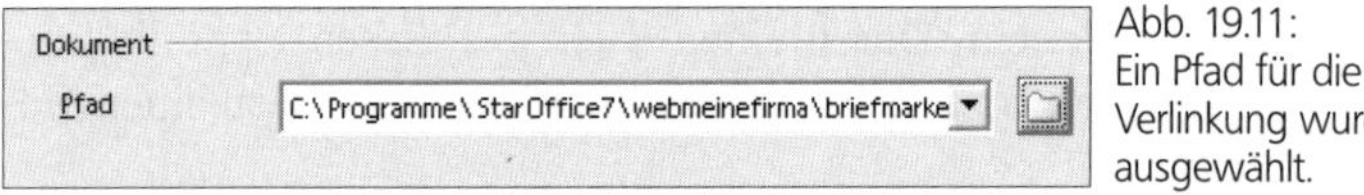

Abb. 19.11:
Ein Pfad für die Verlinkung wurde ausgewählt.

4. Führen Sie zwei weitere Verlinkungen zu den Dateien *ersttagsblätter* und *ersttagsbriefe* sowie dann noch je eine Verlinkung zu den Dateien *zubehör*, *ankauf* und *kontakt* durch.

Damit sind die Verlinkungen von der Titelseite aus fast komplett, aber es gibt noch ein paar Schaltflächen, die verlinkt sein sollten.

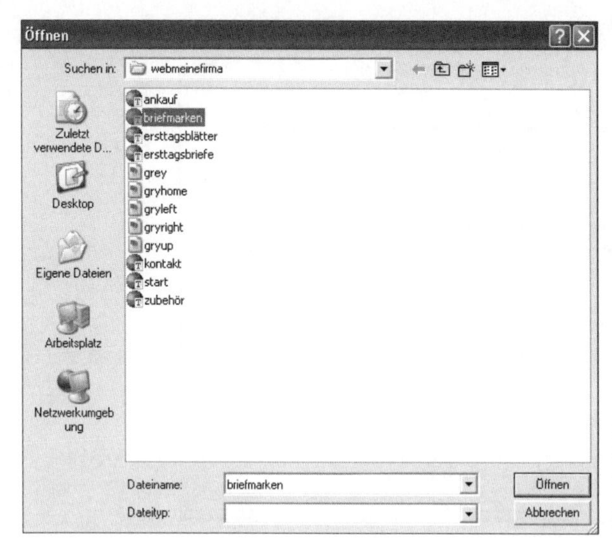

Abb. 19.12: Auswahl aus dem Ordner „webmeinefirma"

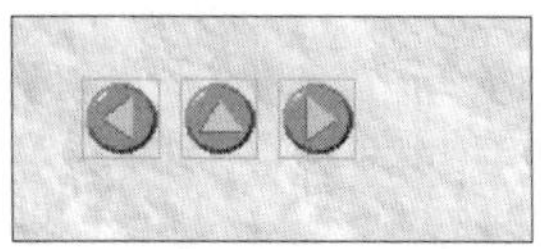

Abb. 19.13: Diese Schaltfächen warten noch auf ihre Verlinkung.

Die beiden Pfeilsymbole führen Sie jeweils zur nächsten oder vorhergehenden Seite. Da es auf der Startseite keine vorhergehende Seite gibt, können Sie auf dieser Seite den Pfeil nach links löschen, denn er würde den Besucher nur verwirren. Das Gleiche gilt hier für den mittleren Pfeil, denn er soll zur Startseite selbst führen. Auch das Haus oben links auf der Startseite können Sie löschen, denn es führt ebenfalls zur Startseite.

Führen Sie jetzt einen Doppelklick auf den übrig gebliebenen Pfeil aus; dadurch öffnen Sie das Dialogfenster *Grafik*. Wechseln Sie in das Register *Hyperlink*, und suchen Sie aus Ihrem Ordner *meinefirma* die Datei *Briefmarken* zur Verlinkung aus.

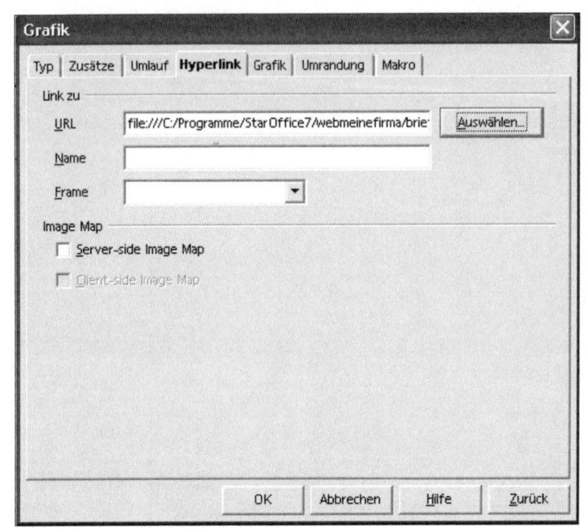

Abb. 19.14: Eine Grafik wird verlinkt.

Nach den Verlinkungen für die Titelseite gibt es noch viele andere Seiten zu verlinken. Starten Sie im nächsten Schritt die Seite *ersttagsblätter*. Da Sie sich jetzt auf der Seite *Briefmarken* befinden, löschen Sie am besten den Eintrag *Briefmarken* und tippen den Text neben dem Firmennamen neu ein, sozusagen als Überschrift für diese Seite.

Von dieser Seite aus führen Sie insgesamt neun Verlinkungen durch, fünf von Texten aus und vier von Schaltflächen aus:

- zu den Seiten *Ersttagsblätter*, *Ersttagsbriefe*, *Zubehör*, *Ankauf*, *Kontakt*
- von dem Haus-Symbol aus zur Startseite
- von dem Pfeil nach links zur vorhergehenden Seite, also zur Startseite
- von dem Pfeil nach rechts zur nächsten Seite, also zu der Seite *Ersttagsblätter*
- von dem mittleren Pfeil ebenfalls zur Startseite (nicht unbedingt notwendig)

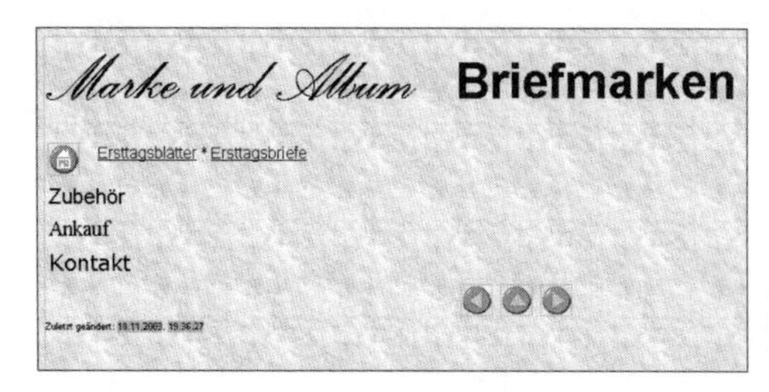

Abb. 19.15:
Diese Seite enthält neun Verlinkungen.

Nachdem die Seite gespeichert wurde, folgen die Verlinkungen auf der Seite *Ersttagsblätter*. Löschen Sie zuerst wieder den Eintrag *Ersttagsblätter*, und schreiben Sie ihn neu neben das Firmenlogo als Seitenüberschrift.

Von dieser Seite aus gibt es ebenfalls neun Verlinkungen, und zwar zu den Seiten *Briefmarken*, *Ersttagsbriefe*, *Zubehör*, *Ankauf* und *Kontakt*, außerdem von den Pfeilen aus rückwärts zu der Seite *Briefmarken* und vorwärts zu der Seite *Ersttagsbriefe*, mit dem mittleren Pfeil sowie mit dem Haussymbol zur Startseite.

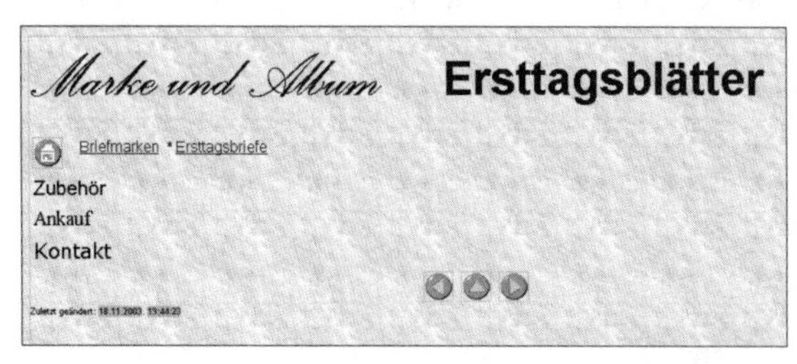

Abb. 19.16:
Von dieser Seite aus muss ebenfalls neunmal verlinkt werden.

Öffnen Sie die Seite *Ersttagsbriefe*. Löschen Sie den Eintrag *Ersttagsbriefe*, und schreiben Sie ihn wieder als Überschrift für diese Seite neben das Firmenlogo. Verlinken Sie achtmal, und zwar zu der Seite *Briefmarken* und *Ersttagsblätter* sowie zu den Seiten *Zubehör*, *Ankauf* und *Kontakt*, dann rückwärts zu der Seite *Ersttagsblätter*. Den Pfeil nach vorwärts können Sie hier löschen, denn nach dieser Seite kommt keine weitere, jedenfalls nicht durch Pfeilbewegung. Es fehlen nur noch die Verlinkungen mit dem mittleren Pfeil und mit dem Haus-Symbol jeweils zur Startseite.

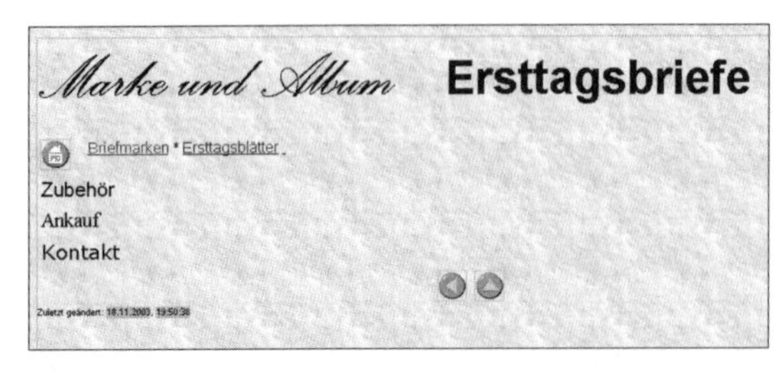

Abb. 19.17:
Diese Seite ist auch verlinkt.

Jetzt fehlt noch die Verlinkung von den Seiten *Zubehör*, *Ankauf* und *Kontakt*. Auf diesen Seiten können Sie auf die Verlinkung der Pfeiltasten verzichten. Die Verlinkung von Schaltflächen sollte hier nur demonstriert werden, doch in der Praxis ist es nicht nötig, in einer Website doppelt – also einmal durch Schaltflächen und einmal über Texte – zu verlinken.

1. Starten Sie also die Seite *Zubehör*, und löschen Sie die drei Pfeilsymbole. Den Eintrag *Zubehör* löschen Sie ebenfalls und verwenden ihn als Überschrift für die Seite.
2. Verlinken Sie dann den Text *Ankauf* mit der Seite *Ankauf* und den Text *Kontakt* mit der Seite *Kontakt* sowie das Haus-Symbol mit der Startseite. Es folgen noch drei Verlinkungen zu den Seiten *Briefmarken*, *Ersttagsblätter*, *Ersttagsbriefe*, und auch diese Seite ist komplett verlinkt.

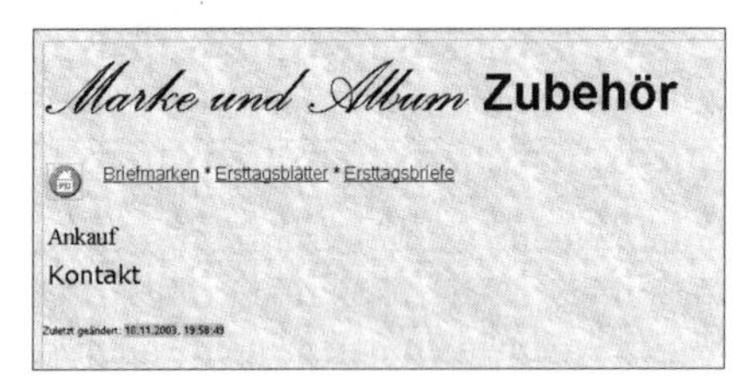

Abb. 19.18:
Eine weitere Seite wurde verlinkt.

Es fehlen nun noch zwei Seiten: die Seite *Ankauf* und die Seite *Kontakt*. Öffnen Sie also zunächst die Seite *Ankauf*, löschen Sie die Pfeile und den Text *Ankauf*. Tippen Sie diesen Text wieder als Überschrift ein, und erstellen Sie die Verlinkungen zu den Seiten *Zubehör* und *Kontakt* sowie zur Startseite – außerdem natürlich zu den Seiten *Briefmarken*, *Ersttagsbriefe* und *Ersttagsblätter*.

Abb. 19.19:
Auch diese Seite ist verlinkt.

Im Folgenden erhalten Sie abschließend nochmals eine Übersicht der verschiedenen Vorlagen, die der AutoPilot von StarOffice 7 für Web-Seiten bietet.

19.1.6 Vorlagen für Web-Seiten

Die Standardvorlage

Die Standardvorlage enthält den Titel, drei weitere Seiten, zu denen Sie verlinken können, drei Textzeilen und vier Schaltflächen, die zur Homepage sowie zur nächsten und vorhergehenden Seite führen. Auf dieser Seite benötigen Sie natürlich das Homepage-Symbol und den Pfeil nach links sowie den mittleren Pfeil, der auch zur Homepage führt, nicht.

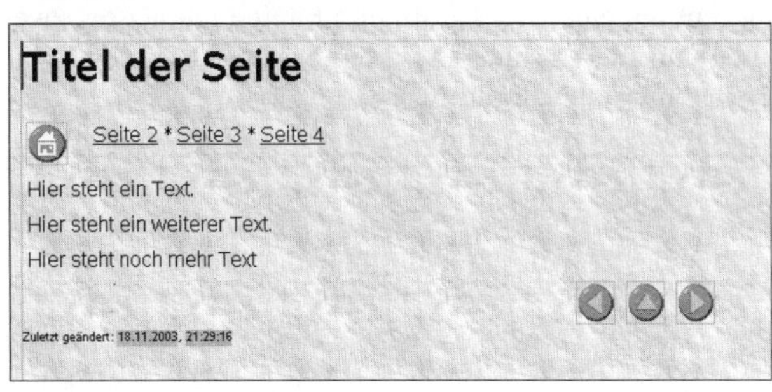

Abb. 19.20:
Die Standard-vorlage

Die Vorlage einspaltig, mit Untertitel

Diese Vorlage bietet einen Titel, einen Untertitel und jede Menge Platz für erläuternde Texte, außerdem Verlinkungsmöglichkeiten zu *Seite 1*, *Seite 2* und *Seite 3*.

Hier sind auch wieder die Schaltflächen für die Homepage und Pfeil nach rechts sowie Pfeil nach links vorhanden, außerdem noch der Pfeil, der zur Homepage führt. Den Pfeil nach links, den Pfeil nach oben und das Homepage-Symbol benötigen Sie in dieser Seite ebenfalls nicht.

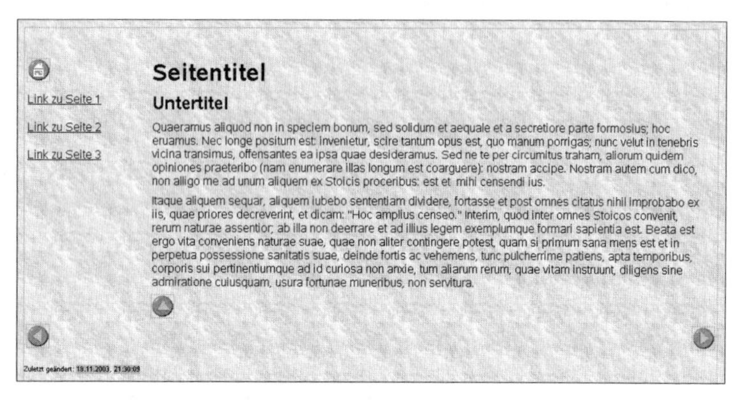

Abb. 19.21: Einspaltig, mit Untertiteln

Einspaltig, Gliederung nach Kapiteln

Diese Vorlage enthält eine Überschrift, drei Kapitel mit je drei, zwei und vier Seiten und drei Absätze. Die drei Absätze sind für drei verschiedene Texterläuterungen gedacht.

Abb. 19.22: Einspaltig, Gliederung nach Kapiteln

Einzelnes Bild mit Erläuterung

Diese Vorlage bietet wieder einen Titel, einen Untertitel, Verlinkungen zu neun Bildern und jede Menge Platz für Text. Die Pfeiltasten für den Klick auf die nächste oder die vorhergehende Seite sind ebenfalls wieder integriert, ebenso das Homepage-Symbol. Den Pfeil nach links und das Homepage-Symbol benötigen Sie in dieser Seite wiederum nicht.

Das große Bild rechts können Sie natürlich durch ein anderes ersetzen und dieses dann verlinken.

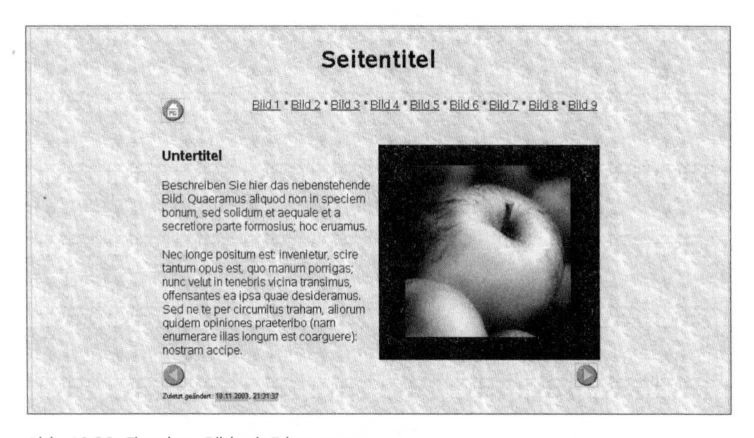

Abb. 19.23: Einzelnes Bild mit Erläuterung

Feste Breite, einspaltig

In dieser Web-Vorlage finden Sie eine Titelzeile, zwei Textabsätze für zwei verschiedene Erläuterungen, außerdem Verlinkungsmöglichkeiten zu *Seite 2*, *Seite 3* und *Seite 4*.

Weiterhin sind drei Schaltflächen vorhanden: zur Homepage, zur vorhergehenden Seite und zur nächsten Seite. Die Homepage-Schaltfläche und den Pfeil nach links können Sie löschen; diese beiden Schaltlfächen benötigen Sie auf dieser Seite nicht.

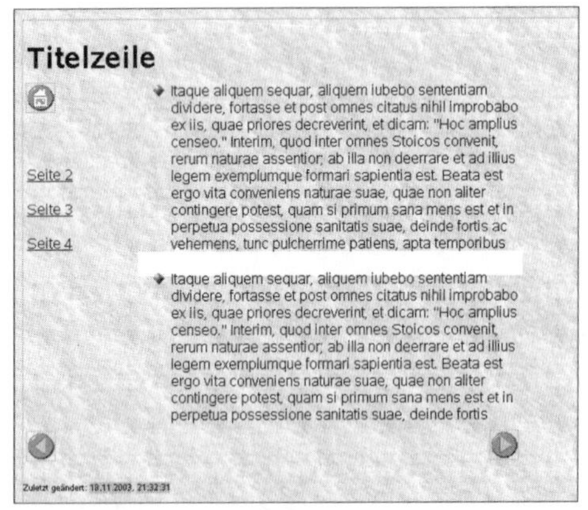

Abb. 19.24:
Feste Breite, einspaltig

Feste Breite, zweispaltig

Diese Vorlage unterscheidet sich im Grunde kaum von der vorhergehenden, außer dass Sie hier zwei Textspalten nebeneinander vorfinden. Sie haben die Möglichkeit, zu *Seite 2*, *Seite 3* oder *Seite 4* zu verlinken, zwei verschiedene Textbereiche für eine Beschreibung zu nutzen und durch Klick auf die Schaltfläche mit dem Pfeil nach rechts zur nächsten Seite zu verlinken.

Die Schaltflächen mit dem Pfeil nach links und das Homepage-Symbol benötigen Sie auch auf dieser Seite nicht.

Abb. 19.25:
Feste Breite,
zweispaltig

Formular, feste Breite, zentriert

Das Formular enthält wieder den Titel, eine einleitende Überschrift und drei verschiedene Fragen, zu denen jeweils vier Optionen für die entsprechende Antwort zur Verfügung stehen.

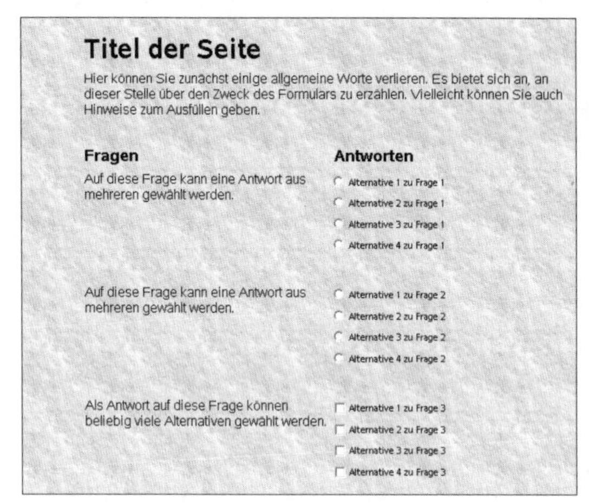

Abb. 19.26: Formular (feste Breite, zentriert)

Formular, variable Breite

Dieses Formular zeigt wieder einen Titel, eine einleitende Überschrift, vier verschiedene Fragen mit jeweils vier Optionen für die Antwort und zwei Eingabefelder (s. Abb. 19.27).
Außerdem enthält die Vorlage Velinkungsmöglichkeiten zu *Seite 2*, *Seite 3* und *Seite 4*, eine Homepage-Schaltfläche, zwei Pfeil-Schaltflächen und die beiden Schaltflächen *Löschen* und *Abschicken*.

Formular Fotoalbum

Diese Vorlage enthält den Titel und vier Grafiken mit Beschreibungsmöglichkeit. Sie finden drei Unterteilungen für Buchbeschreibungen mit jeweils der Möglichkeit, zu zwei, vier oder drei beschreibenden Seiten über das jeweilige Buch zu verlinken.
Außerdem sind Schaltflächen zum Verlinken zur Homepage und zur vorhergehenden bzw. zur nächsten Seite vorhanden.

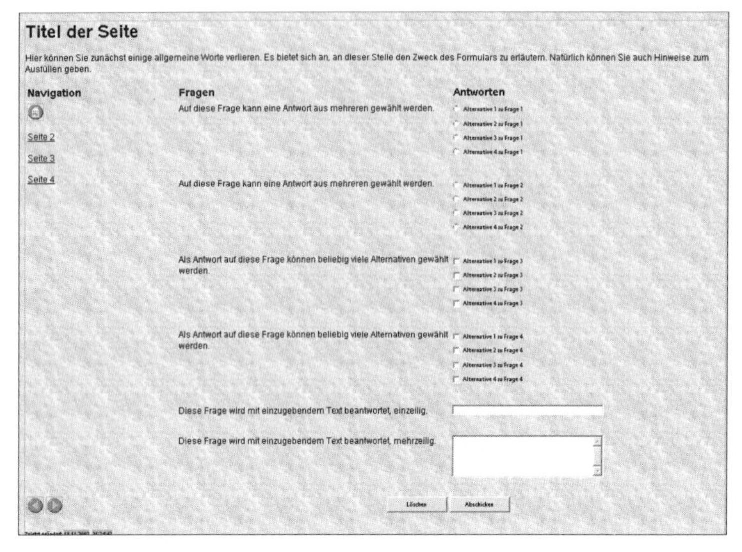

Abb. 19.27: Formular, variable Breite

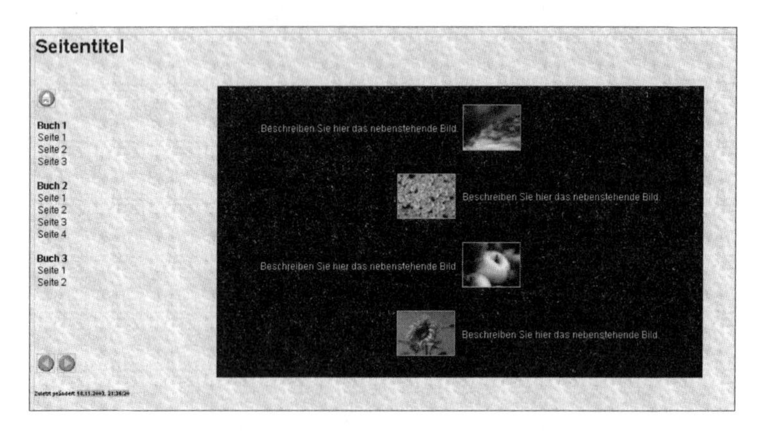

Abb. 19.28: Fotoalbum

Kontaktformular

Diese Vorlage ist zur Kontaktaufnahme mit der Firma für Kunden gedacht. Es enhält verschiedene Felder für die Adresseingabe, Optionen zum Anklicken, über die der Kunde angibt, was für Informationen er wünscht, und ein Eingabefeld für weiteren Text. Außerdem stehen noch die Schaltflächen *Abschicken* und *Löschen* zur Verfügung.

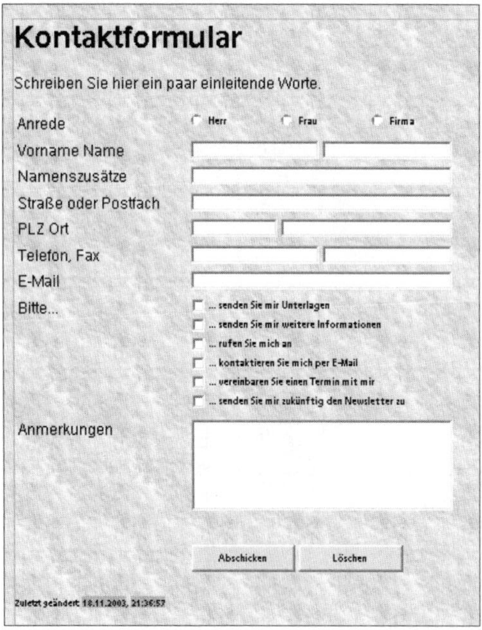

Abb. 19.29: Kontaktformular

Die Vorlage Kundenformular

Dieses Formular ist für die Daten der Kunden gedacht. Es sind Eingabefelder für die Adresse, für die Bankverbindung und für sonstige Texte vorhanden. Außerdem enthält es noch die Schaltflächen *Abschicken* und *Löschen*.

Schreiben Sie hier ein paar einleitende Worte.

Kundendaten

Kundennummer
Anrede (Herr (Frau (Firma
Vorname Name
Namenszusätze
Straße oder Postfach
PLZ Ort
Telefon, Fax
E-Mail
Bitte ändern Sie meine Kundendaten

Bankverbindung

Name der Bank
BLZ
Kontonummer
Kontoinhaber
Bitte ändern Sie meine Bankverbindung

Sonstiges

Bemerkungen

Abschicken Löschen

Zuletzt geändert: 18.11.2003, 21:37:43

Abb. 19.30: Kundenformular

Das Formular für die Liste mit Inhaltsverzeichnis

In diesem Formular finden Sie eine Überschrift, Navigationsmöglichkeiten zur *Seite 1*, *Seite 2* und *Seite 3*. Es gibt außerdem die Möglichkeit, zu einem Inhaltsverzeichnis sowie jeweils direkt zu *Kapitel 1*, *Kapitel 2*, *Kapitel 3* und *Kapitel 4* zu verlinken. Es sind Textbeschreibungen zu diesen vier Kapiteln vorhanden, wobei die Beschreibung zu *Kapitel 4* nochmals in drei Teile untergliedert ist.

Außerdem gibt es noch zwei Schaltflächen zur nächsten und zur vorhergehenden Seite, wobei Sie den Pfail nach links hier nicht benötigen.

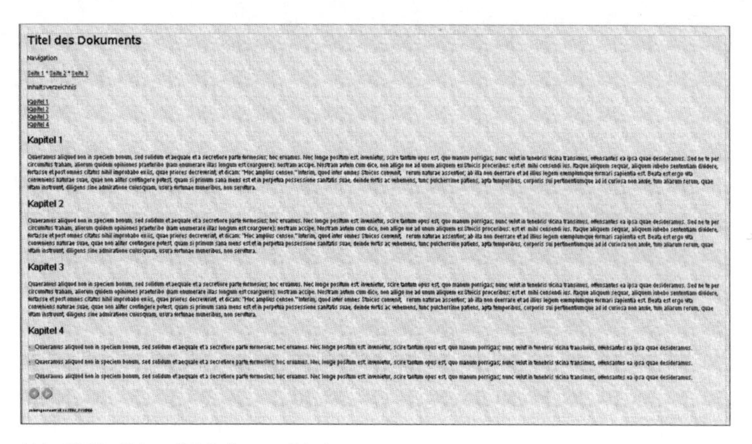

Abb. 19.31: Liste mit Inhaltsverzeichnis

Die Vorlage zweisprachig

Diese Vorlage enthält eine Überschrift, zwei Spalten mit jeweils einer Eingabemöglichkeit für verschiedene Sprachen sowie Verlinkungsangebote zu *Seite 2*, *Seite 3* und *Seite 4*.
Ansonsten stehen noch die Schaltflächen zur Homepage und drei Pfeil-Schaltflächen zur Verfügung. Die Schaltfläche *Homepage* und Pfeil nach links sowie Pfeil nach oben benötigen Sie in dieser Seite nicht.

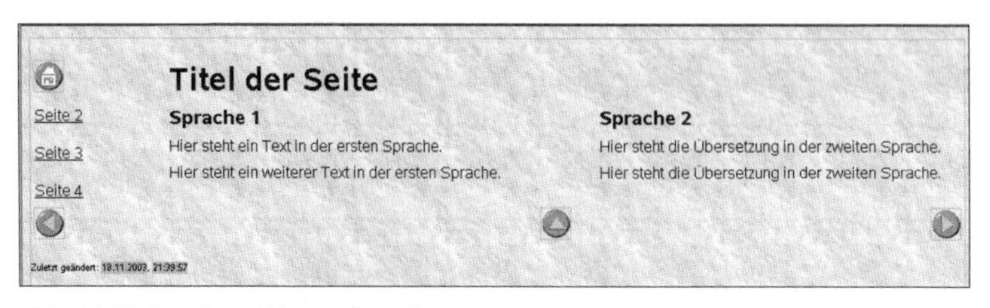

Abb. 19.32: Zweisprachige Web-Vorlage

Das leere Formular

Und dann gibt es natürlich auch noch ein leeres Formular, in dem überhaupt nichts enthalten ist. Es ist zur eigenen, freien Bearbeitung gedacht.

Abb. 19.33: Hier sind noch keine Einträge vorhanden.

Auf einige dieser Formulare greifen wir im nächsten Abschnitt nochmals zurück.

19.2 Gestaltung und Verfeinerung

In diesem zweiten Teil des Workshops erfahren Sie, wie Sie Ihre Produkte präsentieren. Dazu benötigen Sie Tabellen, Farben, Grafiken und Formulare.

19.2.1 Tabellen im Web

Tabellen einfügen

Sie erinnern sich? Sie haben in Abschnitt 18.2.1 bereits eine Tabelle mit dem Namen *angebotberlin* erstellt. Auf diese Tabelle greifen wir jetzt zurück und setzen sie in die Seite *Briefmarken* ein.

1. Öffnen Sie also in Ihrem Ordner *meinefirma* die Datei *angebotberlin*, und markieren Sie die gesamte Tabelle. Betätigen Sie dann die Tastenkombination Strg+C (s. Abb. 19.34).
2. Begeben Sie sich wieder in die Seite *Briefmarken*, setzen Sie den Cursor an die Stelle, an der Sie die Tabelle platzieren möchten, und drücken Sie Strg+V.

Die Tabelle wird eingefügt, allerdings ziemlich verschoben. Sie müssten jetzt alle Texte wieder in die richtige Form bringen. Aber ersparen Sie sich das, und erstellen Sie lieber gleich in dem Web-Seiten-Modul, in dem Sie sich ja gerade befinden, neue Tabellen.

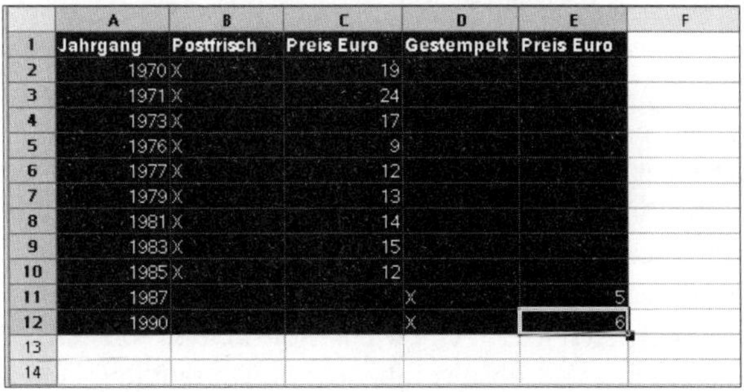

	A	B	C	D	E	F
1	Jahrgang	Postfrisch	Preis Euro	Gestempelt	Preis Euro	
2	1970	X	19			
3	1971	X	24			
4	1973	X	17			
5	1976	X	9			
6	1977	X	12			
7	1979	X	13			
8	1981	X	14			
9	1983	X	15			
10	1985	X	12			
11	1987			X	5	
12	1990			X	6	
13						
14						

Abb. 19.34: Markieren Sie die Tabelle in StarCalc.

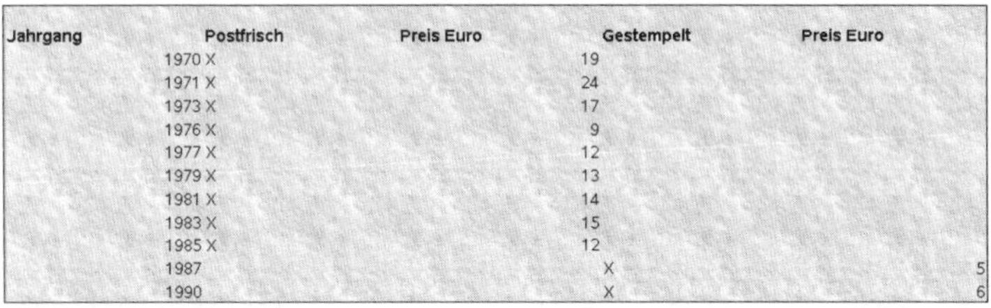

Jahrgang	Postfrisch	Preis Euro	Gestempelt	Preis Euro
	1970 X		19	
	1971 X		24	
	1973 X		17	
	1976 X		9	
	1977 X		12	
	1979 X		13	
	1981 X		14	
	1983 X		15	
	1985 X		12	
	1987		X	5
	1990		X	6

Abb. 19.35: Durch das Kopieren der Tabelle ist ein ziemliches Chaos entstanden.

Eine neue Tabelle starten Sie entweder über das Symbol am linken Bildschirmrand oder über das Menü mit *Einfügen/Tabelle*.

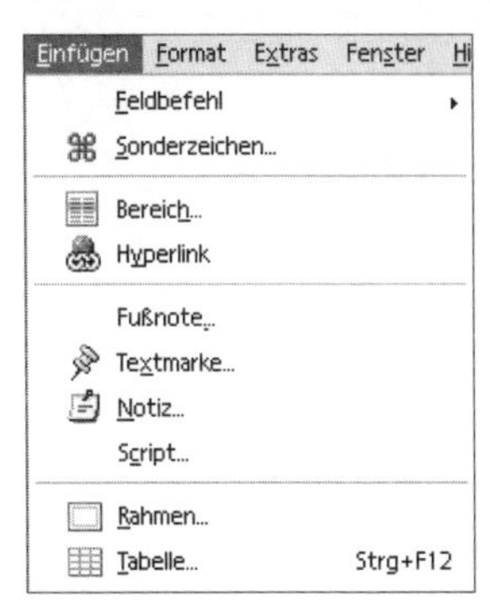

Abb. 19.36: Wählen Sie das Menü....

Abb. 19.37:
...oder das Icon zum Einfügen der Tabelle.

1. Setzen Sie also den Mauszeiger an die Stelle, an der die Tabelle stehen soll, und verwenden Sie dann eine der beiden genannten Optionen zum Einfügen der Tabelle.
2. Das Dialogfenster *Tabelle einfügen* meldet sich. Geben Sie einen Namen für die Tabelle ein, und legen Sie fest, wie viele Spalten und Zeilen Sie benötigen.
3. Legen Sie noch fest, ob Sie eine Überschrift für die Tabelle wollen, ob diese Überschrift auf jeder Seite wiederholt werden soll, falls es mehrere Seiten gibt, und ob die Tabelle eine Umrandung haben soll. Bestätigen Sie mit *OK*.

Abb. 19.38: Die Tabelle wurde in die Seite eingefügt.

4. Geben Sie jetzt in die erste Reihe Ihre Bezeichnungen und in die Zelle unter jede Bezeichnung dann die verschiedenen Artikel mit Preisen ein.
5. Vergessen Sie auch die Überschrift über der Tabelle nicht. Nachdem Sie ihre Eingaben erledigt haben, schließen Sie diese Seite. Vergessen Sie nicht zu speichern.

6. Öffnen Sie jetzt die Seite *Zubehör*, um hier ebenfalls eine Tabelle einzufügen. Wählen Sie hier eine vierspaltige Tabelle mit fünf Zeilen. Geben Sie die Überschriften und in die einzelnen Felder die Bezeichnungen ein.

Marke und Album Zubehör

Briefmarken * Ersttagsblätter * Ersttagsbriefe

Ankauf
Kontakt

Zuletzt geändert: 22.11.2003, 20:37:08

KEBA	LASTTURM	LEINDNER	MEICHEL
Vordruckalbum rot 39 €	Briefmarkeneinsteckalbum 32 S 9,90 €	Vordruckalbum blau 29 €	Meichel-Katalog 2004 BRD 24 €
Vordruckalbum grün 37 €	Briefmarkeneinsteckalbum 64 S. 17,90 €	Vordruckalbum grün 27 €	Meichel-Katalog 2003 BRD 19 €
Vordruckalbum blau 35 €	Briefmarkeneinsteckalbum 16 S. 6,90 €	Vordruckalbum rot 25 €	Meichel-Katalog 2002 BRD 17 €
Vordruckalbum orange 33 €	Biriefmarkeneinsteckalbum 24 S. 8,90 €	Vordruckalbum orange 23 €	Meichel-Katalog 2001 BRD 15 €

Abb. 19.39: Eine neue Tabelle wurde erstellt.

Tabellen bearbeiten

Falls Ihnen nach der Fertigstellung der Tabelle einfällt, dass Sie noch eine weitere Zeile einfügen wollen, ist dies kein Problem – setzen Sie den Mauszeiger in eine beliebige Zelle der letzten Zeile, und klicken Sie auf das Symbol *Zeile einfügen*.

Abb. 19.40:
Dieses Symbol fügt eine neue Zeile hinzu.

Die neue Zeile fügt sich am unteren Tabellenrand an.

KEBA	LASTTURM	LEINDNER	MEICHEL
Vordruckalbum rot 39 €	Briefmarkeneinsteckalbum 32 S 9,90 €	Vordruckalbum blau 29 €	Meichel-Katalog 2004 BRD 24 €
Vordruckalbum grün 37 €	Briefmarkeneinsteckalbum 64 S. 17,90 €	Vordruckalbum grün 27 €	Meichel-Katalog 2003 BRD 19 €
Vordruckalbum blau 35 €	Briefmarkeneinsteckalbum 16 S. 6,90 €	Vordruckalbum rot 25 €	Meichel-Katalog 2002 BRD 17 €
Vordruckalbum orange 33 €	Biriefmarkeneinsteckalbum 24 S. 8,90 €	Vordruckalbum orange 23 €	Meichel-Katalog 2001 BRD 15 €

Abb. 19.41: Die Tabelle wurde um eine Zeile erweitert.

Entsprechend ist es auch kein Problem, eine neue Spalte hinzuzufügen: Setzen Sie denMauszeiger in die letzte Zelle der ersten Zeile, und klicken Sie auf das Symbol *Spalte hinzufügen*.

Abb. 19.42:
Dieses Symbol fügt eine neue Spalte hinzu.

Die neue Spalte wird am rechten Tabellenrand angehängt.

KEBA	LASTTURM	LEINDNER	MEICHEL	
Vordruckalbum rot 39 €	Briefmarkeneinsteckalbum 32 S 9,90 €	Vordruckalbum blau 29 €	Meichel-Katalog 2004 BRD 24 €	
Vordruckalbum grün 37 €	Briefmarkeneinsteckalbum 64 S. 17,90 €	Vordruckalbum grün 27 €	Meichel-Katalog 2003 BRD 19 €	
Vordruckalbum blau 35 €	Briefmarkeneinsteckalbum 16 S. 6,90 €	Vordruckalbum rot 25 €	Meichel-Katalog 2002 BRD 17 €	
Vordruckalbum orange 33 €	Biriefmarkeneinsteckalbum 24 S. 8,90 €	Vordruckalbum orange 23 €	Meichel-Katalog 2001 BRD 15 €	

Abb. 19.43: Die Tabelle ist um eine weitere Spalte gewachsen.

Für das Löschen von Zeilen oder Spalten stehen noch zwei weitere Symbole bereit.

Abb. 19.44:
Die Symbole für Zeile oder Spalte löschen

Farben in Tabellen

Die farbliche Gestaltung Ihrer Tabelle ist ebenfalls ein wichtiges Thema. Markieren Sie die gesamte Tabelle, und klicken Sie auf das Symbol mit dem Farbeimer.

Abb. 19.45:
Das Symbol für Hintergrundfarbe

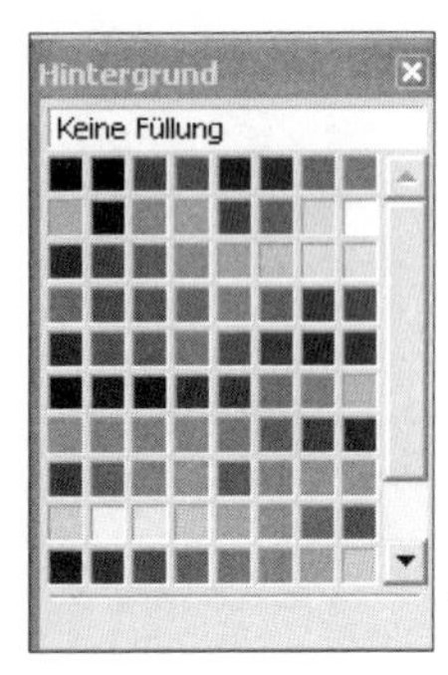

Abb. 19.46:
Etliche Farben stehen zur Auswahl bereit.

Daraufhin erscheint eine Palette der zur Verfügung stehenden Farben (s. Abb. 19.46). Wählen Sie eine Farbe durch Mausklick aus. Ihre Tabelle erhält nun als Hintergrund diese Farbe zugewiesen.

KEBA	LASTTURM	LEINDNER	MEICHEL	
Vordruckalbum rot 39 €	Briefmarkeneinsteckalbum 32 S 9,90 €	Vordruckalbum blau 29 €	Meichel-Katalog 2004 BRD 24 €	
Vordruckalbum grün 37 €	Briefmarkeneinsteckalbum 64 S. 17,90 €	Vordruckalbum grün 27 €	Meichel-Katalog 2003 BRD 19 €	
Vordruckalbum blau 35 €	Briefmarkeneinsteckalbum 16 S. 6,90 €	Vordruckalbum rot 25 €	Meichel-Katalog 2002 BRD 17 €	
Vordruckalbum orange 33 €	Birlefmarkeneinsteckalbum 24 S. 8,90 €	Vordruckalbum orange 23 €	Meichel-Katalog 2001 BRD 15 €	

Abb. 19.47: Mit Hintergrundfarbe sieht die Tabelle gleich besser aus.

19.2.2 Grafiken im Web

Bilder, Grafiken oder Cliparts sind aus modernen Web-Seiten nicht mehr wegzudenken. Sie haben den Effekt, dass die Seiten auf den Besucher ansprechender wirken. In StarOffice können Sie Bilder in Ihre Web-Seiten importieren und bearbeiten.

Hinweis:
Widerstehen Sie unbedingt der Versuchung, Bilder von anderen Web-Seiten herunterzuladen und auf eigenen Seiten zu verwenden. In den meisten Fällen besteht ein Copyright für diese Bilder - es drohen Ihnen hohe Geldstrafen bei deren Verwendung.

In Web-Seiten werden hauptsächlich die Grafikformate JPG und GIF verwendet. Diese Formate können ziemlich stark komprimiert werden. Dadurch wird der für die Website benötigte Speicherplatz nicht so groß.

- Das JPG-Format ist gut geeignet für das Speichern von Bildern, die viele Farben enthalten.
- Das GIF-Format wurde speziell für die Verwendung im Internet entwickelt. Hier ist ebenfalls eine hohe Komprimierung möglich. Bei der Verwendung dieses Formats ist die Anzahl der Farben auf 256 beschränkt. Dafür ermöglicht dieses Format verschiedene Darstellungsformen. Es ist hauptsächlich für Grafiken mit großen, einfarbigen Flächen geeignet, also für Banner, Schaltflächen oder Symbole und Hinweise.

Einfügen einer Grafik

Um das Einfügen einer Grafik auszuprobieren, öffnen Sie die Startseite Ihrer Website. Um beispielsweise ein Firmenlogo auf der Startseite zu integrieren, suchen Sie sich ein Logo aus der Gallery aus.

1. Öffnen Sie die Gallery durch Klick auf das Symbol in der obersten Symbolleiste ganz rechts.

Abb. 19.48:
Dieses Symbol öffnet die Gallery.

2. Suchen Sie aus der umfangreichen Liste links ein Thema aus, und wählen Sie unter diesem Thema dann das entsprechende Clipart.

Abb. 19.49: Wählen Sie ein passendes Clipart aus.

3. Um das Clipart jetzt in Ihre Web-Seite zu bekommen, müssen Sie es anklicken und bei gedrückt gehaltener Maustaste an die gewünschte Stelle in Ihrer Seite ziehen. Sobald Sie die Maustaste wieder loslassen, verankert sich das Clipart an diesem Platz.

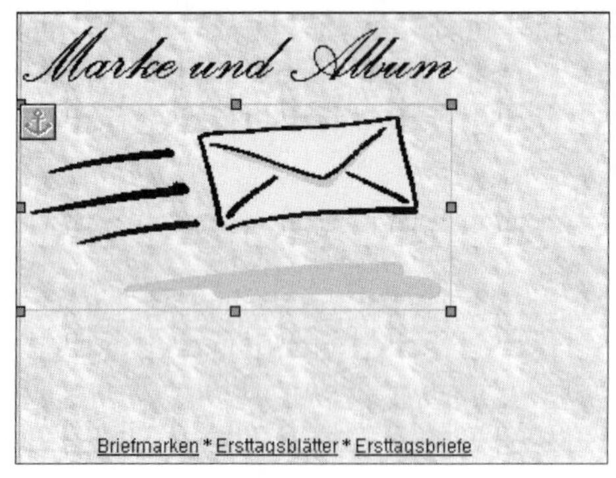

Abb. 19.50:
Das Bild wurde eingefügt.

Hinweis:
Sollten Sie einmal feststellen, dass Sie das falsche Bild importiert haben, so entfernen Sie es einfach wieder, indem Sie es anklicken und die Entf-Taste drücken.

Wenn Sie in die Grafik klicken, erhält diese als Markierung kleine Quadrate an den Eckpunkten und in der Mitte jeder Linie. Mit Hilfe dieser Eckpunkte soll das Bild nun vergrößert werden. Klicken Sie dazu auf das untere, rechte Quadrat, halten Sie die ⇧-Taste gedrückt (um das Bild proportional zu vergrößern) und ziehen Sie mit gedrückt gehaltener, linker Maustaste nach rechts oben, bis das Bild die gewünschte Größe erreicht hat.
Lassen Sie den Mauszeiger wieder los. Sie werden bemerken, dass das Bild mit zunehmender Größe immer unschärfer wird. Sie sollten es also nicht zu groß ziehen.

Abb. 19.51: Hier ist das Logo viel zu groß.

Abb. 19.52: Kleineres Logo

19.2.3 Formulare

Bei jeder Versandfirma werden dem Kunden Listen zur Verfügung gestellt, in die er die Artikel, die er bestellen möchte, einträgt. Auch StarOffice bietet die Möglichkeit, dem Besucher ein solches Formular zu präsentieren.

Für Kundenformulare stehen fertige Dokumente zum Abruf bereit. Um ein Formular einzufügen, legen Sie eine weitere Seite in Ihrer Website an. Öffnen Sie den AutoPiloten für Web-Seiten, und suchen Sie aus der Liste links die Vorlage *Kontaktformular* aus. Klicken Sie auf *Fertig stellen*, um die Vorlage zu öffnen.

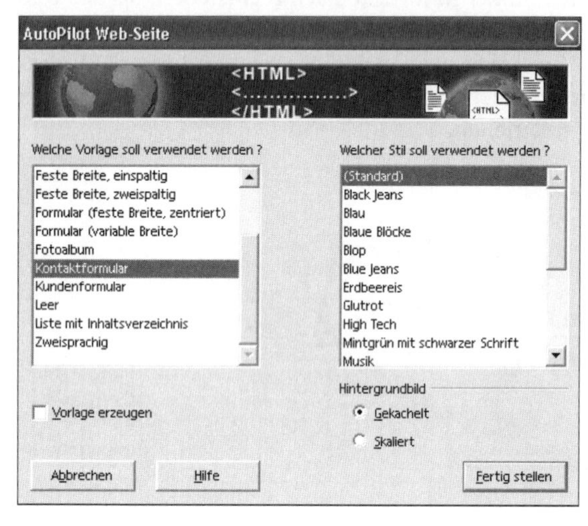

Abb. 19.53: Öffnen Sie das Kontaktformular.

Dieses Formular soll in die Seite *Kontakt* eingefügt werden. Das Einfachste wäre jetzt, das Formular zu markieren und in die Seite *Kontakt* zu kopieren – das sollten Sie aber nicht tun, denn dann würden alle Texte des Formulars verschoben. Kopieren Sie stattdessen die Texte aus Ihrem Formular *Kontakt* in die neue Seite, und speichern Sie diese dann unter dem Namen *Kontakt* ab. Die bereits vorhandene Seite *Kontakt* wird damit ja sowieso überschrieben.

Abb. 19.54: Seite und Kontaktformular wurden vereint

Das Kontaktformular besteht aus dem Adressfeld, einer Liste mit Optionen, aus welcher der Kunde auswählen kann, was er will, einem Feld für einen längeren Text und den Schaltflächen *Abschicken* oder *Löschen*.
Ein weiteres wichtiges Formular in Ihrer Website ist das Kundenformular. Dieses starten Sie auch wieder über den AutoPiloten und wählen es aus der Liste des Dialogfensters *AutoPilot Web-Seite* aus. Das Kundenformular besteht ebenfalls aus den Kundendaten und außerdem aus einem Bereich für die Eingabe der Bankdaten. Außerdem sind ein Feld für Eingaben und wiederum die Schaltflächen *Abschicken* und *Löschen* enthalten.
Zu diesem Formular müssen Sie jetzt noch eine Verlinkung erstellen, am besten von jeder einzelnen Seite ihrer Website (außer von der Seite *Kontakt*). Geben Sie also auf jeder einzelnen Seite das Wort „Bestellung“ ein, und verlinken Sie dann diesen Eintrag zu dieser Seite. Vor der Verlinkung müssen Sie allerdings dieses Formular unter *bestellung* abspeichern.

Kontaktformular

Schreiben Sie hier ein paar einleitende Worte.

Anrede ( ) Herr ( ) Frau ( ) Firma
Vorname Name
Namenszusätze
Straße oder Postfach
PLZ Ort
Telefon, Fax
E-Mail
Bitte...
[ ] ... senden Sie mir Unterlagen
[ ] ... senden Sie mir weitere Informationen
[ ] ... rufen Sie mich an
[ ] ... kontaktieren Sie mich per E-Mail
[ ] ... vereinbaren Sie einen Termin mit mir
[ ] ... senden Sie mir zukünftig den Newsletter zu
Anmerkungen

Abschicken | Löschen

Abb. 19.55:
Wichtig für die Kontaktaufnahme ist dieses Formular.

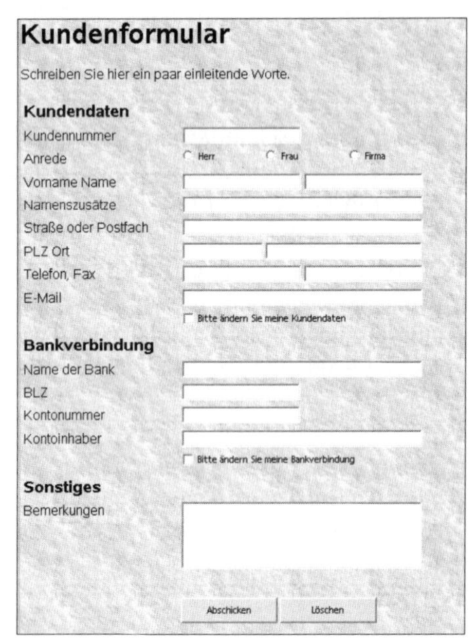

Kundenformular

Schreiben Sie hier ein paar einleitende Worte.

Kundendaten
Kundennummer
Anrede ( ) Herr ( ) Frau ( ) Firma
Vorname Name
Namenszusätze
Straße oder Postfach
PLZ Ort
Telefon, Fax
E-Mail
[ ] Bitte ändern Sie meine Kundendaten

Bankverbindung
Name der Bank
BLZ
Kontonummer
Kontoinhaber
[ ] Bitte ändern Sie meine Bankverbindung

Sonstiges
Bemerkungen

Abschicken | Löschen

Abb. 19.56:
Das Kundenformular ist ein wichtiges Dokument für den Austausch mit dem Besucher.

19.2.4 Design

Ein Design ist eine spezifische Kombination aus Schriften, Farben und Grafiken. StarOffice bietet 19 verschiedene Designs an. Diese finden Sie in der Liste rechts im Dialogfenster *AutoPilot Web-Seite.*

Abb. 19.57:
Suchen Sie aus dieser Liste ein Design aus.

Klicken Sie das ausgewählte Design an. Es wird in Ihre Website übernommen.

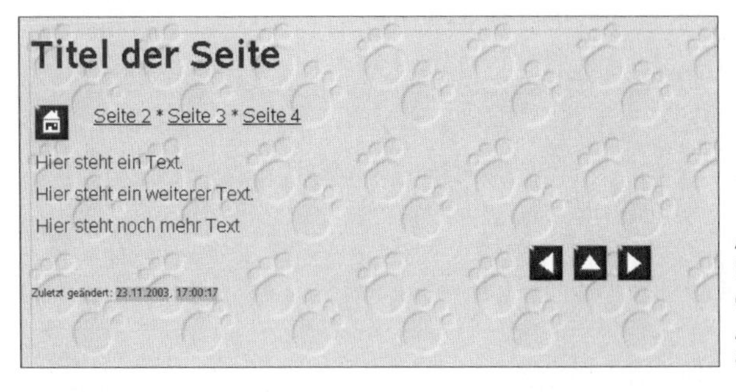

Abb. 19.58:
Hier wurde das Design „Tierspuren" ausgewählt.

19.2.5 Vorbereitungen für die Veröffentlichung der Website

Mit Hilfe der Anleitungen in den vorigen Abschnitten wurden alle Seiten der Website fertig gestellt. Sie haben alle Tabellen komplettiert und die Hintergründe mit Farbe versehen. Alle Hyperlinks sind angelegt.

Nun können Sie daran denken, Ihr Werk der Öffentlichkeit zu präsentieren. Doch zuvor sind noch einige Vorbereitungen zu treffen, die in den folgenden Abschnitten erläutert werden.

Um Rechtschreibfehler zu vermeiden, prüfen Sie nochmals alle Texte mit Hilfe der Rechtschreibprüfung und des Thesaurus.

Hinweis:
Die Verwendung dieser beiden Module entbindet Sie keinesfalls von der lästigen Aufgabe, Ihre Web-Seiten noch selbst auf Fehler zu prüfen, denn diese beiden Funktionen arbeiten nicht immer hundertprozentig zuverlässig und sind natürlich auch in Bezug auf Sprachbeherrschung nicht perfekt.

20. Vorlagen im Überblick

Im vorletzten Kapitel dieses Buches erhalten Sie nochmals einen Überblick über Vorlagen in StarWriter, StarCalc und StarImpress.

20.1 Vorlagen in StarWriter

Unter StarWriter finden sich viele interessante Vorlagen. Einige davon werden in diesem Abschnitt kurz vorgestellt.
Im Ordner *Geschäftliche Korrespondenz* des Dialogfensters *Vorlagen und Dokumente* finden Sie einige gute Vorlagen zu Ihrer Verwendung.

Was war inzwischen?

An: ______

Datum: ______ Zeit: ______

Titel: ______

Herr/Frau ______

Firma ______

☐ rief an ☐ bitte zurückrufen
☐ war hier ☐ ruft wieder an
☐ möchte Sie sehen ☐ Eilt!
☐ hat zurückgerufen ☐ ______

Abb. 20.1:
Das Formular „Was war inzwischen?“

Die Vorlage für interne Mitteilungen

In der Vorlage *Was war inzwischen?* finden Sie vier Formulare. Auf jedem einzelnen Formular können Sie interne Mitteilungen notieren (s. Abb. 20.1).

Das Formular für allgemeine Kaufverträge

Ein Vordruck für allgemeine Verkäufe wie Modelleisenbahn, Rennbahn oder Handy steht Ihnen in Form des Formulars *Allgemeiner Kaufvertrag* zur Verfügung. Sie brauchen das Dokument nur auszudrucken und manuell auszufüllen.

KAUFVERTRAG

Verkäufer		Käufer	
Name, Vorname:		*Name, Vorname:*	
Straße:		*Straße:*	
PLZ, Ort:		*PLZ, Ort:*	
Telefon:		*Telefon:*	
Geburtsdatum:		*Geburtsdatum:*	
Personalausweis Nr.:		*Personalausweis Nr.:*	

Verkauft wird (nachfolgend Kaufgegenstand genannt):

Bezeichnung:		*Typ:*
Hersteller:		*Nr.:*
Herstelldatum:	*Letztes Prüfdatum:*	*Zahl Vorbesitzer:*

Verkaufsumfang, Zubehör:	
Bekannte Mängel:	
Sonstige Beschreibung, Notizen:	

Kaufpreis

Preis: *in Worten:*

☐ Betrag erhalten ☐ Anzahlung von ____________ € erhalten ____________

Unterschrift des Verkäufers

Mit der Übergabe des Kaufgegenstands erhält der Käufer sämtliche angegebenen Bestandteile des Verkaufsumfangs. Der Kaufge-genstand wird unter Ausschluss jeglicher Gewährleistung verkauft. Ansprüche wegen eventueller Mängel können nach Vertragsab-schluss nicht geltend gemacht werden, es sei denn, dass der Verkäufer sie arglistig verschwiegen hat. Der Verkäufer bestätigt, dass der Kaufgegenstand und das Zubehör sein frei verfügbares Eigentum sind. Der Verkäufer versichert, dass alle Angaben zum Kauf-gegenstand vollständig und richtig sind. Der Kaufgegenstand bleibt bis zur vollständigen Bezahlung Eigentum des Verkäufers.

Als Gerichtsstand gilt ____________ als vereinbart.

Abb. 20.2: Der Standardkaufvertrag

Der Ausgabebeleg

Die Vorlage *Ausgabebeleg* enthält vier Ausgabebelege auf einem Blatt. Drucken Sie die Vorlagen aus, und legen Sie diese für spätere Kunden in Ihre Kasse.

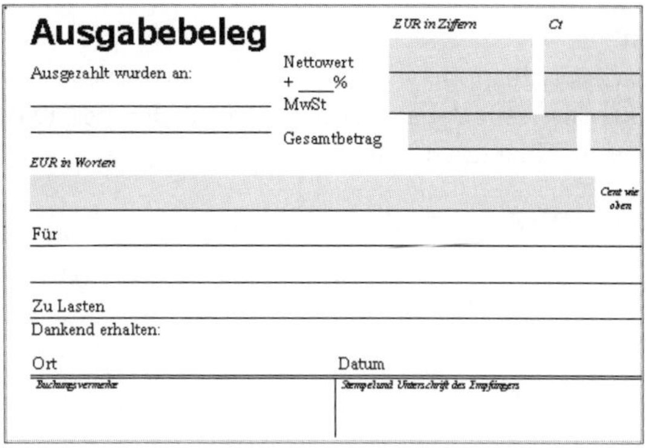

Ausgabebeleg

Ausgezahlt wurden an:

EUR in Ziffern | Ct

Nettowert

+ ___%

MwSt

Gesamtbetrag

EUR in Worten

Cent wie oben

Für

Zu Lasten

Dankend erhalten:

Ort

Datum

Buchungsvermerke

Stempel und Unterschrift des Empfängers

Abb. 20.3:
Ein Ausgabebeleg

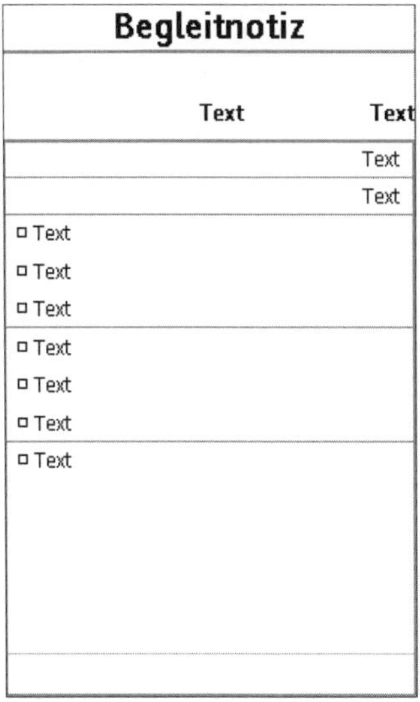

Begleitnotiz

Text Text

Text

Text

- Text
- Text
- Text
- Text
- Text
- Text
- Text

Abb. 20.4:
Das Formular für Begleitnotizen

Die Begleitnotizen

In der Vorlage *Begleitnotizen* finden Sie wieder vier Formulare auf einem Blatt vor. Dieses Dokument eignet sich am besten für kurze Mitteilungen (siehe Abb. 20.4).

Die Gesprächsnotiz

Das Formular für Gesprächsnotizen ist im Grunde das gleiche wie die Begleitnotiz, nur dass es hier darum geht, den Inhalt eines Telefongesprächs kurz schriftlich festzuhalten.

Gesprächsnotiz

Für: ______

Anrufer: ______

Telefon: ______

☐ bitte zurückrufen ☐ nur bis ______
☐ ruft wieder an ☐ Eilt!

Betreff: ______

Datum	Zeit	Aufgenommen

Abb. 20.5:
Das Formular für Gesprächsnotizen

Der KFZ-Kaufvertrag

Im Formular für einen KFZ-Kaufvertrag sind wichtige Dinge wie Erstzulassung, Kilometerstand und Fahrgestellnummer enthalten (siehe Abb. 20.6).

KFZ-KAUFVERTRAG

Verkäufer

Name, Vorname: ______
Straße: ______
PLZ, Ort: ______
Telefon: ______
Geburtsdatum: ______
Personalausweis Nr.: ______
Kfz-Halter lt. Kfz-Brief: ______

Käufer

Name, Vorname: ______
Straße: ______
PLZ, Ort: ______
Telefon: ______
Geburtsdatum: ______
Personalausweis Nr.: ______

Fahrzeug

Hersteller:	*Typ:*
Fahrgestell-Nr.:	*Fahrzeugbrief-Nr.:*

Erstzulassung:	*TÜV bis:*	*AU bis:*	*Kennzeichen:*	*Zahl Vorbesitzer:*

Sonderausstattung, Zubehör	
Sonstige Fahrzeugbeschreibung:	

Kilometerstand:	○ *Originalmotor*	○ *Austauschmotor bei km*

Unfallfahrzeug: ○ *nein* ○ *unbekannt* ○ *ja, Reparaturkosten gesamt*

Umfang des Schadens:

Gewerbliche Nutzung: ○ *nein* ○ *unbekannt* ○ *ja, Nutzung als*

Anhängerbetrieb: ○ *nein* ○ *unbekannt* ○ *ja*

Kaufpreis

Preis: *in Worten*

☐ Betrag erhalten ☐ Anzahlung von ______ € erhalten ______
Unterschrift des Verkäufers

Mit der Übergabe des Fahrzeugs erhält der Käufer sämtliche, nämlich ______ Kfz-Schlüssel, den Kraftfahrzeugschein, den Kraftfahrzeugbrief und die Bescheinigung über die letzte Abgasuntersuchung.

Das Fahrzeug wird unter Ausschluss jeglicher Gewährleistung verkauft. Ansprüche wegen eventueller Mängel können nach Vertragsabschluss nicht geltend gemacht werden, es sei denn, dass der Verkäufer sie arglistig verschwiegen hat. Der Verkäufer bestätigt, dass das Fahrzeug und die Zubehörteile sein frei verfügbares Eigentum sind. Der Käufer verpflichtet sich, das Fahrzeug unverzüglich, spätestens am dritten Werktag nach Übergabe, umzumelden. Wird der Schadensfreiheitsrabatt des Verkäufers dadurch gemindert, dass das Fahrzeug vor der Ummeldung in einen Unfall verwickelt wird, ersetzt der Käufer dem Verkäufer den entstehenden Schaden. Der Verkäufer versichert, dass alle Angaben zum Fahrzeug vollständig und richtig sind. Das Fahrzeug bleibt bis zur vollständigen Bezahlung Eigentum des Verkäufers.

Ort, Datum *Unterschrift des Käufers* *Unterschrift des Verkäufers*

Abb. 20.6: Falls Sie einmal Ihr Auto verkaufen wollen, benötigen Sie diese Vorlage.

Die Kurzmitteilung

Im Dokument für Kurzmitteilungen finden Sie drei Vordrucke untereinander auf einer Seite vor. Manchmal werden diese Vordrucke auch als Kurzbrief bezeichnet (siehe Abb. 20.7).

Redaktionsbüro Kraus

- Kurzmitteilung -

Sie erhalten anbei:	Mit der Bitte um:
☐ Unterlagen	☐ Erledigung
☐ Kopien	☐ Stellungnahme
☐ Ansichtsexemplare	☐ Kenntnisnahme
☐	☐

Lichtenfels, ...

Abb. 20.7: Die Vorlage für Kurzmitteilungen

<Rahmen 4: Impressum>

Auf diesen Rahmen fällt der Blick nach dem Öffnen des Leporellos zuerst. Jedoch fangen die meisten Leute beim ersten Rahmen zu lesen an.

In diesem Rahmen können Sie Ihr Team vorstellen, vielleicht auch eine kurze Übersicht über Öffnungszeiten o. ä. geben.

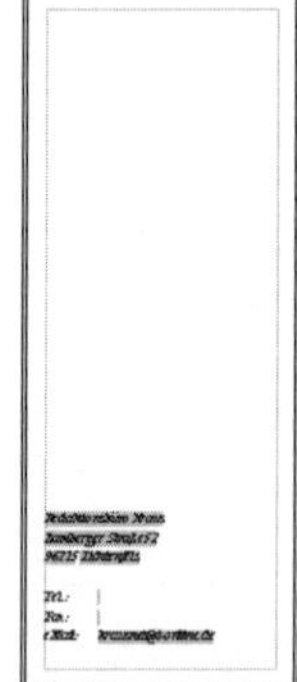

<Rahmen 1: Fakten>

Vier grundlegende Punkte sollten Sie in Ihrer Broschüre abhandeln:

- Fakten. Beschreiben Sie Ihr Produkt, Ihre Dienstleistung oder Ihre Firma.
- Vorteile. Beschreiben Sie die Vorteile, die Ihre Kunden haben.
- Aktionen. Was soll der Leser nach dem Studium Ihrer Broschüre unternehmen?
- Impressum. Die Leute hinter der Dienstleistung und/oder der Firma.

Füllen Sie die einzelnen Rahmen nicht vollständig mit Text. Leerer Raum lässt Ihre Broschüre ansprechender wirken und erhöht die Lesbarkeit.

<Rahmen 2: Vorteile>

Diese Vorlage enthält neben dem grundlegenden Layout auch bereits einige Absatzvorlagen, die zu einer zweckmäßigen und ansprechenden Gestaltung Ihres Leporellos führen. Die Absatzvorlage *Überschrift 2* beispielsweise enthält einen größeren Abstand zum folgenden Absatz, bei der Absatzvorlage *Textkörper* wurde die automatische Silbentrennung aktiviert, um die einzelnen Zeilen möglichst gleichmäßig zu füllen.

Entsprechend den neuesten typografischen Trends ist bei der Absatzvorlage *Textkörper* kein Blocksatz eingeschaltet. Blocksatz bei relativ kurzen Zeilen führt nämlich fast immer zu stark unterschiedlichen Wortzwischenräumen in den einzelnen Zeilen, so dass einem sog. *Flatterrand* der Vorzug zu geben ist.

Verwenden Sie die Vorlage, indem Sie einfach die Erläuterungen durch Ihren eigenen Text ersetzen.

<Rahmen 3: Aktionen>

Die Rahmen eines Leporellos werden normalerweise in der angegebenen Reihenfolge gelesen. Auch wenn beim Aufklappen des Leporellos der Blick zuerst auf den vierten Rahmen fällt, beginnen die meisten Leute ihre Lektüre beim ersten Rahmen.

Abb. 20.8: Ein faltbarer Prospekt

Das Dokument Leporello

Die Vorlage *Leporello* enthält Vorder- und Rückseite für die Präsentation Ihrer Firma. Dieses Leporello wird zweimal gefaltet und hat dann etwa eine Breite von 10 cm (siehe Abb. 20.8).

Die Quittung

Der Vordruck *Quittung* erspart Ihnen den Kauf eines Quittungsblocks. Sie finden vier Quittungsvordrucke auf einem Blatt zum Ausdrucken und Verwenden.

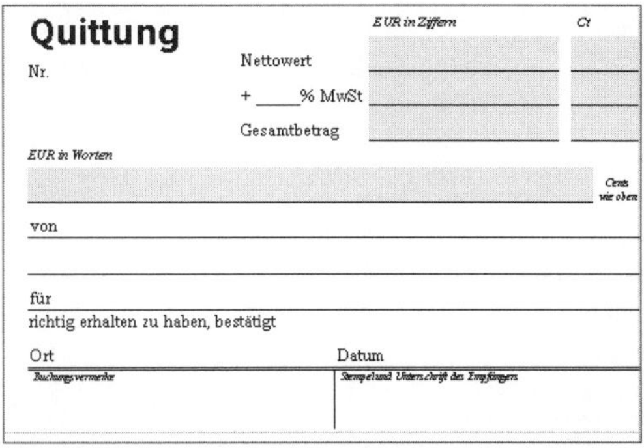

Quittung

Nr.

	EUR in Ziffern	Ct
Nettowert		
+ ____% MwSt		
Gesamtbetrag		

EUR in Worten

Cents wie oben

von

für

richtig erhalten zu haben, bestätigt

Ort Datum

Buchungsvermerke

Stempel und Unterschrift des Empfängers

Abb. 20.9: Die normale Quittung

Im Ordner *Private Dokumente* finden sich weitere interessante Vorlagen für den Privatgebrauch.

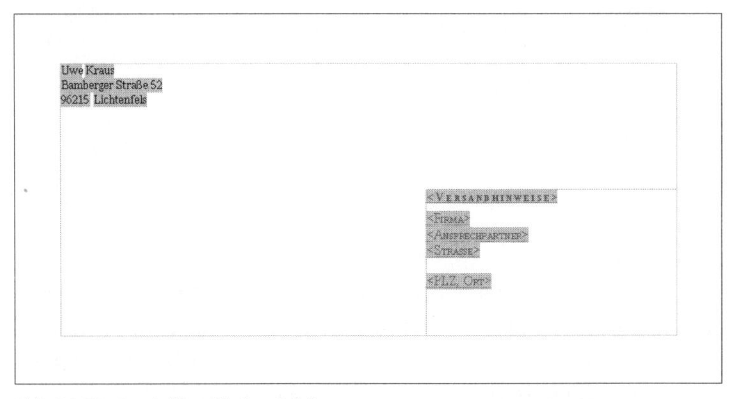

Abb. 20.10: Beschriften Sie Ihre Briefe.

Der Briefvordruck

Der Briefvordruck ist für das Beschriften eines länglichen Briefkuverts ohne Fenster gedacht (siehe Abb. 20.10).

Der Lebenslauf

StarWriter enthält auch ein Formular für die Erstellung eines Lebenslaufs – ein sehr nützliches, weil für fast jede Bewerbung notwendiges Dokument.

Uwe Kraus

Bamberger Straße 52 · 96215 Lichtenfels
Tel.: · E-Mail: krausnet@t-online.de

Kleben Sie hier Ihr Lichtbild ein

Lebenslauf

Angaben zur Person

Geburtsdatum und -ort	<Geburtsdatum>, <Geburtsort>
Familienstand	<Familienstand>
Staatsangehörigkeit	<Staatsangehörigkeit>

Ausbildung

<Ihre Daten>	Grundschule
<Ihre Daten>	Realschule mit Abschluss Mittlere Reife
<Ihre Daten>	Ausbildung zum <Lehrberuf> bei <Firma>
<Ihre Daten>	Gymnasium mit Abschluss Allgemeine Hochschulreife
<Ihre Daten>	Studium der <Studiengang> an der <Universität> mit Abschluss <Studienabschluss>

Beruflicher Werdegang

<Ihre Daten>	<Hier geben Sie den Namen der Firma sowie Ihre Position an. Fügen Sie weitere Einträge an, wenn erforderlich.>

Weiterbildungen

<Ihre Daten>	<Hier geben Sie die Art Weiterbildung an, ggf. auch den Abschluss>

Sonstiges

Fremdsprachen	<Hier geben Sie die Sprachen und den jeweiligen Umfang Ihrer Kenntnisse an>
Führerschein	<Klassen 2 und 3>

Lichtenfels, 23.11.03

Hier unterschreiben Sie Ihren Lebenslauf

Abb. 20.11: Das Formular „Lebenslauf"

Der persönliche Brief – mit Wasserzeichen

Mit Hilfe eines Wasserzeichens haben Sie die Möglichkeit, einen ganz besonderen und schönen Brief zu verschicken. Ein selbst erstelltes Wasserzeichen als Hintergrund zeugt von der Professionalität des Absenders (siehe Abb. 20.12).

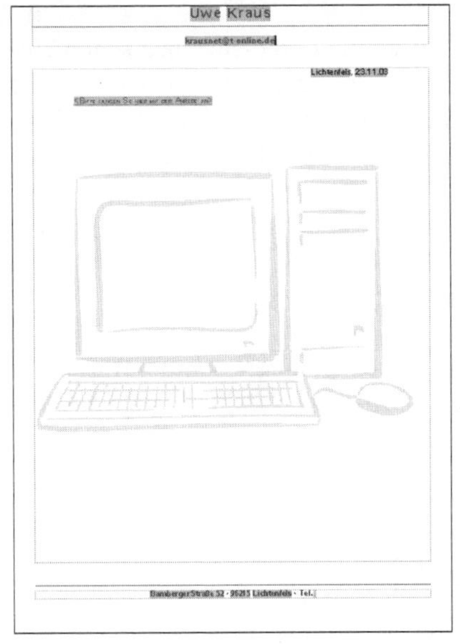
Uwe Kraus

krausnet@t-online.de

Lichtenfels, 23.11.03

Bamberger Straße 52 · 96215 Lichtenfels · Tel.

Abb. 20.12:
Briefvorlage mit Wasserzeichen

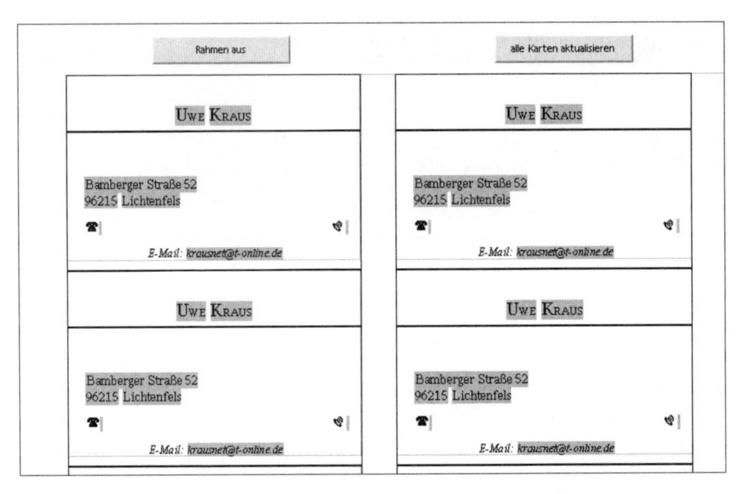

Abb. 20.13: Die Vorlage für Visitenkarten

Die Visitenkarte

Die Erstellung von Visitenkarten wurde in diesem Buch schon einmal besprochen (Abschnitt 9.1). Mit der Verwendung des Formulars *Visitenkarte* können Sie Ihre angelegten Daten gleich in der Visitenkarte integrieren – fertig zum Ausdruck und zur Verwendung (siehe Abb. 20.13).

20.2 Vorlagen unter StarCalc

In diesem Abschnitt werden Ihnen einige interessante Vorlagen im Modul StarCalc vorgestellt. Im Ordner *Diverses* finden Sie z.B. die nachfolgend beschriebene Vorlage.

Der Dienstplan

Dienstpläne werden beispielsweise in Krankenhäusern, bei der Post oder der Bahn verwendet, um Einsatzzeiten der Mitarbeiter zu koordinieren. In StarCalc können Sie in drei verschiedenen Tabellen die Mitarbeiter und ihre jeweiligen Schichten eintragen.

Dienstplan für die 47. KW 2003

Gesamtplan

	Montag	Dienstag	Mittwoch	Donnerstag	Freitag	Samstag	Sonntag
Frühschicht	PD	FG	FG	FG	FM	FM	
Normalschicht	FM	FM	GR	GR	MS	GR	
Spätschicht	MS	GR	FM	PD	PD	MS	
Nachtschicht	GR	PD	PD	MS	FG	FG	

Abb. 20.14: Das vorgefertigte Muster des Dienstplans

Gehen Sie folgendermaßen vor: Entfernen Sie die Einträge durch Verwendung des Schalters *Rücksetzen*.

Abb. 20.15:
Dieser Schalter entfernt alle Einträge.

Das Formular ist nun vollkommen leer, und Sie können Ihre Einträge vornehmen.

Dienstplan für die . KW

Gesamtplan

	Montag	Dienstag	Mittwoch	Donnerstag	Freitag	Samstag	Sonntag
Frühschicht							
Normalschicht							
Spätschicht							
Nachtschicht							

Abb. 20.16: Der Dienstplan wartet auf Ihre Einträge.

Der Ordner *Finanzen* enthält weitere zweckmäßige Dokumente.

Die Autofinanzierung

Mit Hilfe der Tabellenvorlage *Autofinanzierung* können Sie die Kosten verschiedener Anbieter für einen Autokauf vergleichen. Sie sehen auf einen Blick, welcher Anbieter der günstigste ist.

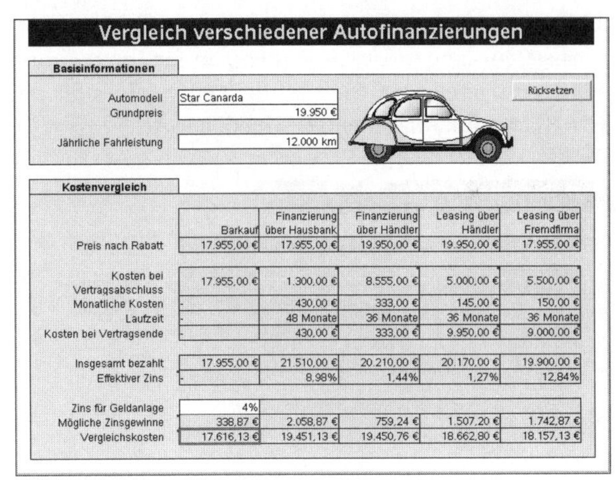

Vergleich verschiedener Autofinanzierungen

Basisinformationen

Automodell	Star Canarda
Grundpreis	19.950 €
Jährliche Fahrleistung	12.000 km

Rücksetzen

Kostenvergleich

	Barkauf	Finanzierung über Hausbank	Finanzierung über Händler	Leasing über Händler	Leasing über Fremdfirma
Preis nach Rabatt	17.955,00 €	17.955,00 €	19.950,00 €	19.950,00 €	17.955,00 €
Kosten bei Vertragsabschluss	17.955,00 €	1.300,00 €	8.555,00 €	5.000,00 €	5.500,00 €
Monatliche Kosten	-	430,00 €	333,00 €	145,00 €	150,00 €
Laufzeit	-	48 Monate	36 Monate	36 Monate	36 Monate
Kosten bei Vertragsende	-	430,00 €	333,00 €	9.950,00 €	9.000,00 €
Insgesamt bezahlt	17.955,00 €	21.510,00 €	20.210,00 €	20.170,00 €	19.900,00 €
Effektiver Zins	-	8,98%	1,44%	1,27%	12,84%
Zins für Geldanlage	4%				
Mögliche Zinsgewinne	338,87 €	2.058,87 €	759,24 €	1.507,20 €	1.742,87 €
Vergleichskosten	17.616,13 €	19.451,13 €	19.450,76 €	18.662,80 €	18.157,13 €

Abb. 20.17: Lassen Sie die Rate für Ihren Traumwagen berechnen.

Die Autokosten

Nachdem Sie Ihr Auto gekauft haben, interessiert es Sie vielleicht auch, was Sie der Wagen an Unterhalt kostet. Sie können dabei einen Zeitraum von einem Monat oder von einem Jahr bestimmen oder auch länger.

Kosten für einen Privat-PKW

Basisdaten

Automodell: Star Canarda
Jährl. Fahrleistung: 15.000 km
Verbrauch: 8,3 l/100 km
Benzinpreis: 1,04 €
Rücksetzen

Kosten

	Pro Monat	Pro Jahr	Pro 2 Jahre	Pro 3 Jahre	
Treibstoff	108 €	1.296 €	2.592 €	3.888 €	->
Steuern	27 €	325 €	650 €	975 €	->
Versicherung	38 €	450 €	900 €	1.350 €	->
Reparatur	46 €	550 €	1.100 €	1.650 €	->
Wartung	13 €	150 €	300 €	450 €	->
Verschleißteile	6 €	75 €	150 €	225 €	->
TÜV	1 €	18 €	35 €	53 €	->
Abgasuntersuchung	1 €	15 €	30 €	45 €	->
Strafzettel	10 €	120 €	240 €	360 €	->
Automobilclub	5 €	60 €	120 €	180 €	->
Wagenwäsche	10 €	120 €	240 €	360 €	->
Parkplatz/Garage	60 €	720 €	1.440 €	2.160 €	->
Summe	**325 €**	**3.899 €**	**7.797 €**	**11.696 €**	

Kosten je km: 0,26 €

Abb. 20.18: Rechnen Sie aus, was Ihr neues Gefährt an Kosten verursacht.

Der Haushaltsplan

Ebenfalls als Vorlage vorhanden ist ein Kostenplan für Ihren Haushalt – auf 13 Blätter aufgeteilt, ein Blatt für die Daten, eines für die Übersicht und 11 Blätter für Ausgaben verschiedener Art.

Benutzerdaten

Persönliche Daten

Name: Uwe Kraus
Adresse

Benutzerdaten auslesen

Weitere Verdiener

Partner/in

Weitere Angaben

Wohnen: Miete / Eigentum
Auto: Bar gekauft / Leasing / Kreditkauf / kein Auto

Abb. 20.19: Nachdem Sie Ihre Daten eingegeben haben...

Einkommen

Gehälter

	Uwe Kraus	Partner/in
Brutto		
Steuern		
Sozialversicherung		
Netto	**0,00 €**	**0,00 €**

Zinsen

	Jährlich	Entspricht monatlich
Sparbuch		0,00 €
Aktiendividenden		0,00 €
....		0,00 €
	Zwischensumme	**0,00 €**

Sonstiges

Renten		
....		
	Zwischensumme	**0,00 €**
	Summe je Monat	**0,00 €**

Abb. 20.20: ...wenden Sie sich den Eingaben zu.

21. Beispiele

Im letzten Kapitel dieses Buches erhalten Sie noch Einblick in verschiedene speziell vorgefertigte Dokumente.

21.1 Das Präsentationsbeispiel Drei Dimensionen

Im Dialogfenster *Vorlagen und Dokumente* finden Sie den Ordner *Beispiele*. In diesem Ordner verbergen sich noch verschiedene interessante Vorlagen.

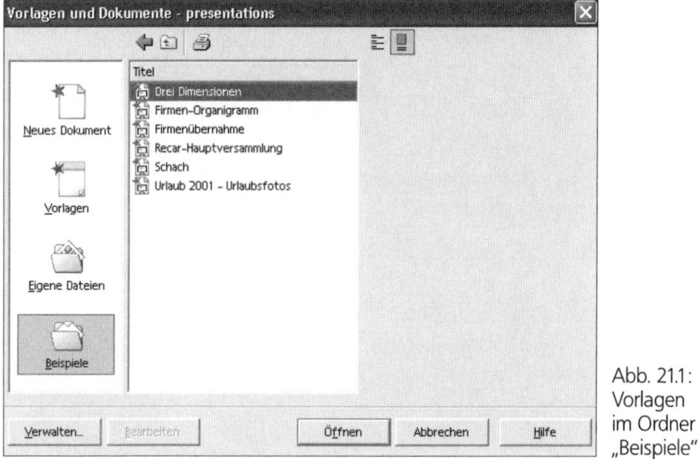

Abb. 21.1: Vorlagen im Ordner „Beispiele"

1. Öffnen Sie im Ordner *Präsentationen* das Dokument *Drei Dimensionen*. Die Präsentationsvorlage startet.
2. Klicken Sie den Text an, und ersetzen Sie ihn durch einen eigenen Eintrag (in diesem Beispiel: „Modellbahn-Impressionen“).

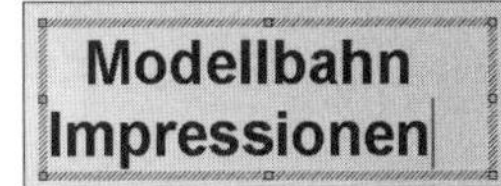

Abb. 21.2:
Der Standardtext wurde ersetzt.

3. Klicken Sie jetzt die Grafik an, und fügen Sie über *Einfügen/Grafik* die von Ihnen gewünschte Grafik auf der Titelseite dieser Präsentation ein.

Abb. 21.3:
Die Titelseite der Präsentation

4. Am unteren Bildschirmrand finden Sie verschiedene Registerkarten mit Einträgen vor. Die Titel können Sie verändern. Klicken Sie dazu mit der rechten Maustaste auf das jeweilige Register, das geändert werden soll. Es öffnet sich ein Kontextmenü.

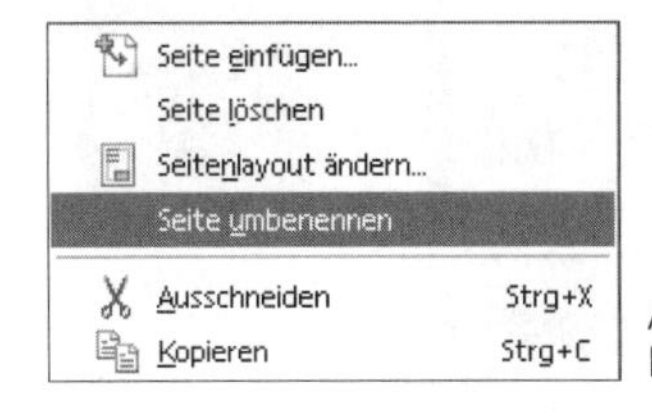

Abb. 21.4:
Eine Seite soll umbetitelt werden.

5. In diesem Kontextmenü klicken Sie die Auswahl *Seite umbenennen* an. Das Register wird für einen neuen Eintrag frei. Geben Sie nun Ihre jeweiligen Seitentitel ein.

Abb. 21.5:
Die neuen Seitentitel

6. Nach der Vergabe der neuen Seitentitel wenden Sie sich der Überprüfung Ihrer Präsentation zu. Starten Sie dazu im Menü den Befehl *Ansicht/Arbeitsbereich/Diaansicht*.

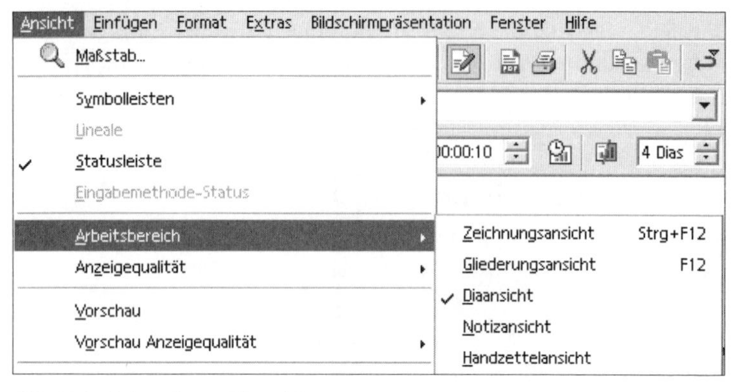

Abb. 21.6: Gehen Sie zur Diaansicht.

Alle erstellten Dias werden Ihnen jetzt auf einer Seite aufgereiht angezeigt. Sie können auf einen Blick sehen, ob etwas falsch oder zu ändern ist.

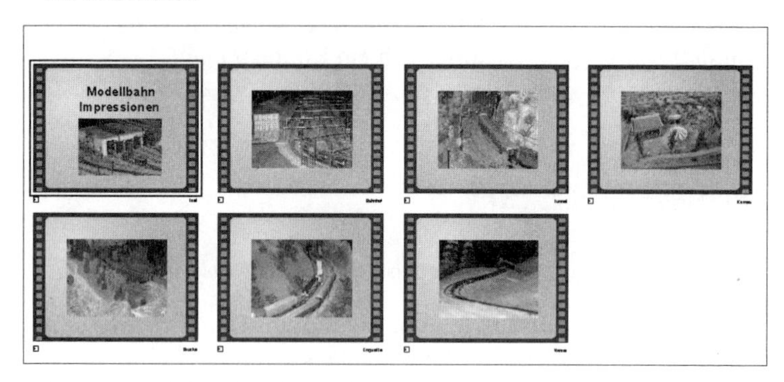

Abb. 21.7: Verschaffen Sie sich einen Überblick.

7. Starten Sie nun einmal im selben Menü den Punkt *Gliederungsansicht*. Sie finden jetzt rechts am Arbeitsbildschirm eine Abbildung des jeweils in der linken Gliederungsansicht angewählten

Dias. Sobald Sie ein anderes Gliederungssymbol anklicken, erschient das zu diesem gehörende Dia.

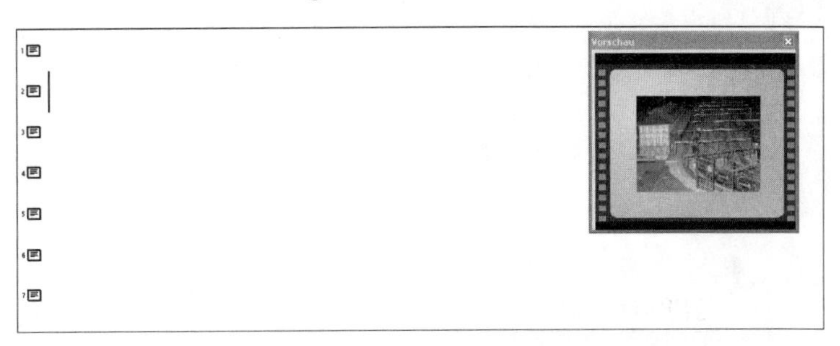

Abb. 21.8: Die Gliederungsansicht

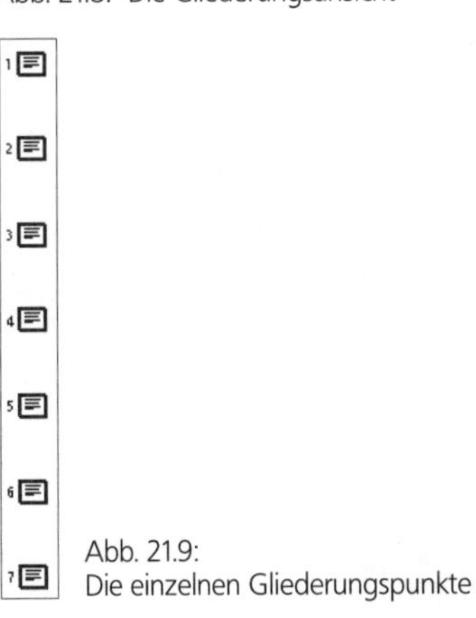

Abb. 21.9:
Die einzelnen Gliederungspunkte

Nun geht es an die Feinarbeit. Sie können bestimmen, in welcher Form sich das erste Dia Ihrer Präsentation zeigen soll. Hierzu gibt es verschiedene Effekte, die Sie über *Bildschirmpräsentation/Effekte* öffnen können, um zu wählen.

1. Im Auswahlfenster *Effekt* wählen Sie zunächst eine Geschwindigkeit für Ihre Darstellung aus. Das Ganze soll nicht zu schnell und nicht zu langsam ablaufen. Bei einem zu schnellen Ablauf wird der Zuschauer überfordert, und bei einem zu langsamen Ablauf wird er gelangweilt. Wählen Sie also *Mittel*.

Abb. 21.10:
Wählen Sie die passende Geschwindigkeit.

2. Im nächsten Schritt suchen Sie einen passenden Effekt aus. Wenn Sie beispielsweise aus dem Bereich *Sonstige* den Effekt *Auflösen* wählen, dann wird Ihr Startdia wie ein Puzzle aus lauter kleinen Teilen bis zur kompletten Ansicht aufgelöst.

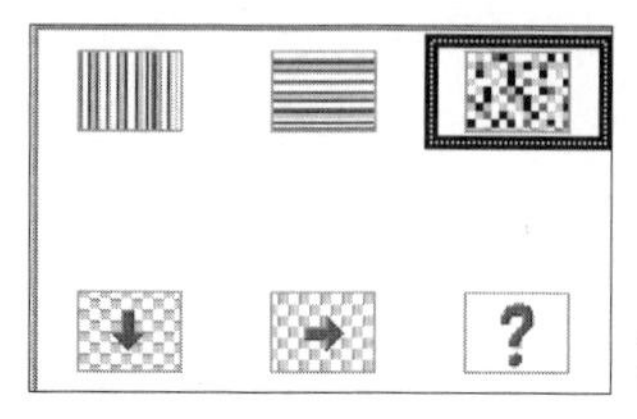

Abb. 21.11:
Der Effekt „Auflösen"

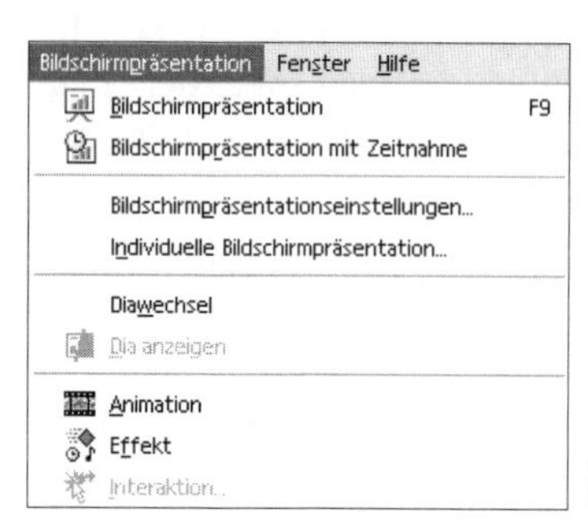

Abb. 21.12:
Starten Sie den ersten Durchgang.

3. Starten Sie jetzt Ihre Präsentation über das Menü mit *Bildschirmpräsentation/Bildschirmpräsentation* oder schneller über die [F9]-Taste.

21.2 Das Tabellenbeispiel Universalumrechner de Luxe

In dem Ordner *Tabellendokumente* finden Sie weitere interessante und brauchbare Vorlagen, wie z.B. den Universalumrechner. Dieser kann Einheiten umwandeln: Zentimeter in Meter oder Millimeter in Zentimeter oder Tonnen in Kilogramm usw.

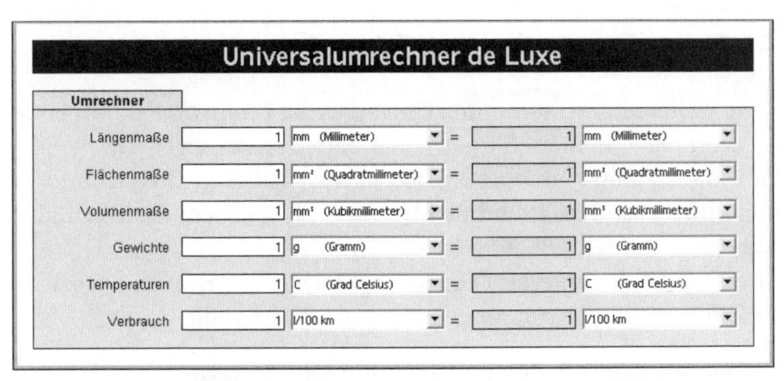

Abb. 21.13: Der Universalumrechner in der Grundeinstellung

Um eine Berechnung durchzuführen, geben Sie in die jeweilige vordere oder hintere Zeile einer Maßeinheit die Größe ein, die umgerechnet werden soll.
Dann wählen Sie aus der anderen Auswahlliste die Maßeinheit, in die der Wert umgerechnet werden soll. Nach einem Klick in das Feld, in dem das Ergebnis erscheinen soll, wird Ihnen die Zahl sofort angezeigt.

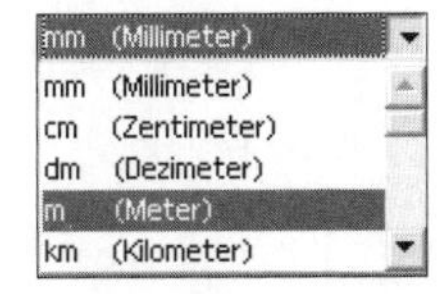

Abb. 21.14:
Wählen Sie die Maßeinheit aus...

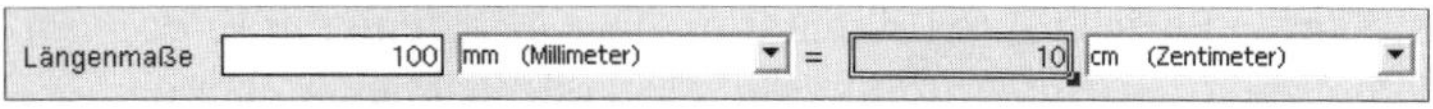

Längenmaße 100 mm (Millimeter) = 10 cm (Zentimeter)

Abb. 21.15: ...und sehen Sie sich das Ergebnis an.

Versuchen Sie das Ganze an einem Beispiel: Wandeln Sie eine Tonne in Gramm um. Wie Sie sehen, ist dieser Rechner eine praktische Ergänzung zum Taschenrechner.

Abb. 21.16: Eine Tonne wird in der kleinsten Maßeinheit angezeigt.

21.3 Das Tabellenbeispiel Biorhythmus

Eine weitere interessante Tabellenvorlage ist *Biorhythmus*. Mit Hilfe dieser Tabelle können Sie – wie der Name schon sagt – Ihren eigenen Biorhythmus bestimmen. Sie müssen lediglich Ihr Geburtsdatum, Ihre Geburtszeit und den Stichtag, ab welchem der Rhythmus angezeigt werden soll, eingeben.
Nun werden im unteren Diagramm verschiedene Kurven angezeigt: blau für „physisch", rot für „emotional" und grün für „geistig".

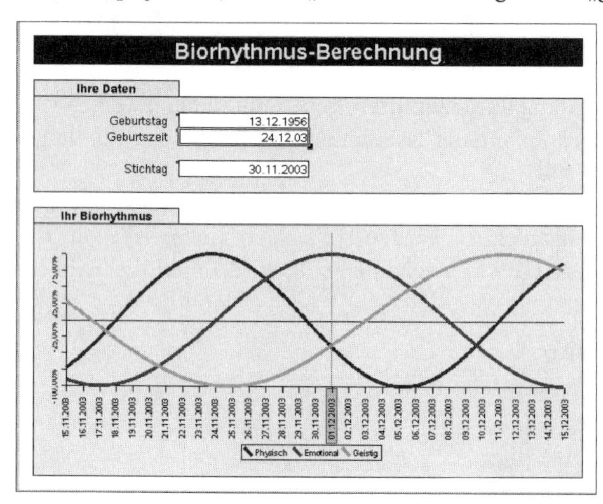

Abb. 21.17: Die Biorhythmus-Tabelle

Durch Klick auf den Ordner *Details* öffnen Sie weitere Informationen zu Ihrem Biorhythmus. Hier werden Ihnen die Prozentzahlen aus den drei vorher genannten Bereichen für 30 Tage ab dem Stichtag, den Sie zuvor angegeben hatten, angezeigt.

Biorhythmus-Tabelle

Details

Tag	Physisch	Emotional	Geistig
15.11.2003	-73,08%	-90,10%	28,17%
16.11.2003	-51,96%	-97,49%	9,51%
17.11.2003	-26,98%	-100,00%	-9,51%
18.11.2003	0,00%	-97,49%	-28,17%
19.11.2003	26,98%	-90,10%	-45,82%
20.11.2003	51,96%	-78,18%	-61,82%
21.11.2003	73,08%	-62,35%	-75,57%
22.11.2003	88,79%	-43,39%	-86,60%
23.11.2003	97,91%	-22,25%	-94,50%
24.11.2003	99,77%	0,00%	-98,98%
25.11.2003	94,23%	22,25%	-99,89%
26.11.2003	81,70%	43,39%	-97,18%
27.11.2003	63,11%	62,35%	-90,96%
28.11.2003	39,84%	78,18%	-81,46%
29.11.2003	13,62%	90,10%	-69,01%
30.11.2003	-13,62%	97,49%	-54,06%
01.12.2003	-39,84%	100,00%	-37,17%
02.12.2003	-63,11%	97,49%	-18,93%
03.12.2003	-81,70%	90,10%	0,00%
04.12.2003	-94,23%	78,18%	18,93%
05.12.2003	-99,77%	62,35%	37,17%
06.12.2003	-97,91%	43,39%	54,06%
07.12.2003	-88,79%	22,25%	69,01%
08.12.2003	-73,08%	0,00%	81,46%
09.12.2003	-51,96%	-22,25%	90,96%
10.12.2003	-26,98%	-43,39%	97,18%
11.12.2003	0,00%	-62,35%	99,89%
12.12.2003	26,98%	-78,18%	98,98%
13.12.2003	51,96%	-90,10%	94,50%
14.12.2003	73,08%	-97,49%	86,60%
15.12.2003	88,79%	-100,00%	75,57%

Abb. 21.18:
Eine Übersicht über den Biorhythmus für 30 Tage

21.4 Altersumrechnung

Zum Abschluss folgt hier noch eine kleine Spielerei. Unter StarCalc können Sie leicht Ihr Alter in Tage, Stunden und Minuten umrechnen.

1. Öffnen Sie eine neue Tabelle und geben Sie ein:
   in Zelle A1: „Geburtsdatum"
   in Zelle A2: „Geburtstag in"
   in Zelle A3: „Tagen"
   in Zelle A4: „Stunden"
   in Zelle A5: „Minuten"
   in Zelle B1: Ihr Geburtsdatum

	A	B
1	Geburtsdatum	13.12.56
2	Geburtstag in	
3	Tagen	
4	Stunden	
5	Minuten	
6		

Abb. 21.19:
Legen Sie eine neue Tabelle an.

2. Setzen Sie den Cursor in die Zelle *B3*. Im nächsten Schritt geben Sie in die Formelzeile folgende Formel ein: *=JETZT()-B1*. Diese bewirkt, dass vom aktuellen Datum Ihr Geburtsjahr und die Tage abgezogen werden, denn in die Zelle *B1* haben Sie ja Ihr Geburtsdatum eingetippt.

Abb. 21.20:
Diese Formel ist wichtig.

Geburtsdatum	13.12.56	
Geburtstag in		
Tagen	17.12.46	
Stunden		
Minuten		

Abb. 21.21:
Das Ergebnis stimmt noch nicht.

3. In der Zelle *B3* wird Ihnen jetzt ein weiteres Datum angezeigt. Das Ergebnis stimmt nicht. Mit einigen Klicks ändern Sie dieses Dilemma: Klicken Sie mit der rechten Maustaste auf die Zelle. Ein Kontextmenü öffnet sich. Wählen Sie daraus *Zellen formatieren*.
4. Das Dialogfenster *Zellen formatieren* startet. Wechseln Sie in das Register *Zahlen*, und suchen Sie unter *Kategorie* den Eintrag *Zahl* aus. Klicken Sie nun im rechten Fenster unter *Format* die Zahl (hier *-1.234*) an. Bestätigen Sie mit *OK*. Das richtige Ergebnis wird Ihnen nun angezeigt.
5. Klicken Sie in die Zelle *B4*, und geben Sie die Formel ein: *=B3*24*. Die Stunden, die seit Ihrer Geburt vergangen sind, werden nun gezeigt.

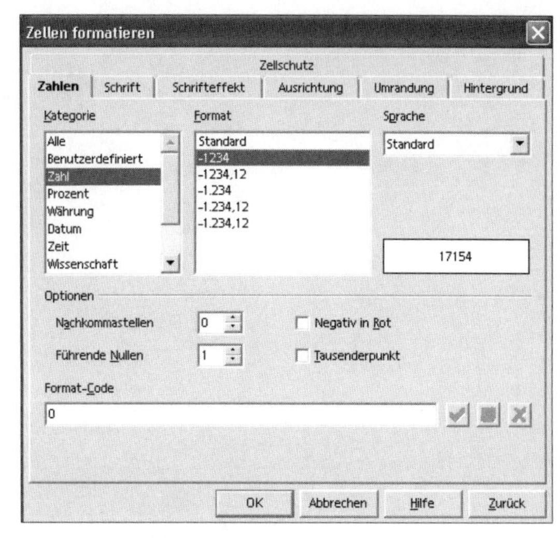

Abb. 21.22:
Sie benötigen das passende Format.

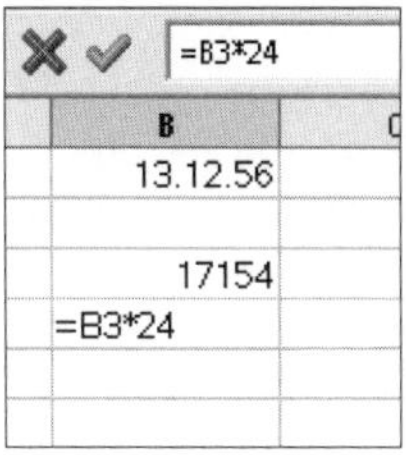

=B3*24

B	C
13.12.56	
17154	
=B3*24	

Abb. 21.23:

6. Um auch die Minuten seit der Geburt zu bekommen, geben Sie in die Zelle *B4* die Formel ein: *=B3*60*. Nun werden Ihnen auch die Minuten, die seit Ihrer Geburt verstrichen sind, angezeigt.

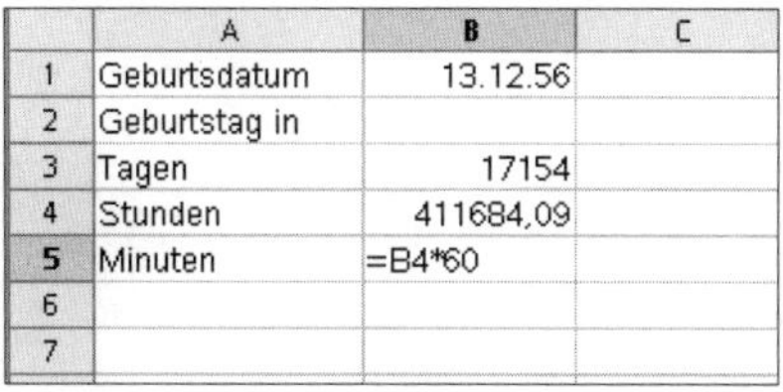

	A	B	C
1	Geburtsdatum	13.12.56	
2	Geburtstag in		
3	Tagen	17154	
4	Stunden	411684,09	
5	Minuten	=B4*60	
6			
7			

Abb. 21.24:
Die Minuten sollen noch berechnet werden.

	A	B	C
1	Geburtsdatum	13.12.56	
2	Geburtstag in		
3	Tagen	17154	
4	Stunden	411684,12	
5	Minuten	24701047,08	
6			
7			
8			

Abb. 21.25:
Die fertige Tabelle

Tastenkombinationen

Allgemein

Tasten	Funktion
Strg+O	Öffnen eines Dokuments
Strg+S	Speichern eines Dokuments
Strg+N	Neues Dokument erstellen
Strg+P	Dokument ausdrucken
Strg+C	Dokument in die Zwischenablage kopieren
Strg+V	Einfügen eines Elements aus der Zwischenablage
Strg+K	Einen markierten Bereich kursiv setzen
Strg+F	Einen markierten Bereich fett setzen
Strg+U	Einen markierten Bereich unterstreichen
F1	Hilfefunktion aufrufen
F4	Aktuelle Datenbank öffnen

StarWriter

Tasten	Funktion
F7	Rechtschreibprüfung aufrufen
Strg+F7	Thesaurus aufrufen
Strg+B	Blocksatz
Strg+E	Zentrieren
←	Einen Buchstaben nach links
→	Einen Buchstaben nach rechts
Strg+→	Sprung an das Wortende

Tasten	Funktion
Pos1	Sprung zum Zeilenanfang
Strg + Pos1	Sprung zum Dokumentanfang
Bild ↑	Eine Bildschirmseite nach oben
Bild ↓	Eine Bildschirmseite nach unten

StarCalc

Tasten	Funktion
Strg + F2	Funktionsautopiloten aufrufen
F3	Namen einfügen
F4	Daten importieren
F9	Neu berechnen
Entf	Inhalte löschen

StarImpress

Tasten	Funktion
F2	Text bearbeiten
F2 + Strg	Bildschirmpräsentation
Esc	Präsentation beenden

Glossar

Abfrage

In Adabas wird eine Datenbank nach bestimmten Kriterien durchsucht. Das Ergebnis dieser Suche wird anschließend angezeigt.

AutoKorrektur

Falsch geschriebene Wörter werden in StarWriter während der Eingabe korrigiert.

AutoPilot

Helfer, der dem Anwender bei bestimmten Aufgaben hilft, z.B. bei Briefen.

AutoText

Vordefinierte Texte, die zum Einfügen in ein Dokument aus einem Menü ausgewählt werden.

Beamer

Im Beamer werden die Inhalte von Verzeichnissen angezeigt, die im Explorer aufgezeichnet sind.

Bericht

Unter Adabas hilft ein Bericht bei der besseren Gestaltung einer Abfrage. Ein Bericht kann z.B. für eine Präsentation verwendet werden.

Browser

Mit einem Browser können Internet-Seiten aufgerufen werden. StarOffice hat mit StarWriter seinen eigenen Browser.

Button

Englisch für „Schaltfläche“

Cursor

So wird der Mauszeiger am Bildschirm oder die Schreibmarke im Text genannt.

Cliparts

Grafiken, die in andere Dokumente wie z.B. einen Briefkopf importiert werden können.

Datenbank

Eine Datenbank enthält Daten, die als Datensätze und Felder gespeichert sind.

Datensatz

Mehrere Felder ergeben einen Datensatz. Jedes Feld enthält unterschiedliche Daten.

Datentyp

Ein Datentyp gibt Auskunft darüber, welche Datenart ein Feld in einer Adabas-Tabelle aufnehmen kann.

dBase

Format einer Datenbank

Diagramm

Zahlen werden grafisch in verschiedenen Formen dargestellt.

Dialogfenster

Dieses Fenster fordert den Anwender auf, bestimmte Eingaben vorzunehmen.

E-Mail

Nachricht, die auf elektronischem Weg verschickt wird.

Explorer

Der Explorer ist für die Anzeige von Ordnern und Verzeichnissen zuständig. Deren Inhalt wird im Beamer angezeigt. Der Explorer kann ein- und ausgeblendet werden.

Feld

Eine Spalte, in der bestimmte Daten stehen.

Feldbefehle

Diese Befehle werden in Textdokumente eingefügt. Sie stehen für eine bestimmte Information, die sich auch wieder ändern kann. Wird die Information im Feldbefehl geändert, ändert sie sich automatisch auch im Textdokument.

Feldtyp

Bei der Erstellung einer Datenbank muss für jedes Datenbankfeld ein Feldtyp bestimmt werden. Der Feldtyp gibt an, ob das Feld eine Zahl, einen Text oder ein Datum enthält.

Filter

Ein Filter engt die Daten einer Tabelle oder einer Abfrage ein. Durch die Angabe eines Kriteriums werden nur noch die Daten angezeigt, die sich auf dieses Kriterium beziehen.

FontWork

Programm innerhalb von StarOffice, das Texteffekte erzeugt.

Formeln

Formeln finden in StarCalc Anwendung. Mit dem Vorzeichen „=“ rechnet StarCalc den Wert einer Formel aus.

Formular

Mit einem Formular können die Daten einer Datenbank übersichtlich dargestellt werden.

Funktionen

Modul von StarCalc für die Durchführung von Berechnungen

Fußzeile

Ein Bereich am unteren Dokumentrand, in dem z.B. Seitenzahlen stehen.

Grafikformat

Jeder Grafik muss vor dem Speichern ein bestimmtes Grafikformat zugewiesen werden. Eine Grafik, die im GIF-Format abgespeichert ist, kann z.B. nur 256 Farben enthalten. Eine Grafik im JPG-Format ist für viele Farben, also für Fotos geeignet. Weiterer bedeutende Grafikformate sind das TIF- und das BMP-Format.

Homepage

Eine Homepage besteht aus mehreren miteinander verknüpften Seiten. Diese Seiten beinhalten als Text den so genannten HTML-Code, der zur Präsentation im Internet nötig ist.

HTML

Abkürzung für *Hypertext Markup Language*. Hierbei handelt es sich um eine Dokumentbeschreibungssprache. Dies sind ganz normale Textdateien, die eine Internet-Seite beschreiben.

Hyperlink

Verweis von einer HTML-Seite zu einer anderen. Durch Klick wird die jeweils nächste Seite angezeigt.

Importieren

Eine Datei in einem fremden Format wird als StarOffice-Datei eingelesen.

Java

Programmiersprache für Web-Seiten

Kontextmenü

Zeigt die wichtigsten Punkte zu einem Objekt an. Wird mit der rechten Maustaste aufgerufen.

Kopfzeile

Ein Bereich am oberen Dokumentrand, in dem z.B. ein Briefkopf steht.

Lineale

Helfer für die genaue Positionierung von Dokumenten

Registerseite

Eine Dialogbox ist in Register aufgeteilt. Jedes Register kann direkt durch Klick auf seine Lasche ausgewählt werden.

Serienbrief

Brief an verschiedene Empfänger mit gleichem Inhalt

Spaltenkopf

Bestandteil von StarCalc. Der Spaltenkopf befindet sich dort über jeder einzelnen Spalte. Jeder Spaltenkopf hat eine Bezeichnung, z.B. A, B, C usw.

Stylist

Helfer, der vorhandene und selbst erstellte Absatzvorlagen verwaltet.

Tabelle

Tabellen finden in StarWriter und StarCalc Verwendung. Bei StarCalc ist eine Tabelle die Grundform; in StarWriter werden Tabellen als Listen für Eingaben verwendet.

Tabellenkalkulation

Programm, das es ermöglicht, Daten in Tabellenblättern zu erfassen. Aus diesen Daten können dann mit der Hilfe von Formeln bestimmte Werte errechnet werden. Auch eine grafische Darstellung der Daten ist möglich.

Textverarbeitung

Programm, das es ermöglicht, Text zu erfassen, zu formatieren und auszudrucken. Die Einbindung von Grafiken oder Datenbanken in ein Textdokument ist ebenfalls möglich.

Sachverzeichnis

Buchanzeigen

Grundwissen und Lexika

Petrowski
PC- & IT-Abkürzungen von A bis Z
Von 100BaseXX bis ZZK mit kurzen Erläuterungen.
Das Nachschlagewerk präsentiert kompetent und konzentriert 5000 Abkürzungen aus EDV und Informationstechnik.
1.A. 2003. 379 S.
€ 16,–. dtv 50250

Novak
Basiswissen für den PC
Funktionsweise · Erste Schritte · Bedienung von Hard- und Software.
Für Einsteiger die ideale komprimierte Hilfe Schritt für Schritt. Aber auch langjährige PC-Anwender können ihr Grundlagenwissen vertiefen und Zusammenhänge neu entdecken.
1.A. 2003. Rd. 380 S.
Ca. € 19,–. dtv 50251
In Vorbereitung für November 2003

Körner
Erste Schritte am PC
Funktionsweise und Bedienung von Hard- und Software.
Das Buch vermittelt das nötige Hintergrundwissen und gibt wertvolle Tipps zur Arbeitsorganisation.
3.A.1999. 398 S.
€ 12,73. dtv 50117

Kratzl
Erste Hilfe für den PC
Fehler und Funktionsstörungen selbst beheben.
2.A.1999. 380 S.
€ 12,73. dtv 50135

Gardner/Novak
PC aufrüsten
Komponenten einbauen und Hardware-Tuning leicht gemacht.
Das ideale Werkstattbuch für alle, die sich bisher nur nicht getraut haben.
3.A. 2003. 365 S.
€ 14,50. dtv 50170

Gardner
PC-Hardware
Komponenten und Funktionsweisen des PC.
Hilfestellung für den Kauf von PC und PC-Zubehör.
3.A.1999. 304 S.
€ 12,73. dtv 50104

Backer
Hardware ABC
PC-Komponenten von A–Z. Als umfassendes, aktuelles Nachschlagewerk für jeden PC-Nutzer unentbehrlich.
1.A.1999. 352 S.
€ 12,73. dtv 50219

Hinner
Lexikon der Telekommunikation
Die wichtigsten Begriffe zu allen Online-Diensten.
1.A.1996. 335 S.
€ 10,69. dtv 50318

Limper
Dokumenten-Management
Wissen, Informationen und Medien digital verwalten.
Effektive Strategien zum Dokumentenmanagement.
Die Themen: Scannen, OCR, Datenbanken, Volltext-Retrieval, Netzwerkeinsatz etc.
1.A. 2001. 382 S.
€ 7,50. dtv 50236

P130500-S63

Matzer/Lohse
Dateiformate
RTF, DOC, TIF, EPS, WAV ... – Bedeutung, Einsatz und Konvertierung.
1.A. 2000. 224 S.
€ 7,50. dtv 50300

Betriebssysteme

Nominikat/Bouchard
Windows XP Home
Dateien verwalten, surfen im Internet, E-Mails wechseln, Netzwerke einrichten. Das Buch führt einfach und leicht verständlich zum Ziel.
1.A. 2003. 382 S.
€ 16,–. dtv 50238
Neu im Oktober 2003

Bouchard
Windows NT 4
Betriebssystem und Benutzeroberfläche.
1.A. 1997. 316 S.
€ 12,73. dtv 50184

Beck EDV-Berater im dtv
Windows 2000
Betriebssystem und Benutzeroberfläche
Manfred Kratzl/Peter Urchs
dtv

Kratzl/Urchs
Windows 2000
Betriebssystem und Benutzeroberfläche.
Mit diesem Band gelingen die Planung und Durchführung eines Systemwechsels auf Windows 2000.
1.A. 2000. 390 S.
€ 15,08. dtv 50220

Bouchard
Windows 98 Basiswissen
Das Buch beantwortet prägnant, leicht verständlich und reich bebildert die grundlegenden Fragen für die tägliche Arbeit.
1.A. 1998. 319 S.
€ 12,73. dtv 50192

Huttel
Windows 98 professionell
Alles Wissenswerte für Kenner und Könner.
1.A. 1998. 367 S.
€ 13,75. dtv 50218

Dietrich
Linux
Das Betriebssystem produktiv nutzen.
Tipps und Techniken, um das System zu einem produktiven Werkzeug zu machen.
1.A. 1998. 283 S.
€ 12,73. dtv 50190

P130500-S64

Betriebssysteme

Diehl
KDE 2

Die grafische Benutzeroberfläche für Linux und Unix.
Mit der Version 2.0 liegt eine gänzlich überarbeitete Desktop-Umgebung vor, die sich wie der Vorläufer in der Linux-Welt zum neuen Standard etabliert hat. Umfangreiche Funktionen, Stabilität und zugleich intuitive Bedienbarkeit sind, neben der freien Verfügbarkeit als Ergebnis eines Open-Source-Projekts, unschlagbare Argumente für diese grafische Benutzeroberfläche.

1.A. 2001. 352 S.
€ 14,50. dtv 50230

Anwender-Software

Kratzl
MS Office 2000

Alle Programme sofort im Griff.
Das Buch führt den Anwender durch die umfangreichen Bestandteile (Word, Excel, Access, PowerPoint, Outlook).
Ein kompetenter Berater durch die Welt von MS Office 2000.

1.A.1999. 413 S.
€ 14,78. dtv 50197

Dangel
StarOffice 5.2

Die Lösung für alle Office-Aufgaben.
Das erfolgreiche Alternativ-Programm wird mit seinen einzelnen Modulen anschaulich für Ein- und Umsteiger erläutert.

2.A. 2001. 373 S.
€ 14,50. dtv 50221

Roßkamp
Word 2000

Einführung in die Textverarbeitung von Office 2000.
Eine gründliche Einarbeitung in Word 2000 für Ein- und Umsteiger.

1.A.1999. 399 S.
€ 12,73. dtv 50194

Fehrle
Excel 2000

Effizient arbeiten mit dem Tabellenkalkulationsprogramm.

1.A.1999. 336 S.
€ 13,75. dtv 50196

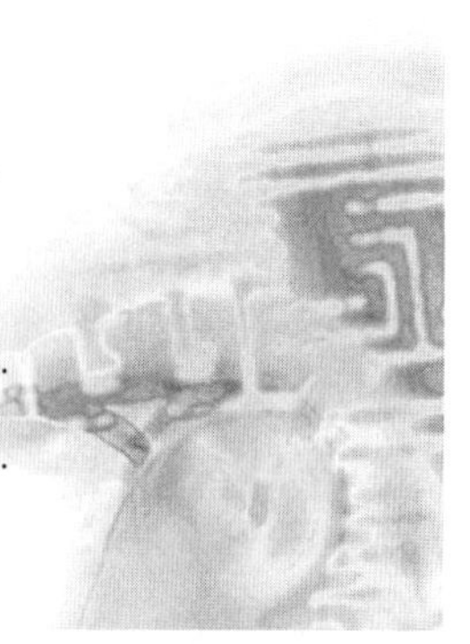

P130500-S65